Wolfram Guhl

NATIONAL PARK TRIGLAV SOČA & ISONZO

Erlebnisparadies im Süden der Alpen

AF532136

Styria
VERLAG

Erlebnisparadies im Süden der Alpen

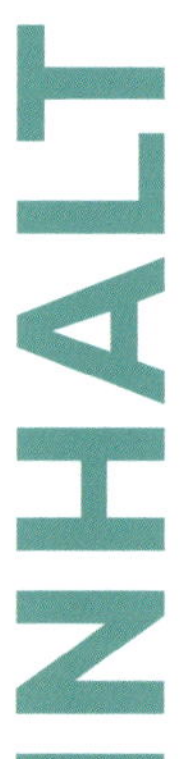

Schwierigkeitsgrade:
▲△△ *gering* ▲▲△ *mittel-hoch* ▲▲▲ *hoch-sehr hoch*

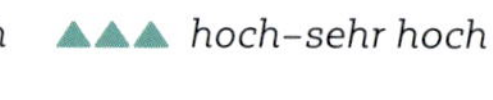

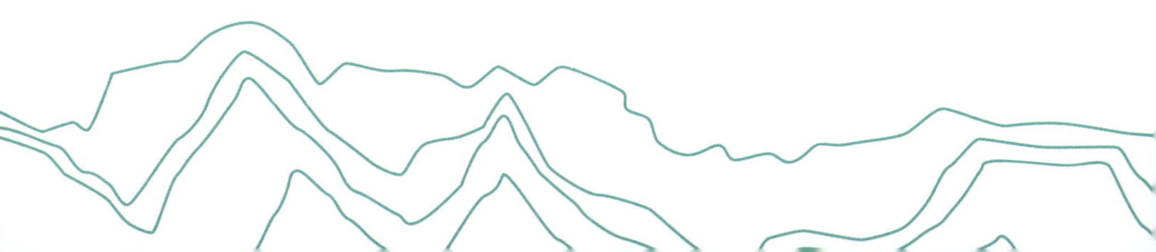

Schwierigkeitsgrade:
▲△△ *gering* ▲▲△ *mittel–hoch* ▲▲▲ *hoch–sehr hoch*

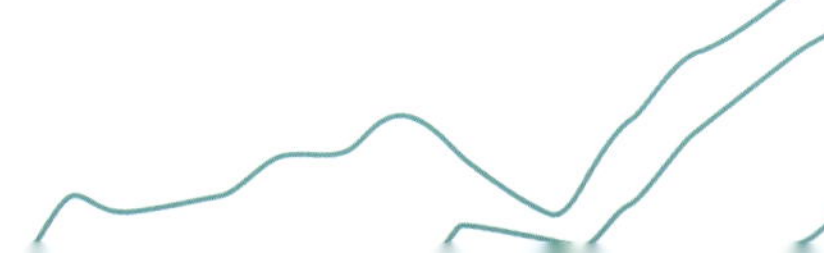

→ *Spezialthemen*

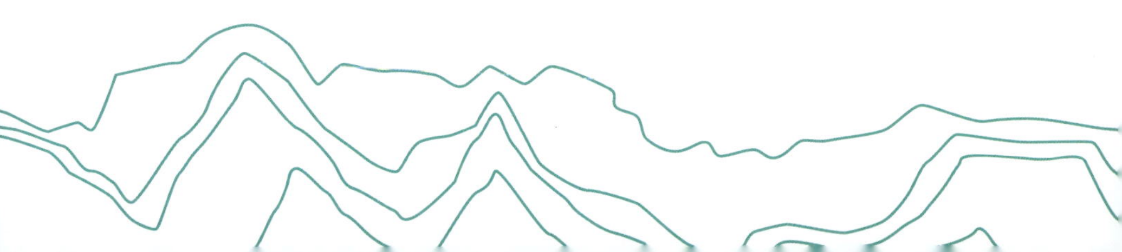

VORWORT

EINIGE PERSÖNLICHE WORTE VORWEG

... zu einem Landstrich in Europa, der mich seit vielen Jahren fasziniert und mich bis heute noch wie magisch anzieht. Doch es hatte etwas gedauert, bis ich vor fast 50 Jahren den Zauber dieser Landschaften entdeckte.

Von Mitte der 1960er- bis Anfang der 1970er-Jahre reiste ich mit meinen Eltern in den Sommerferien häufig an die nördliche jugoslawische – heute kroatische – Adriaküste. Istrien und die Kvarner Inseln waren schon damals, obwohl im „kommunistischen Ausland" gelegen, keine Geheimtipps für Urlauber mehr, aber die Anreise dorthin mit dem Auto gestaltete sich viel umständlicher als heute. Für den Grenzübertritt von Österreich nach Jugoslawien nutzten wir immer den Wurzenpass: bis zu 25 % Steigung, oben dann drei Stunden Wartezeit vor der Grenze. War diese Hürde schließlich überwunden, waren die Gedanken schon am Sehnsuchtsziel, der Adriaküste mit ihrem tiefblauen Wasser. Für die Bergwelt südlich der Karawanken hatten wir keine Blicke mehr übrig, auch ich nicht (was wohl etwas am Alter lag). Doch das sollte sich ändern.

Ostern 1976 erste längere Autofahrt zusammen mit einem Freund ins Ausland. Unser Ziel war Zagreb. Doch kurz nach der jugoslawischen Grenze machten wir Pause. Einige Schritte entlang des Martuljek-Bachs, weiter durch eine Klamm mit Blick auf einen märchenhaft schönen Wasserfall, dann noch hinauf zu einer kleinen Alm, von wo aus wir fast ungläubig den Špik und seine kaum weniger eindrucksvollen Nachbargipfel bestaunten. Und schon hatten wir ein Sehnsuchtsziel: imposante Kalkgipfel, wilde Bergbäche, sehr naturnahe Wälder, kleine Almwiesen, und alles nur wenig vom Tourismus überprägt – die Julischen Alpen. Nach Zagreb fuhren wir dann trotzdem. Doch auf der Rückfahrt legten wir nochmals einen Stopp ein, diesmal im Vrata-Tal am Fuß der mächtigen Triglav-Nordwand. Den darüber thronenden Gipfel sollte ich im selben Jahr noch ins Blickfeld nehmen.

Nur sechs Wochen später, Ende Mai, diesmal hatte ich mich schon etwas vorinformiert: Fahrt an die Soča, ein Fluss, der mich mit seiner fast unwirklich schönen Farbe sofort in den Bann zog. Auch wanderten wir hinauf zum Krn-See, umgeben von einer scheinbar unberührten Bergwelt. Doch Schützengräben, damals noch als solche erkennbar, inzwischen weitgehend verfallen, erzählten von einer noch recht jungen Epoche, in denen die Bergwelt hier nicht unberührt, sondern Schauplatz grausamer Kämpfe war.

Anfang Oktober desselben Jahres: eine Bergtour, die mich nachhaltig geprägt hat (was auch am Traumwetter lag, das da herrschte). Es musste gleich der höchste Gipfel sein, den das damalige Jugoslawien und heutige Slowenien zu bieten haben: der Triglav. Aufstieg von Süden durch einen bunten Herbstwald, unten hauptsächlich Buche, oben vorherrschend Lärche. Darüber Fels mit nur spärlichem Braungrün. Schließlich der Gipfel mit einer Aussicht, die ihresgleichen sucht. Es sollte nicht meine einzige Besteigung dieses Bergriesen bleiben. Seither vergingen nur wenige Jahre, in denen ich der Bergwelt um den Triglav und der Soča fernblieb. Der Tourismus hat hier zwar stark zugenommen, doch abgesehen von einer regen Bautätigkeit an gewissen Orten hat sich der Charakter der Landschaft nicht wesentlich verändert, wozu auch die schon zu jugoslawischen Zeiten erfolgte Ausweisung eines Großteils der Julischen Alpen als Nationalpark beigetragen hat.

Erst 30 Jahre später entdeckte ich am fast nördlichsten Punkt des Mittelmeers die Mündung des Isonzo – so heißt in Italien nun die Soča – in die Adria; ein Naturparadies, das sich jedoch erst seit den 1990er-Jahren im Zuge von Renaturierungsmaßnahmen zu einem Hotspot für Tiere und Pflanzen entwickelt hat. Grado und Aquileia hingegen haben mich schon in jungen Jahren mit ihren bis zu 2000 Jahre alten Weltkulturerbestätten fasziniert.

Dieses Buch behandelt einen ganz besonderen Alpen-Adria-Raum mit Landschaften, Sprachen und Kulturen, die kaum unterschiedlicher sein könnten, durch ihre Geschichte aber eng miteinander verbunden sind – einer Geschichte, die über Jahrhunderte hinweg für die Bewohner meist unerfreulich verlief, in jüngster Zeit aber eine positive Wendung genommen hat und vormals durch Zäune getrennte Räume immer mehr zusammenwachsen lässt. Slowenien hat sich 1991 von Jugoslawien gelöst, 2007 wurden die routinemäßigen Grenzkontrollen zwischen Slowenien, Italien und Österreich aufgehoben und die Einführung des Euro in Slowenien im selben Jahr hat diese Länder noch näher zusammenrücken lassen – eine Erfolgsgeschichte mit hoffentlich langfristigem Bestand.

HINWEIS
Gorizia und Nova Gorica sind 2025 Kulturhauptstadt Europas!

Wolfram Juhl

LEGENDE

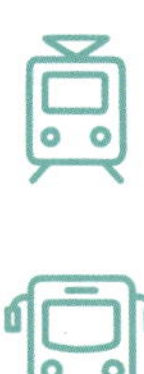 Bahnstation

 Streckenlänge

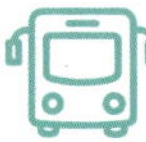 Busverbindungen

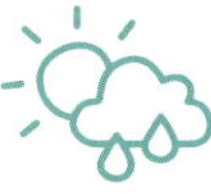 Günstige Jahreszeiten

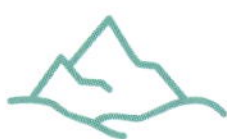 Charakterisierung

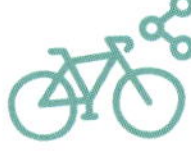 Fahrradverleih

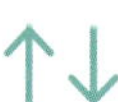 Höhenunterschiede

 Stützpunkte

 Gehzeiten

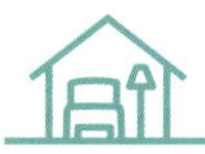 Hütten / Unterkünfte

HINWEIS FÜR BERGWANDERER, RADFAHRER, MOUNTAINBIKER:
Die Auswahl und die Beschreibung der Touren erfolgten nach bestem Wissen und Gewissen des Autors. Durch Naturereignisse, aber auch durch menschliche Aktivitäten können sich Änderungen des Zustands und Verlaufs von Wegen, Straßen und Brücken ergeben. Die Benutzung des Führers erfolgt auf eigene Gefahr. Der Verlag und der Autor übernehmen keinerlei Haftung.

Abkürzungen:
bew. = bewirtschaftet, B = Betten, L = Lager,
WR = offener Winterraum, ganzj. = ganzjährig

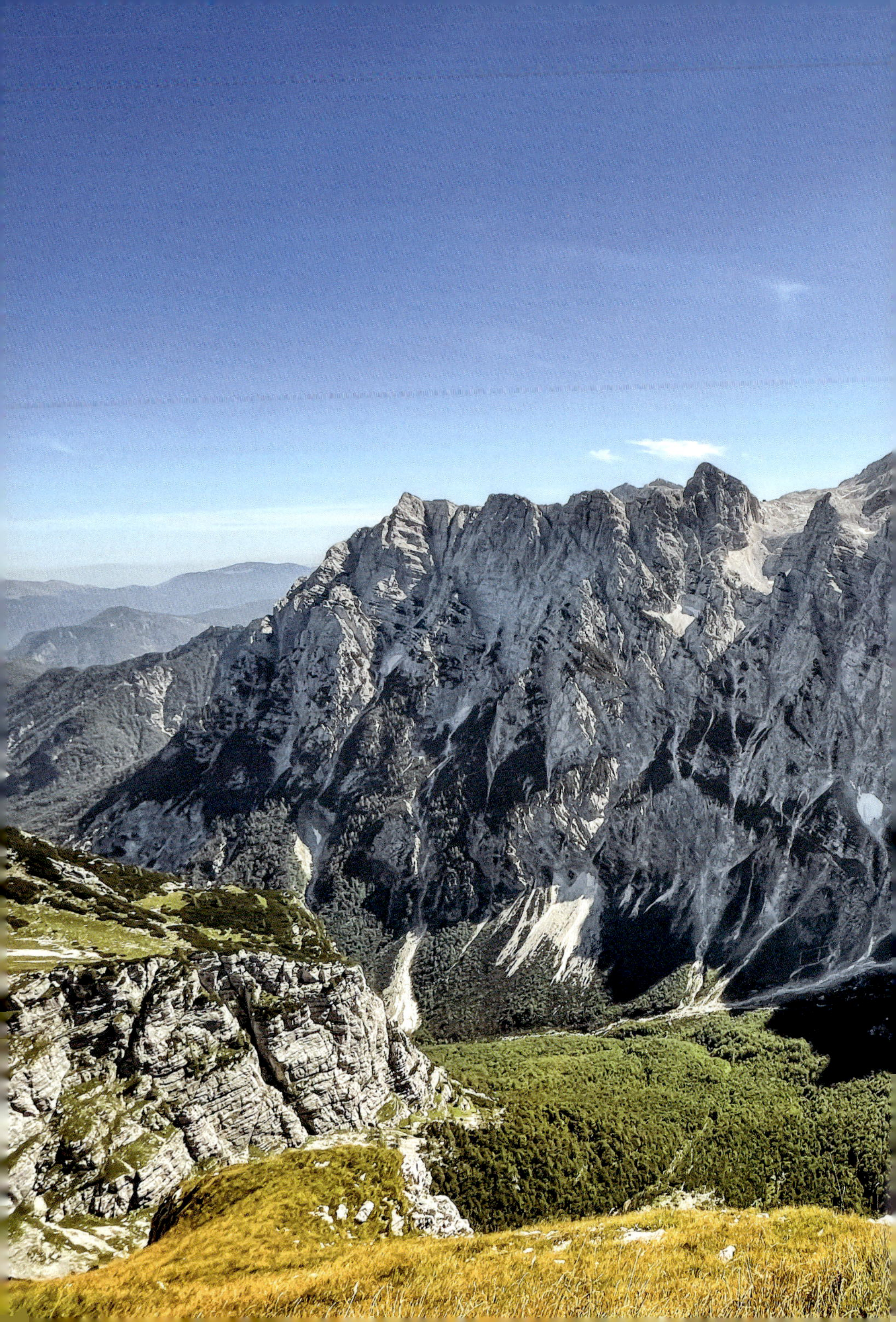

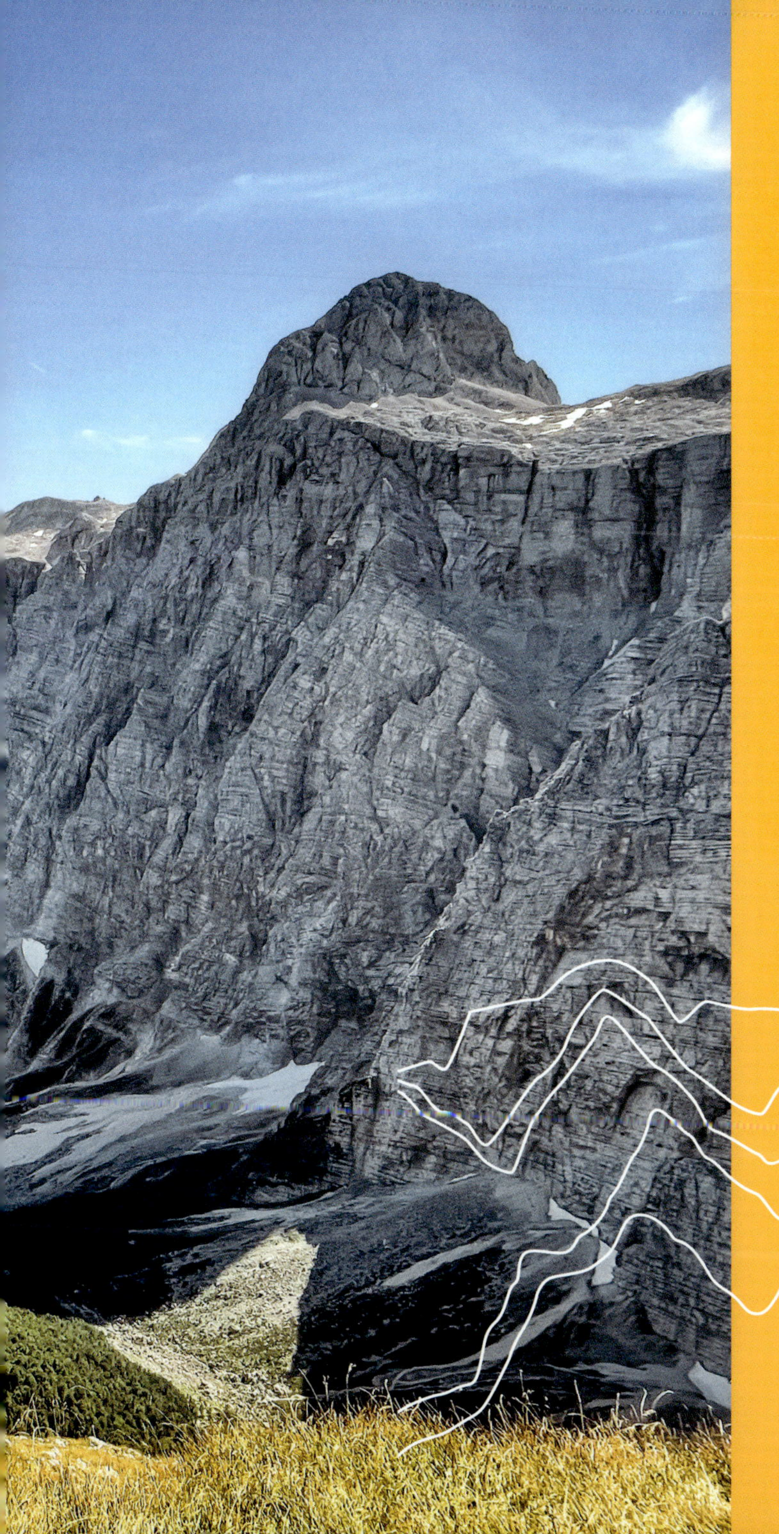

GEOGRAFIE

Geografische und politische Gliederung

Die Julischen Alpen – nachfolgend auch Julier genannt – sind eine Gebirgsgruppe in den Südlichen Kalkalpen, die zu den Ostalpen gehören. Zwei Drittel der Julischen Alpen befinden sich in Slowenien mit dem Triglav als höchstem Gipfel dieser Gebirgsgruppe und zu einem Drittel auf dem Gebiet der italienischen Region Friaul-Julisch Venetien.

Der italienische Teil der Julier wird in diesem Buch nur am Rande berücksichtigt. Das Tal der Sava Dolinka trennt im Norden den slowenischen Teil der Julier von den Karawanken, über welche die Grenze zu Österreich bzw. Kärnten verläuft.

Der Fluss **Soča** entspringt im zentralen Teil der Julier auf slowenischem Territorium und fließt nach Verlassen dieser Gebirgsgruppe südwärts durch eine Mittelgebirgslandschaft mit Höhen von maximal 800 m bis zur italienischen Grenze. Je nach Sichtweise – geografisch, geotektonisch oder auch ökonomisch – wird diese Mittelgebirgslandschaft noch den Alpen oder bereits den Dinariden zugeteilt. Der Unterlauf des **Isonzo** fließt am östlichen Rand der oberitalienischen Tiefebene und mündet, nur wenige Kilometer vom nördlichsten Punkt des Mittelmeers entfernt, in die Adria.

Der nördliche und der östliche Teil der slowenischen Julier gehört zur statistischen Region **Gorenjska** – im deutschen Sprachraum auch unter dem Namen „Oberkrain" bekannt – mit den Gemeinden *Bled, Bohinj, Jesenice und Kranjska Gora.*

Der südliche Teil der slowenischen Julier und die Gebiete entlang der Soča bis zur italienischen Grenze zählen zur statistischen Region **Goriška** im äußersten Westen Sloweniens mit den Gemeinden *Bovec, Kobarid, Tolmin, Kanal ob Soči und Nova Gorica*, der größten Gemeinde innerhalb jener Region. Für dieses Gebiet ist noch heute der historische Begriff „Primorska" gebräuchlich.

Der Unterlauf des Isonzo befindet sich in der zur italienischen autonomen Region Friaul-Julisch Venetien gehörenden **Provinz Gorizia**, die 2020 im Zuge einer Verwaltungsreform zur „Körperschaft regionaler Dezentralisierung Gorizia" (Ente di Decentramento Regionale di Gorizia) umgewandelt wurde. Die bedeutendsten Gemeinden sind hier *Gorizia* (Görz), mit ca. 33.000 Einwohnern größte Stadt des in diesem Buch vorgestellten Gebiets, *Gradisca d'Isonzo, Grado* und *Monfalcone,* während *Aquileia* zur Provinz Udine gehört.

EINE KLEINE NAMENSKUNDE

Der Name **Julische Alpen** geht auf Gaius Iulius Caesar zurück, der eine Ansiedlung am Fluss Natisone zur Stadt mit dem Namen „Forum Iulii" (Marktplatz des Julius) erhob. Diese Stadt existiert noch und heißt heute Cividale del Friuli. Aus „Iulii" entstand im Laufe der Zeit auch der Name „Friuli" bzw. **Friaul**, nach dem heute eine ganze Landschaft im Nordosten Italiens benannt ist, die sich nicht nur über die gesamte Region Friaul-Julisch Venetien erstreckt, sondern auch einige Gebiete im Osten der Region Veneto umfasst.

Die Wurzeln der Flussnamen **Soča** und Isonzo reichen zum Teil weit in die vorchristliche Zeit zurück. Der Name Soča leitet sich aus dem altslowenischen *Sontja reka* = „Sonnenfluss" ab. Im Zuge des Sprachwandels wurde daraus *Sonča* und schließlich *Soča.*

Der Name **Isonzo** hingegen lässt mindestens zwei Deutungen zu. Einige Sprachforscher sehen darin das keltische Stammwort „Isa", das für schnell fließendes, rauschendes Wasser steht. Die Namen zahlreicher Alpenflüsse lassen sich darauf zurückführen: Isar, Isel, Isère, aber auch Natisone, um nur einige zu nennen. Andere Sprachforscher leiten „Isonzo" vom lateinischen *(I) Sontius* ab, was wiederum „Sonnenfluss" bedeuten würde. Das altslowenische *Sontja reka* könnte sich hieraus entwickelt haben.

MORPHOLOGIE, GESTEINS- UND BODENVERHÄLTNISSE

Die Julischen Alpen zeichnen sich durch eine sehr hohe Reliefenergie aus, auch im Vergleich zu anderen Berggruppen der Ostalpen. Mit ihren absoluten Gipfelhöhen können sie zwar nicht mit den Dolomiten oder gar den Hohen Tauern konkurrieren, wohl aber mit den Höhenunterschieden zwischen Berg und Tal. Nicht selten betragen die Differenzen zwischen den durch Gletscherschurf geformten Tälern mit ihren steilen Flanken und den unmittelbar umgebenden Berggipfeln 2000 Höhenmeter und mehr, z. B. zwischen dem Talboden der Zadnjica und dem Gipfel des Triglav, zwischen dem Koritnica-Tal und den Gipfeln Mangart und Jalovec, oder vom Gipfel des „nur" 2244 m hohen Krn hinab zur Soča. Absolute Höhen von mehr als 2500 m erreichen in den slowenischen Juliern zwölf Gipfel, allen voran der Triglav mit 2864 m.

Am Gesteinsaufbau dieser Gebirgsgruppe sind in erster Linie **Kalkgesteine der Trias** beteiligt, insbesondere gebankter Dachsteinkalk, der hier einige der höchsten Wände aufbaut, z. B. die 1200 m hohe Triglav-Nordwand (Dachsteinkalk kommt auch in den Nördlichen Kalkalpen häufig vor, etwa in der Watzmann-Ostwand oder in der Südwand des Namensgebers Dachstein), sowie Cordevole-Massenkalk, etwa am Špik und am Prisojnik. Triaskalke neigen aufgrund ihrer chemischen Eigenschaften und der hier großen Niederschlagsmengen stark zu Verkarstung, oberirdisch erkennbar an den zahlreichen Dolinen und Poljen vor allem auf den Hochplateaus; bestes Beispiel hierfür ist die Komna. Unterirdisch kommt es zur Bildung von Klüften und Höhlen. Das Kaninmassiv birgt einige der tiefsten Höhlen Europas. An der Oberfläche verwittern Triaskalke nur zu flachgründigen Böden, meist Rendzinaböden – Böden, die für die Landwirtschaft nur wenig Ertrag bringen und im Soča-Gebiet oberhalb von Bovec eine Ursache für den weitgehenden Niedergang der Almwirtschaft sind.

Lediglich zwischen Kobarid und Tolmin bestehen die mittleren und unteren Hänge am Südrand der Julier zu einem beträchtlichen Teil aus **Mergeln der Kreide und des Jura**. Diese verwittern zu tiefgründigen, relativ fruchtbaren Böden, weshalb am Südhang des Krn seit Jahrtausenden Vieh geweidet wird und die Almwirtschaft sich heute noch lohnt.

Tertiäre Kalksteine und Mergel bauen einen Großteil der Mittelgebirgslandschaft zwischen Tolmin und Nova Gorica auf. Die flach- bis mittelgründigen Böden sind meist nur mäßig fruchtbar. Bei Anhovo besteht der Untergrund aus tertiärem **Flysch** mit einer engen Abfolge von Sandstein und Mergel, der zur Herstellung von Zement abgebaut wird (Salonit Anhovo). Hingegen bestehen die Sveta Gora und der gegenüberliegende Sabotin/Monte Sabotino als „Vorboten" des Karsts aus hartem **Kalkgestein der Oberkreide**. Mit ihren steilen, zum Teil felsig-schroffen Hängen stellen sie die markantesten Erhebungen in diesem Bereich dar.

Ab Gorizia hat der Isonzo im Laufe der Jahrtausende durch Ablagerung von Erosionsmaterial aus den Alpen ein weites Schwemmland geschaffen, das mit den Schwemmlandflächen weiter westlich verlaufender Alpenflüsse – Tagliamento, Piave, Po und andere – in Verbindung steht und mit diesen zusammen die oberitalienische Tiefebene bildet. Der nördliche Teil des Tieflands ist hier von durchlässigen Schotterböden geprägt, der südliche Teil bis zur Küste durch feines Schwemmmaterial, das zur Versumpfung neigt. Durch Bewässerungs- (im Norden) und Entwässerungsmaßnahmen (im Süden) konnte die landwirtschaftliche Produktivität in diesem Gebiet enorm gesteigert werden.

GEOTEKTONIK

Zwischen Bovec und Tolmin verläuft die Nahtstelle zwischen Adriatischer Mikroplatte und Eurasischer Platte. Verschiebungen zwischen diesen Platten lösen immer wieder Erdbeben mit Schadenspotenzial aus, zum Beispiel am Ostermontag 1998 und im Juli 2004. Auch das Erdbeben von 1976 im Friaul war hier deutlich zu spüren. Durch jene Beben wurden auch Felsstürze größeren Umfangs ausgelöst, z. B. auf der Südseite des Krn und im Tolminka-Tal.

KLIMA

Entsprechend den topografischen Verhältnissen herrschen zwischen den hochalpinen Zonen und dem Tiefland am Unterlauf des Isonzo beträchtliche klimatische Unterschiede. Von fast arktischen Verhältnissen im Bereich der Hochgipfel bis zu submediterranem Klima nahe der Adria mit Durchschnittstemperaturen von mehr als 20 °C im Sommer und wenigen Frosttagen im Winter reicht das Spektrum.

Bemerkenswert sind die Niederschlagsverhältnisse. Alpenweit rekordverdächtige Werte werden am **Südrand der Julischen Alpen** erreicht. Auf der Komna nördlich von Tolmin fallen in vielen Jahren mehr als 3000 mm Niederschlag – das entspricht ungefähr dem Dreifachen des Jahresniederschlags von München oder Salzburg. Sogar in den Talorten Bovec und Tolmin am Südrand der Julischen Alpen fallen meist mehr als 2000 mm im Jahr. Und selbst in Nova Gorica ist es über das ganze Jahr betrachtet feuchter als in Salzburg. Ursache für diese hohen Niederschläge sind die vor allem im Spätherbst von Süden kommenden, mit Starkregen verbundenen Genua- bzw. Adria-Tiefs. Bis zum Nordrand der Julischen Alpen haben sie jedoch schon einen Teil ihrer feuchten Fracht abgegeben. In **Kranjska Gora** fallen durchschnittlich weniger als 1500 mm Niederschlag im Jahr. Jedoch ist der November an allen Klimamessstationen von Nord nach Süd der niederschlagreichste Monat im Jahr, während das zweite Niederschlagsmaximum seit ungefähr 30 Jahren nicht mehr im April, sondern im Juni auftritt. Stattdessen war der April seither oftmals sehr trocken, was sich nachteilig für die in den Bergen vorherrschende Grünlandwirtschaft auswirkt und auch schon zu Waldbränden geführt hat.

Schon immer haben im gesamten Gebiet die Regenwolken der Sonne noch reichlich Platz gelassen. Selbst am recht feuchten **Südrand der Julier** scheint die Sonne mit durchschnittlich knapp 1800 Stunden im Jahr etwas länger als in München oder in Salzburg. Und herbstliche Hochdruckwetterlagen, für Bergwanderer der Traum schlechthin, gibt es in vielen Jahren auch hier: Herrscht in den Beckenlagen von Ljubljana oder Klagenfurt tagelang Nebel, scheint in den Hochlagen, aber auch in der Trenta die Sonne – und von manchen Gipfeln bietet sich dann eine Fernsicht von den Nordalpen bis zur Adria.

WASSERVERHÄLTNISSE

Trotz der relativ hohen Niederschläge ist Wasser im gesamten Gebiet meist nicht im Überfluss vorhanden. Vor allem in den Hochlagen der Julischen Alpen stellt Oberflächenwasser einen Mangelfaktor dar. Grund hierfür ist das verkarstete Kalkgestein, in dessen Klüften und Höhlen Regen- und Schmelzwasser rasch verschwindet. In den mittleren und unteren Hangbereichen der Julischen Alpen tritt dieses Wasser aus **Karstquellen** mit stark schwankender Schüttung wieder zutage. Die Quellen der Savica (Quellfluss der Sava Bohinjka) und der Soča sind typische Karstquellen. Beide entspringen einer Felsspalte in einer steilen Wand. Besonders gut lassen sich die „Launen" einer Karstquelle an der Soča beobachten. Während der Schneeschmelze oder nach starken Regenfällen entspringt der Felsspalte ein mächtiger Wasserschwall. Demgegenüber sinkt der Wasserspiegel im Quellschlund nach längeren sommerlichen Trockenperioden um mehrere Meter. Der Oberlauf der Soča und viele Gebirgsbäche führen dann nur wenig oder gar kein Wasser.

Die Sava Dolinka hingegen hat ihren Ursprung in einem ausgedehnten, vermoorten **Quellsumpfbereich**, den Zelenci am Nordrand der Julischen Alpen – ein im Gebiet eher seltener Quelltypus mit bemerkenswerter Flora und Fauna.

Durch die slowenischen Julier verläuft von Nordwest nach Südost eine hydrologisch und historisch bedeutsame **Wasserscheide** zwischen Mittelmeer und Schwarzem Meer. Die bedeutendsten Flüsse sind die bereits erwähnten Flüsse Soča, die nach einer ca. 140 km langen Fließstrecke unter dem Namen Isonzo in die Adria mündet, sowie die Sava Dolinka und die Sava Bohinjka, die sich unweit östlich des hier beschriebenen Gebiets zur Sava (Save) vereinigen und den zweitlängsten Nebenfluss der Donau bilden. Innerhalb des engeren Alpenbereichs sind diese Flüsse größtenteils noch naturbelassen. Die Soča hingegen wird unmittelbar nach Verlassen der Julischen Alpen südlich von Tolmin bis zur italienischen Grenze viermal zum Zwecke der Energieerzeugung angestaut.

Bemerkenswert ist die große Anzahl an **Wasserfällen**, insbesondere im Einzugsgebiet der Soča. Allein für die Region Goriška wurden schon 75 Wasserfälle gezählt – mehr als in allen übrigen Regionen Sloweniens zusammen. Erfasst sind jedoch nur die größeren Wasserfälle, darunter der Slap Boka bei Bovec, mit 105 Metern Fallhöhe der zweithöchste Wasserfall Sloweniens. Bei länger anhaltendem Starkregen vervielfacht sich die Zahl der Wasserfälle, wie ich selbst schon beobachten durfte. Dann stürzt an den Hängen aus jeder nur erdenklichen Spalte ein mächtiger Wasserstrahl in die Tiefe. Die bekanntesten Wasserfälle im

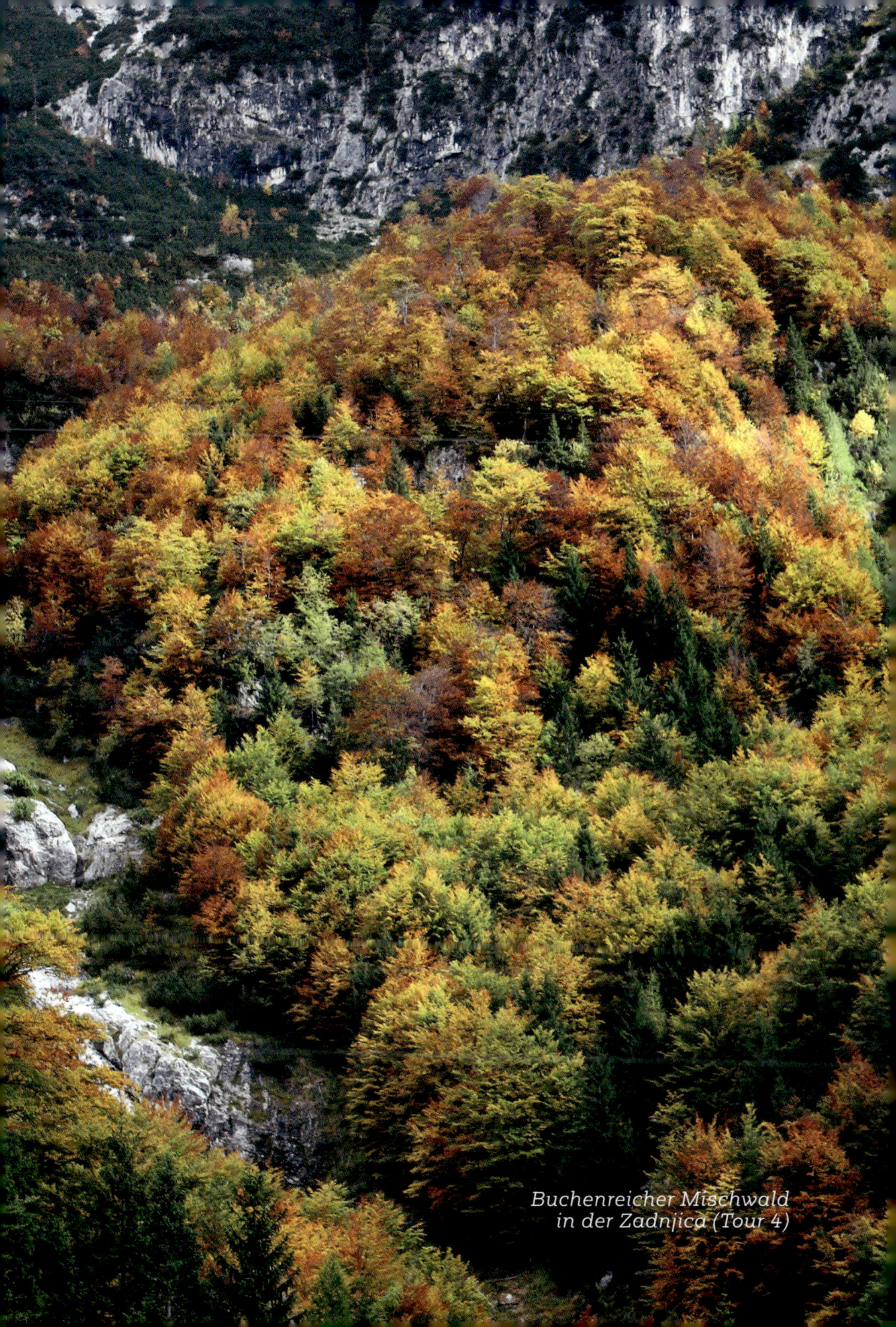

Buchenreicher Mischwald
in der Zadnjica (Tour 4)

Gorenjska-Gebiet sind der Slap Savica und der Slap Peričnik.

Eine besondere Zierde der slowenischen Julier sind die nicht sehr zahlreichen **Seen**. Der größte von ihnen, der Bohinjsko jezero, ist mit 3,4 km² Wasserfläche auch der größte natürliche See Sloweniens mit ständiger Wasserführung. Der bekannteste und mit gut vier Hektar Fläche größte slowenische Alpensee ist der auf 1390 Meter Höhe unterhalb des Krn-Gipfels gelegene Krnsko jezero (Krn-See). Der auf 2145 Meter Höhe gelegene Zgornjo Krško jezero (Obere Križ-See) oberhalb des Zadnjica-Tals ist der höchstgelegene See Sloweniens. Die Seen des Sieben-Seen-Tals verdanken ihre Entstehung wasserstauenden Mergelschichten, haben jedoch keine oberirdischen Zu- und Abflüsse. Südlich der slowenischen Julier gibt es keine natürlichen Seen mehr.

Südliche Flockenblume

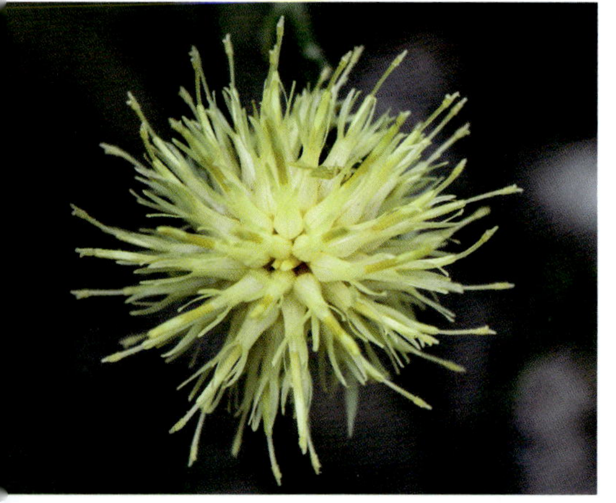

VEGETATION UND FLORA

Die große standörtliche Vielfalt – bedingt durch alpines bis mediterranes (Klein)Klima sowie durch unterschiedliche Relief- und Bodenverhältnisse – spiegelt sich auch in einer Vielfalt höchst unterschiedlicher Pflanzengesellschaften und einer enormen Artenfülle wider. Bemerkenswert ist die Mannigfaltigkeit der Waldtypen in den Julischen Alpen und auch in der Mittelgebirgslandschaft südlich davon. Abgesehen von den großflächigen Fichtenbeständen auf dem Pokljuka-Plateau, deren Zustand hauptsächlich auf menschliche Aktivitäten zurückzuführen ist, sind die Wälder meist in sehr naturnahem Zustand.

Herrschen am Nordrand der Julier vom Tal bis auf ca. 1400 m Höhe **buchenreiche Mischwälder** vor, so nimmt, je weiter man nach Süden kommt, der Anteil **submediterraner Buschwälder** mit Hopfenbuche, Mannaesche und deren Begleitflora insbesondere an steilen Südhangen deutlich zu. Stellenweise wächst auf solchen Standorten auch die Schwarzkiefer. Die Waldgrenze wird im Norden und in den zentralen Bereichen der Julischen Alpen überwiegend von **Lärchen** gebildet, meist auf einer Höhe von 1700 bis 1800 m; ausnahmsweise, z. B. auf dem Sleme nahe dem Vršič-Pass, steigt die Lärche bis auf 1900 m. Demgegenüber bilden am Südrand der Julier meist **Reinbestände der Buche** die Waldgrenze auf einer Höhe von gerade mal 1600 m. Insgesamt liegen die Waldgrenzen in den Julischen Alpen, was überraschend sein mag, nicht höher als in den Nördlichen Kalkalpen.

Oberhalb, stellenweise auch unterhalb der natürlichen Waldgrenze erstrecken sich bisweilen ausgedehnte **Latschenkiefernbestände**, insbesondere auf der verkarsteten Hochfläche der Komna zwischen 1500 und 1800 m. Die Latschenkiefer konnte sich dort allerdings erst seit der völligen Aufgabe der Almwirtschaft nach dem Ersten Weltkrieg so stark ausbreiten.

Fichten bilden in den Julischen Alpen nur an wenigen Stellen natürliche Reinbestände, vor allem in Hochtälern und in hoch gelegenen Senken, in denen sich im Winter Kaltluftseen bilden, z. B. im Lopučnica-Tal oder im Bereich der Alpenvereinshütte nahe des Krnsko jezero. In Mischwäldern leiden Fichten jedoch seit einigen Jahren vielfach unter der häufiger auftretenden Sommertrockenheit und dem Borkenkäfer, ganz besonders an steilen Südhängen, z. B. am Bohinjsko jezero, wo viele Fichten inzwischen abgestorben sind.

An und oberhalb der Baumgrenze in den Julischen Alpen gedeihen neben bekannten Arten wie Edelweiß, das hier recht verbreitet ist, einige Arten, die nur hier oder bloß in einem begrenzten Gebiet der Südalpen vorkommen, zum Beispiel der **Kerners Alpen-Mohn**, die **Zois-Glockenblume**, der **Merkblättrige Bärenklau**, das **Obir-Steinkraut**.

Sehr bunt und artenreich sind auch viele der vom Menschen geschaffenen Talwiesen in den Julischen Alpen.

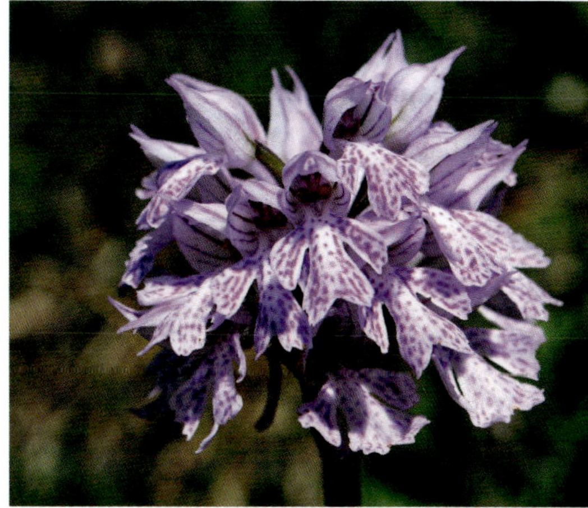

Dreizähniges Knabenkraut

Trollblumen, diverse Primel- und Knabenkrautarten – in einigen Tälern sind sie noch allgegenwärtig. Dass viele Wiesen noch nicht mit übermäßigen Düngergaben beglückt wurden und darum noch so abwechslungsreich sind, hat einiges mit der ökonomischen Situation vergangener Jahrzehnte zu tun. Leider fallen vor allem im Soča-Gebiet immer mehr Wiesen brach und das Artenspektrum verarmt.

Submediterrane (Busch)Wälder sind in den südlich anschließenden Mittelgebirgen und im Karst der vorherrschende Vegetationstyp. Neben **Hopfenbuchen** und **Mannaeschen** treten zunehmend **Flaum-** und **Zerreichen** in Erscheinung. Eine Besonderheit ist das Vorkommen der **Steineiche** an den steilen Süd- und Osthängen des Sabotin bei Nova Gorica. Die Steineiche ist der Charakterbaum der Mittelmeer-

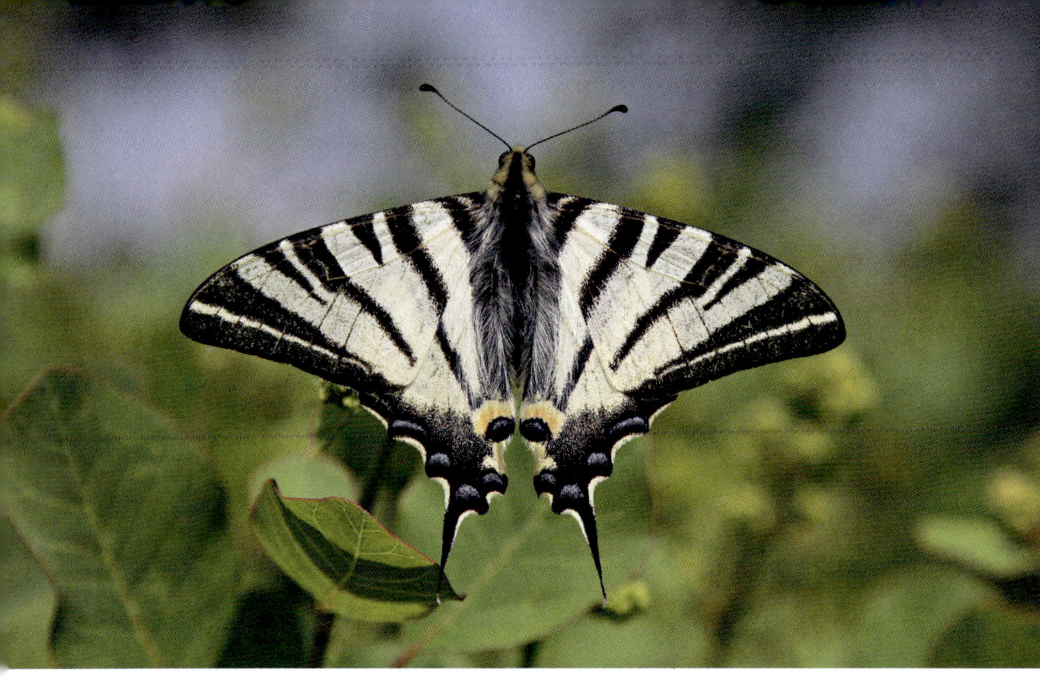

Segelfalter

region und befindet sich hier an der nördlichen Grenze ihrer natürlichen Verbreitung.

Durch frühere Beweidung und Mahd sind auch auf den Höhenrücken der Mittelgebirge ungemein artenreiche Wiesen und Weiden entstanden, deren Blütenpracht im Frühjahr und im Sommer manchen Mitteleuropäer ungläubig staunen lässt. Ursachen für jenen Arten- und Blütenreichtum sind auch hier fehlende oder allenfalls nur mäßige organische Düngung. Neben diversen Orchideenarten gedeihen dort die **Illyrische Schwertlilie**, die **Illyrische Gladiole**, der **Affodil** und weitere Raritäten, aber auch Wiesensalbei, Witwenblumen, Klappertopf und viele andere sorgen für eine bunte Pracht – und bieten Nahrung für eine artenreiche Insektenwelt. Durch Verbuschung und Wiederbewaldung werden diese floristisch und faunistisch wertvollen Flächen langfristig verdrängt.

Sowohl in den Julischen Alpen als auch in den Mittelgebirgen ist der Waldanteil relativ hoch – und er nimmt weiterhin zu, vor allem im gesamten Einzugsgebiet der Soča. So sind zwei Drittel der Region Goriška inzwischen von Wald bedeckt. Gründe hierfür sind Bevölkerungsschwund und Rückzug der Landwirtschaft aus wenig ertragreichen Gebieten. Die Zunahme des Waldes ist einerseits, vor allem im Hinblick auf den Wasserhaushalt, positiv zu bewerten, andererseits verarmt die Biodiversität. Gerade extensiv genutztes artenreiches Grünland wird zunehmend verdrängt (s. o.).

Das Tiefland im Umfeld des Isonzo-Unterlaufs hingegen ist stark durch menschliche Aktivitäten geprägt und weist nur wenig naturnahe Vegetation auf – mit Ausnahme der Uferbereiche des Isonzo und dessen Mündungsgebiet.

DIE TIERWELT

Die kargen Felszonen der Julischen Alpen oberhalb der Waldgrenze sind das Reich von **Steinbock** und **Gämse**. Der Steinbock wurde um 1960 wiedereingebürgert, nachdem er in den Julischen Alpen vor mehr als 300 Jahren ausgerottet worden war. Sehr gute Chancen, ihn zu Gesicht zu bekommen, bestehen im Bereich der Kriški podi. Eingebürgert wurde auch das nicht autochthone **Mufflon**, ein unliebsamer Konkurrent der Gämse. Oberhalb der Waldgrenze lebt das **Schneehuhn**, während das **Birkhuhn** schüttere Baumbestände bis zur Waldgrenze bevorzugt. Recht selten und im Bestand abnehmend ist das **Auerhuhn**.

Im Frühjahr wandern aus dem Balkan einige Dutzend **Gänsegeier** zu. Einige fliegen weiter in Richtung italienische Alpen, andere verbringen hier die Sommermonate, vor allem im Bereich des Krn. Es handelt sich um fast ausgewachsene, aber noch nicht geschlechtsreife Jungvögel, die im Herbst wieder auf den Balkan zurückkehren. Doch das Schauspiel wiederholt sich jährlich.

Zuwanderer sind auch **Braunbären**. Ausgehend von den riesigen Waldgebieten im Süden Sloweniens und im

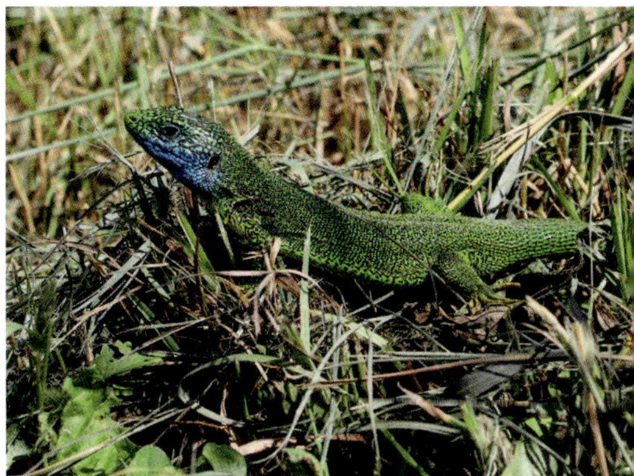

Smaragdeidechse

Norden Kroatiens, wo noch eine große Bärenpopulation existiert, sind sie dabei, die Alpen wieder zu besiedeln, nicht zuletzt auch die Julischen Alpen – zum Leidwesen der Schafzüchter, die für ein gerissenes Tier nur unzureichend entschädigt werden. Diesbezüglich noch größere Probleme bereiten seit einigen Jahren jedoch **Wölfe**. Dem Menschen sind in den Juliern aber weder Bär noch Wolf bislang gefährlich geworden.

Sehr bemerkenswert ist die Fauna im Flussgebiet der Soča: Hier lebte einstmals die größte **Fischotter**-Population der Alpen. Dieser scheue Wassermarder ist inzwischen fast völlig verschwunden, in erster Linie wegen des hohen Freizeitdrucks. Die Soča-Forelle hingegen hat infolge umfangreicher Maßnahmen zur Erhaltung ihres Bestands stark zugenommen (s. S. 22).

Die Rettung der Soča-Forelle

In einigen Zuflüssen zur nördlichen Adria lebt eine endemische Unterart der Bachforelle, die wegen ihrer Körperzeichnung „Marmorierte Forelle“ oder kurz „Marmorata“ genannt wird. Am bekanntesten ist sie jedoch unter dem Namen Soča-Forelle, denn die Soča beherbergt die bedeutendsten Vorkommen dieser Subspezies. Sie gilt als weltweit größte Forelle, die in Fließgewässern lebt. Die größten bislang gefangenen Exemplare waren ca. 1,20 m lang und wogen bis zu 23 kg. Lebensraum der Marmorata sind Gebirgsbäche und -flüsse mit klarem, sauerstoffreichem Wasser, das sich im Sommer auf höchstens 15 °C erwärmt, und mit einem Gewässerbett, das Versteckmöglichkeiten für diesen etwas lichtscheuen Fisch bietet.

Während des Ersten Weltkriegs wurde der Bestand durch äußerst unsanfte Fangmethoden stark dezimiert. Nach Kriegsende setzte man wiederholt Forellen in die Soča ein, allerdings keine Exemplare der autochthonen Subspezies, sondern „normale“, die es vorher dort gar nicht gab. Diese sind wesentlich kleiner als Soča-Forellen und auch anders gezeichnet, die genetischen Unterschiede sind jedoch so gering, dass eine Hybridisierung beider Unterarten möglich ist und sogar die Mischlinge zur Fortpflanzung fähig sind. So entstand im Laufe der Zeit eine Population aus Bachforellen, Hybriden und immer weniger echten Soča-Forellen. Nur in wenigen Zuflüssen konnten kleine Populationen genetisch reiner Marmoratas ungestört überdauern.

Diese wurden allerdings erst Anfang der 1990er-Jahre entdeckt. Schon bald machte sich der Fischereiverein Tolmin (Ribiška družina Tolmin) daran, mit Unterstützung von WWF und dem staatlichen Institut für Fischereiforschung Slowenien einen Aktionsplan zur Erhaltung der Soča-Forelle zu erstellen. Hierfür wurde eigens eine Aufzuchtstation nahe Tolmin errichtet. Seit Mitte der Neunzigerjahre werden jährlich ca. 20 Marmoratas aus sieben Ursprungsgewässern entnommen und nach einmaligem Ablaichen in der Aufzuchtstation wieder zurückgesetzt. Die befruchteten Eier werden teils direkt in kiesreiche Fließstrecken der Soča und einiger größerer Nebenflüsse ausgesetzt, teils in der Aufzuchtstation belassen. Die sich daraus entwickelnden „Fingerlinge“ werden dann nach vier Monaten in die Soča und deren Nebenflüsse ausgesetzt.

Zwar ist in der Soča der Besatz mit „gewöhnlichen“ Bachforellen seit den 1990ern verboten, doch eine vollständige Eliminierung von Bachforellen und Hybriden ist nicht möglich. Nach Auskunft von Dušan Jesenšek hat sich jedoch der Anteil „echter“ Marmoratas in der Soča von 30 % im Jahr 1993 auf aktuell 80 %, in manchen Flussabschnitten sogar auf über 90 % erhöht – ein Erfolg, mit dem nicht von Anfang an zu rechnen war. Trotzdem wird die Aktion in etwas geringerem Umfang als bisher fortgesetzt.

Von südexponierten Alpenhängen bis zur Adria ist die **Smaragdeidechse** anzutreffen. Dagegen kommt die **Kreuzotter** hauptsächlich in den Hochlagen der Julischen Alpen vor, sehr häufig als schwarz gefärbte **Höllenotter**. An den Ufern der Soča und ihren Zuflüssen sieht man gelegentlich die ungiftige **Würfelnatter**.

Die arten- und blütenreichen Wiesen in den Alpentälern, im Mittelgebirge und im Karst sind Lebensraum einer Vielzahl von Insekten, insbesondere Schmetterlingen. An den Südhängen der Alpentäler fliegen noch **Apollofalter** – sowohl der rot gefleckte *Parnassius apollo* als auch der schwarz-weiß gemusterte *Parnassius mnemosyne*. Auf den Wiesen im Mittelgebirge und im Karst fliegen **Scheckenfalter**, diverse **Bläulinge** und **Widderchen**, während an exponierten Stellen **Segelfalter** und **Schwalbenschwanz** häufig zu sehen sind.

Der Mündungsbereich des Isonzo ist ein international bedeutsames Vogelbrut- und Rastgebiet. Rund 300 Vogelarten, hauptsächlich Zugvögel, wurden dort erfasst (s. Tour 24).

NATURSCHUTZ

Eine Reihe von Schutzgebieten mit unterschiedlichem Schutzstatus repräsentiert die Vielfalt der Natur des hier vorgestellten Landschaftsraums. Die Schutzgebiete sind jedoch unterschiedlich verteilt. Im gebirgigen Norden ist der Anteil geschützter Flächen wesentlich höher als im dicht besiedelten Tiefland entlang des Isonzo bis zur Adria.

SLOWENIEN – DER NORDWESTEN

Das auch international bekannteste Schutzgebiet ist der 840 km² große **Nationalpark Triglav** (Triglavski narodni park) im äußersten Nordwesten Sloweniens (Näheres s. S. 66). Er ist auch Teil des im Jahr 2003 ausgewiesenen **Biosphärenreservats Julische Alpen** mit einer Gesamtfläche von fast 2000 km², was knapp 10 % der Staatsfläche Sloweniens entspricht. Es erstreckt sich von der Grenze zu Österreich im Norden bis zur Grenze zu Italien westlich und südlich von Kobarid und Tolmin und schließt das Einzugsgebiet der Idrijca, einem Nebenfluss der Soča, mit ein. Auch im italienischen Teil der Julischen Alpen existiert seit einigen Jahren ein Biosphärenreservat. Angestrebt wird nun ein grenzüberschreitendes Biosphärenreservat mit gemeinsamer Verwaltung – ein im europäischen Raum einzigartiges Projekt. Oberster Zweck der Ausweisung von Biosphärenreservaten ist die Förderung einer nachhaltigen wirtschaftlichen Entwicklung in den jeweiligen Gebieten.

Als Naturdenkmal geschützt ist die gesamte Fließstrecke der **Soča** zwischen der Quelle und Tolmin aufgrund der Natürlichkeit und einzigartigen Schönheit. Als weitere Naturdenkmäler ausgewiesen sind u. a. die Wasserfälle auf der Südseite des Krn, die sich nicht mehr im Nationalpark Triglav befinden. Die entsprechend der EU-Richtlinie „Flora-Fauna-Habitat" ausgewiesenen Natura-2000-Gebiete – mit diesen soll

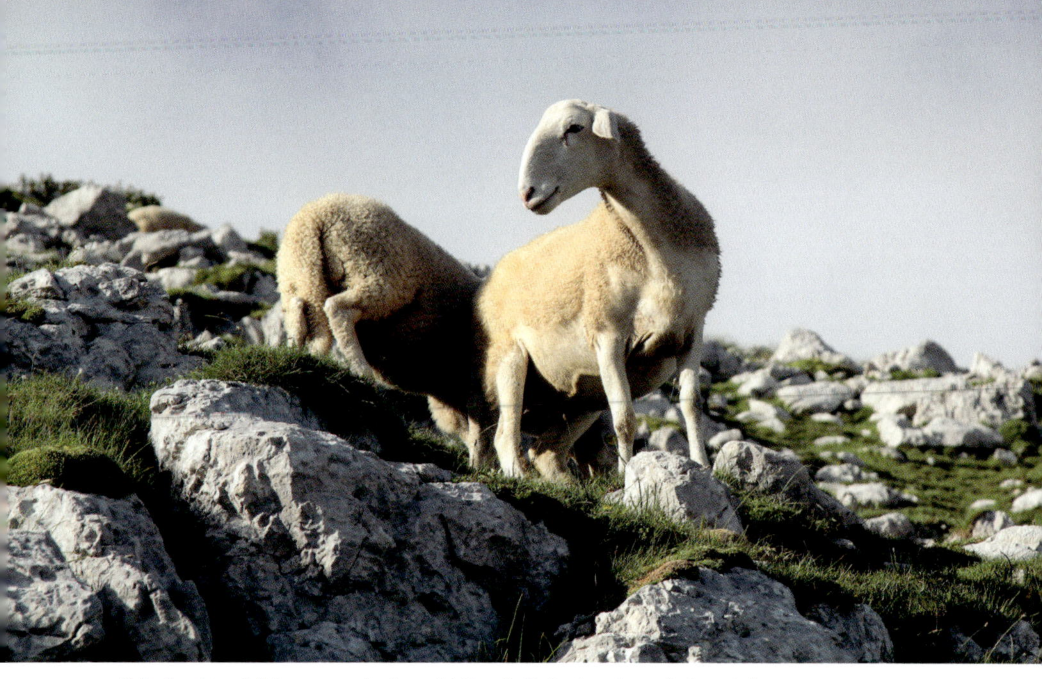

Schafzucht spielt immer noch eine wichtige Rolle in den slowenischen Juliern.

ein europaweiter Verbund ökologisch wertvoller Flächen hergestellt werden – nehmen eine deutlich größere Fläche ein als die bislang nach nationalem Recht geschützten Gebiete. So sind z. B. mehr als die Hälfte der nur dünn besiedelten Region Goriška **Natura-2000**-Flächen (in Slowenien insgesamt machen sie mehr als ein Drittel aus, in Deutschland nur ein Sechstel). Fast die gesamten Julischen Alpen fallen darunter.

ITALIEN – PROVINZ GORIZIA

Aufgrund der hohen Bevölkerungsdichte und der intensiven Landnutzung bleibt für schützenswerte Natur nur wenig Raum übrig. Jedoch gibt es im Küstenbereich zwei überregional bedeutende **Regionale Naturreservate**: die *Riserva Naturale Regionale della Foce dell'Isonzo* und die *Riserva Naturale Regionale della Valle Cavanata* (s. Touren 24, 25).

BESIEDLUNG, BEVÖLKERUNGSDICHTE, SPRACHEN

Das gesamte Gebiet spiegelt sehr repräsentativ die demografischen Entwicklungen der Neuzeit wider.

Im Bereich der Julischen Alpen erreicht die Bevölkerungsdichte schon aufgrund der Topografie keine hohen Werte. Doch auch hier gibt es Unterschiede. Während in den Tälern von Sava Dolinka und Sava Bohinjka die Bevölkerung in den vergangenen 20 Jahren bei Dichten von 15 bis 30 EW/

km² insgesamt leicht zugenommen hat, so ist im Einzugsgebiet der Soča auf slowenischem Staatsgebiet ein bis heute anhaltender Bevölkerungsschwund zu verzeichnen, verbunden mit einem starken Rückgang der Landwirtschaft. Ausgesprochen dünn besiedelt ist die Gemeinde Bovec im gebirgigen Norden mit 9 EW/km², wobei gut die Hälfte der ca. 3000 Einwohner im Talbecken am Fuße des Kanin lebt, während in den seit jeher sehr dünn besiedelten Täler von Koritnica und Soča einschließlich der Nebentäler bis vor wenigen Jahrzehnten eine vollständige Landflucht zu befürchten war, die aber insbesondere durch den Tourismus gebremst werden konnte. Auch im Mittelgebirgsbereich südlich von Tolmin nimmt die Bevölkerung ab, in der Gemeinde Kanal um mehr als 10 % in den vergangenen 20 Jahren. Lediglich im Bereich Nova Gorica stagniert die Bevölkerungsdichte auf relativ hohem Niveau bei ca. 115 EW/km².

Aufgrund der günstigen Voraussetzungen für Ansiedlung, Landwirtschaft, Verkehr und Gewerbe war und ist der Bereich am Unterlauf des Isonzo schon immer dicht besiedelt. Die Bevölkerungsdichte beträgt in der Provinz Gorizia ca. 300 EW/km², ist aber seit einigen Jahren leicht rückläufig.

Während in der Gorenjska und in der Goriška fast ausschließlich Slowenisch die Muttersprache der dortigen Bevölkerung ist, bietet die Provinz Gorizia eine größere Sprachenvielfalt. Zwar herrscht hier Italienisch vor, doch entlang der Grenze ist Slowenisch noch stark vertreten. Daneben wird in der Provinz Gorizia noch Furlanisch gesprochen, eine eigenständige (räto)-romanische Sprache.

WIRTSCHAFT

In den slowenischen Juliern war die **Landwirtschaft** bis nach dem Zweiten Weltkrieg die wichtigste Existenzgrundlage der Bevölkerung. Aufgrund der natürlichen Gegebenheiten bildete die Viehhaltung den Schwerpunkt landwirtschaftlicher Aktivitäten. Im Gorenjska-Teil stellt die Viehhaltung auch heute noch einen wesentlichen Wirtschaftsfaktor dar, insbesondere in Bohinj, das für seine Käseproduktion bekannt ist – eine Spezialität ist der sehr würzige *Mohant* (eine geschützte Ursprungsbezeichnung/g. U.) – und wo noch zahlreiche Almen mit Rindern bestoßen werden.

Hingegen fielen im Raum Bovec, wo aufgrund der natürlichen Gegebenheiten seit jeher fast nur Schafe und Ziegen gehalten werden, mit dem vor über 100 Jahren einsetzenden Bevölkerungsschwund und der Aufgabe zahlreicher Gehöfte viele Wiesen und Weideflächen brach. Von einstmals zwölf Almen im Bereich der Soča zwischen Bovec und der Trenta wurde bis vor Kurzem nur noch eine, die Planina Duplje nahe dem Krn-See bewirtschaftet (s. Tour 8). Am Fuß des Mangart im oberen Koritnica-Tal befinden sich noch zwei bewirtschaftete Schafalmen. In den Tälern konnte sich etwas Landwirtschaft behaupten, sie diente und dient jedoch – wie in vielen Gebieten

Sloweniens – mehr der Selbst- und Nahversorgung. Die natürlichen Gegebenheiten erlauben keine Massenproduktion, ermöglichen aber die Erzeugung hochwertiger Produkte, meist in Bioqualität, z. B. den Schafskäse *Bovški sir* (g. U.).

Im Raum Kobarid-Tolmin konnte sich die Landwirtschaft wegen der günstigeren Standortbedingungen weitgehend erhalten. Noch heute gibt es an der Südseite des Krn und oberhalb von Tolmin regelmäßig bestoßene Rinderalmen. Aus dieser Gegend stammt der bekannte Käse *Tolminski sir* (g. U.).

Der dominierende Wirtschaftszweig in den gesamten Julischen Alpen ist schon seit mehreren Jahrzehnten der **Tourismus** und er nimmt immer noch zu. Dort stellt der Nationalpark Triglav die wichtigste Attraktion dar und es herrschen mehr oder weniger sanfte Aktivitäten wie Wandern, Bergsteigen, Naturbeobachtung vor. Die Orte Kranjska Gora, Bovec, Kobarid und Tolmin haben sich in den vergangenen Jahren aber auch zu Zentren von Outdooraktivitäten mit betont sportlichem Charakter entwickelt.

Das Gebiet südlich von Tolmin ist, abgesehen von Nova Gorica und dessen näherem Umfeld, nicht gerade überentwickelt. Auch dort ist die Landwirtschaft rückläufig, Tourismus spielt noch keine bedeutende Rolle. Größter Arbeitgeber ist das Zementwerk *Salonit Anhovo*, das auch größter Zementhersteller Sloweniens ist. Nova Gorica ist mit seiner Technischen Hochschule, kulturellen Einrichtungen, verschiedenen Dienstleistungsangeboten und einer aufstrebenden Industrie (vor allem im Bereich Elektrotechnik) wirtschaftliches und kulturelles Zentrum im Westen Sloweniens. Bekannt ist Nova Gorica aber wegen seiner Spielcasinos und wird deshalb gerne als „Las Vegas Sloweniens“ bezeichnet.

Zwischen Gorizia und der Adriaküste bilden Dienstleistung, Industrie und eine meist intensiv ausgeübte Landwirtschaft dominierende Wirtschaftsfaktoren. Zwei Drittel aller Arbeitsplätze sind im Dienstleistungssektor angesiedelt. Touristischer Schwerpunkt ist Grado an der Adriaküste, während die Fischerei dort nur noch eine untergeordnete Rolle spielt. An der Adriaküste ist der größte industrielle Arbeitgeber der Provinz beheimatet: die *Fincantieri*-Werft in Monfalcone, wo große Kreuzfahrtschiffe gebaut werden. In der Landwirtschaft sind nur noch 3 % der Erwerbsfähigen tätig. Jedoch stellt die Landwirtschaft mit mehr als 50 % Flächenanteil den größten Flächennutzungsfaktor der Provinz dar. Auf landwirtschaftliche Sonderkulturen, insbesondere Obst- und Weinbau, entfallen mehr als 5 % der Gesamtfläche.

ANREISE MIT ÖFFENTLICHEN VERKEHRSMITTELN

Es gibt zahlreiche gute Gründe, ein Urlaubsgebiet mit öffentlichen Verkehrsmitteln zu bereisen, Stichworte: Umweltschutz, stressfreies An- und Abreisen (außer an gewissen Wochenenden, Feiertagen, in den [Sommer]-

Ferien). Für manch einen Umweltfreund buchstäblich schwer wiegt jedoch die Gepäckmitnahme. Wer aber 15 Kilo Rückenbelastung ein paar Tage er-trägt, dürfte eine Reise mit Bahn und Bus ohne große Probleme bewältigen. Darum nachfolgend einige Tipps für Reisende, die aus dem deutschsprachigen Raum die Julischen Alpen und das südlich sich anschließende Gebiet mit öffentlichen Verkehrsmitteln besuchen wollen (Stand Sommer 2023):

Wer mit der *Bahn* von München über Salzburg und Villach nach Slowenien einreist, kommt unweigerlich in **Jesenice** an. (Wer von Berlin, Dresden oder Hamburg dorthin per Bahn reisen will, fährt unweigerlich über München.) Von München nach Jesenice gibt es in den Sommermonaten drei akzeptable Zugverbindungen per Eurocity, davor und danach nur noch zwei (akzeptabel = nur wenige oder keine Umstiege, Ankunft nicht erst sehr spät abends ...); Fahrtdauer gut 5 Stunden, nach **Lesce-Bled**, der nächsten infrage kommenden Bahnstation 5½ Stunden (s. *www.bahn.de*). Ähnlich sieht es für Reisende aus Wien aus. Für diese gibt es drei akzeptable Zugverbindungen in den Sommermonaten, davor und danach noch zwei; Fahrtdauer nach Jesenice und Lesce-Bled 5 bzw. 5½ Stunden (s. *https://fahrplan.oebb.at*).

Als Alternative zur Anreise per Bahn aus Deutschland bietet sich der *Flixbus* an. Dieser verkehrt ein- bis zweimal täglich außer Dienstag und Mittwoch von München direkt nach **Bled**; Fahrtdauer ca. 5¼ Stunden. Von

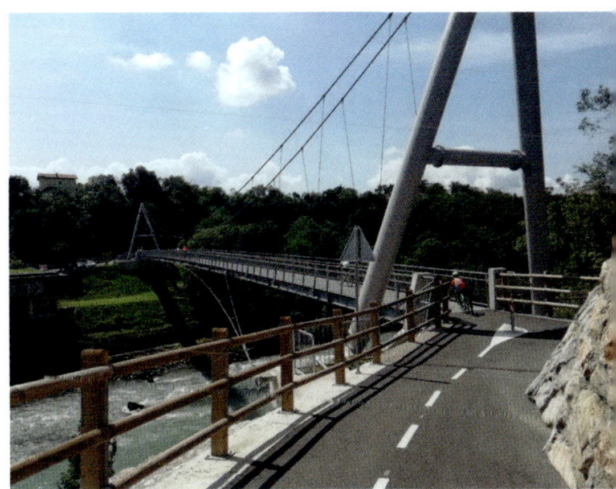

Brücke für Radfahrer über die Soča bei Solkan (s. „Tipp" S. 163)

dort gibt es gute Anschlussmöglichkeiten mit lokalen Linienbussen, vor allem nach Bohinj.

Vom Bahnhof Jesenice fahren bis zum späten Abend stündlich *Linienbusse* nach Rateče (nahe der italienischen Grenze) über Mojstrana und Kranjska Gora; Fahrtdauer bis Kranjska Gora knapp 30 Minuten, bis Rateče 40 Minuten. Vom Bahnhof Lesce-Bled fahren fast stündlich Linienbusse über Bled und Ribčev Laz nach Ukanc (Bohinj) am westlichen Ende des Bohinjsko jezero (Wocheiner See), allerdings nur bis zum frühen Abend; Fahrtdauer bis Ribčev Laz 50 Minuten, bis Ukanc 1 Stunde (s. *https://arriva.si/en/timetable*).

Von Kranjska Gora verkehren in den Monaten Juli und August fünfmal täglich *Linienbusse* über den Vršič-Pass nach Bovec, in den Monaten Juni und September zweimal. Im Juli und im August fährt dreimal täglich ein Bus von Kranjska Gora über Tarvisio, den Predil-Pass und Log pod Mangrtom nach Bovec und zurück. Näheres hierzu und zu weiteren Angeboten im Raum Bovec–Tolmin siehe unter *https://www.soca-valley.com/de/soca-tal/nachhaltige-mobilitat* sowie, bezogen auf den gesamten Bereich der slowenischen Julier, *https://julian-alps.com/de/p/oeffentliche-verkehrsmittel/36128892/* und auch unter der Webseite des Nationalparks Triglav *https://www.tnp.si/en/visiting-park/information/mobility/*.

Aufgrund von Sanierungsarbeiten findet auf der Strecke der *Wocheinerbahn* (s. Kap. „Die Wocheinerbahn") seit Herbst 2023 ein zeitweise eingeschränkter Zugverkehr statt. Auf wechselnden Streckenabschnitten findet dann Schienenersatzverkehr statt, was die Fahrt nach Nova Gorica u. U. erschweren wird. Der Bahnverkehr wird sich spätestens im Jahr 2025 wieder normalisieren, wenn Nova Gorica und Gorizia die Kulturhauptstadt Europas bilden.

Verbessert hat sich hingegen die Anreise per Bahn nach **Gorizia**. Von München Ost gibt es derzeit vier akzeptable Verbindungen dorthin; Fahrtdauer 7–9 Stunden, jeweils zwei bis drei Umstiege. Von Gorizia Centrale gelangt man per Bus oder auch zu Fuß problemlos nach Nova Gorica. Möglich ist auch die Anreise mit dem Flixbus von München direkt nach Udine, Fahrtdauer 6½ Stunden; von dort regelmäßig Zugverbindungen nach Gorizia (25–30 Minuten). Von Wien gelangt man dreimal täglich in ca. 7 Stunden nach Gorizia bei nur 1–2 Umstiegen.

WANDERN UND RADELN ZWISCHEN KRANJSKA GORA UND GRADO

Die Julischen Alpen – und darin vor allem der Nationalpark Triglav – sind ein Paradies sowohl für Naturliebhaber als auch für Outdoorsportler, was an einigen Stellen zu Konflikten führt. Darum an dieser Stelle der Appell, bei allen Aktivitäten, sei es im Hochgebirge, an den Flüssen und Seen, aber auch im küstennahen Bereich, besondere Rücksicht auf die Pflanzen- und Tierwelt zu nehmen. Von den zahlreichen Aktivitäten in freier Natur sollen hier nur *Wandern* und *Radfahren* in den Fokus gerückt werden. Ansonsten sei nur auf die zahlreichen Sportagenturen in Kranjska Gora, Bovec, Kobarid, Tolmin und anderen Orten verwiesen, wo man sich z. B. Mountainbikes ausleihen oder sich auch zu geführten Rafting- und Klettertouren anmelden kann. Beliebt sind vor allem Rafting und Kayaking auf der Soča, dem vielleicht schönsten, sicherlich aber beliebtesten Wildwasserfluss der Alpen.

RADFAHREN

Die Voraussetzungen zum Radfahren sind im Gebirge von Natur aus nicht ideal. Vielfach müssen sich auf engen Straßen Autofahrer und Radler die Fahrbahn teilen. So lässt auf der schmalen Straße über den Vršič-Pass hohes Verkehrsaufkommen im Sommer den Genusspegel bei Radlern deutlich sinken. Ähnliches gilt auch für die Straße über den Predil-Pass und die Hauptstraße zwischen Bovec und Tolmin sowie für die Straße von Tolmin nach Süden im engen Kerbtal der Soča. Für gut trainierte Radler, die auch längere Fahrten auf solchen Straßen nicht scheuen, wurde vor einigen Jahren der Radwanderrundweg „Juliana Bike" ausgewiesen, der u. a. über den Vršič-Pass führt.

Doch es gibt auch genussvoll zu befahrende Radrouten. Dazu einige Hinweise: Am Nordrand der Julischen Alpen verläuft auf der Trasse einer im Jahr 1969 stillgelegten Eisenbahnstrecke der vielleicht schönste, auf jeden Fall aber am bequemsten zu befahrende Radweg – und das meist in gebührendem Abstand zur Hauptstraße. Er ist mit D2 markiert, beginnt in Mojstrana und führt von dort nach Westen über Kranjska Gora und Rateče bis nach Tarvisio im äußersten Nordosten Italiens. Er ist ca. 31 km lang. Rechnet man die vor einigen Jahren ergänzte Strecke von Mojstrana nach Jesenice hinzu, sind es ca. 41 km. Die Strecke bietet auch zahlreiche Abstecher in die nördlichen Täler der Julischen Alpen, z. B. von Mojstrana ins Radovna- oder ins Vrata-Tal, von Rateče ins Planica-Tal, und nicht zuletzt auf italienischer Seite zu den Laghi di Fusine (s. Tour 1). Für einige dieser Abstecher empfiehlt sich jedoch ein Mountainbike.

Auf der Südseite der Julischen Alpen erlaubt eine wenig befahrene

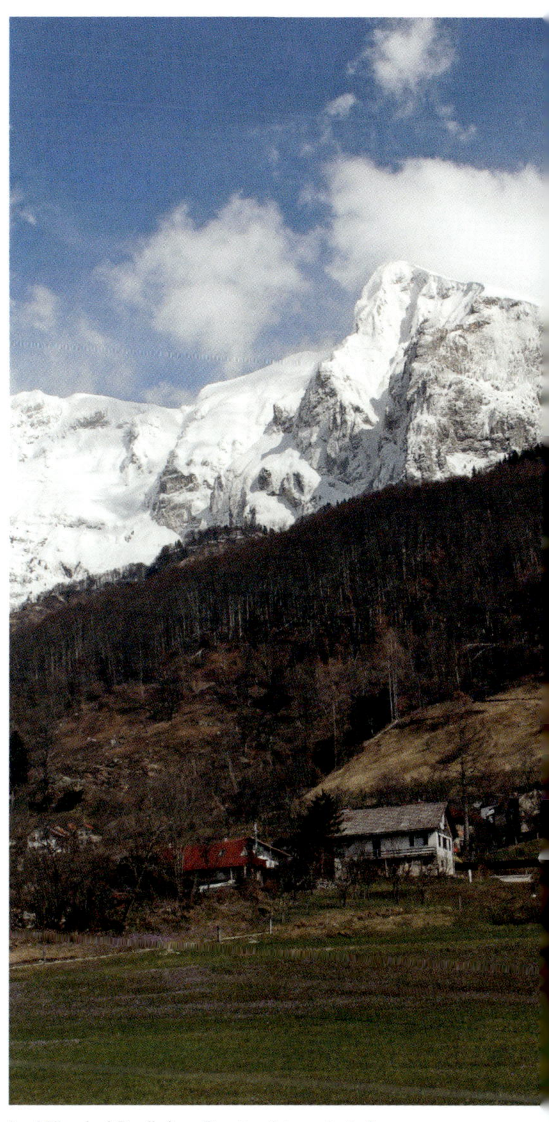

Im März bei Drežnica: Der Krn ist noch tief verschneit, unten kann man schon wandern.

Nebenstraße zwischen Kobarid (Napoleonbrücke) und Tolmin genussvolles Radeln in Sichtweite der Soča. Von Tolmin empfiehlt sich sehr eine Radtour ins Tolminka-Tal (s. Tour 18). Auch im Talbereich östlich des Bohinjsko jezero/Wocheiner Sees laden im Dreieck Studor–Ribčev Laz–Bohinjska Bistrica Radwege zu erholsamer Fortbewegung ein.

Sehr gut zum Radfahren geeignet, aufgrund einiger Steigungsstrecken jedoch mit etwas Anstrengung verbunden, sind die kleinen, verkehrsarmen Asphaltstraßen auf dem Kanalski Kolovrat und auch auf der Hochfläche Banjšice.

Zwischen Kanal und Plave lädt eine Nebenstraße westlich der Soča zu einer entspannten Radtour ein. Und als Fortsetzung wurde vor Kurzem zwischen Plave und Solkan (Nova Gorica) ein bahnbegleitender Betriebsweg zu einem sehr bequem zu befahrenden Radweg ausgebaut – mit der Soča stets im Blick. Im Gebiet Gorizia–Nova Gorica wird gerade ein dichtes grenzüberschreitendes Radwegenetz errichtet (*https://euro-go.eu/en/notizie-ed-eventi/news/alla-scoperta-delle-nuove-piste-ciclabili-transfrontaliere-del-gect-go/*, Stand 2023). Ideal für leichte Radtouren auf nur wenig befahrenen Nebenstraßen ist der flache Küstenbereich zwischen Grado, Aquileia und westlich der Isonzomündung.

Fahrrad- bzw. Mountainbikeverleih bieten fast alle Sportagenturen in Kranjska Gora, Bovec, Kobarid, Tolmin und Grado, aber auch viele Hotels an.

WANDERN

Da (Berg)Wanderungen den Schwerpunkt dieses Gebietsführers bilden, vor allem im Bereich der Julischen Alpen, hier vorab ein Überblick:

Hauptmagnet für Wanderer im Rahmen dieses Gebietsführers ist der **Nationalpark Triglav**, der von Wanderwegen mit einer Gesamtlänge von ca. 9000 km erschlossen ist. Die meisten Wege dort sind sehr gut markiert, steile Felspassagen sind oftmals durch Drahtseile und Haltegriffe gesichert. Auch auf die höchsten Gipfel führen markierte Pfade. Unterkunft bieten auf den Höhen ungefähr 30 Schutzhütten des Slowenischen Alpenvereins (Planinska zveza Slovenije/PZS), die in der Regel von Juni bis September bewirtschaftet sind. Einige Hütten bieten frei zugängliche Winterräume, die aber weder über Heiz- noch Kochmöglichkeiten verfügen. Für anspruchsvolle Bergsteiger gibt es noch acht Biwaks, die meisten in der stark zerklüfteten Škrlatica-Martuljek-Gruppe im Norden des Nationalparks.

Gut angelegte Wanderwege finden sich auch in den Tälern, vor allem entlang von größeren Bächen und Flüssen. Hervorheben möchte ich hier den **Soča-Weg** (Soška pot) zwischen der Soča-Quelle und Bovec (s. Tour 5) und den ebenfalls als Soška pot bezeichneten Weg zwischen der Napoleonbrücke bei Kobarid und Trnovo (s. Tour 17). Wanderungen auf diesen beiden Wegen gehören ohne Übertreibung zu den schönsten Talwanderungen der Alpen. Aber auch in weniger bekannten Tälern bieten sich genussvolle Wanderungen an, z. B. im Voje-Tal nördlich von Stara Fužina entlang der Mostnica (s. Tour 13).

Die mittelgebirgsartigen Höhen beiderseits der Soča zwischen Tolmin und Solkan (Nova Gorica) weisen kein dichtes Netz an markierten Wanderwegen auf. Abwechslungsreiche Wanderungen sind hier dennoch möglich, z. B. über den Kanalski Kolovrat zum Berg Sabotin (s. Tour 20). Einige meist kurze Abschnitte dieser Wanderrouten führen entlang wenig befahrener Straßen.

Durch den Nationalpark Triglav führen folgende **Weit- und Fernwanderwege**:

- **Slovenska planinska pot** (bzw. Slowenischer Höhenweg, Slovenian mountain trail, früher „Transversale Nr. 1"), führt seit 1953 von Maribor über sämtliche Berggruppen der slowenischen Alpen bis nach Ankaran an der Adria, ist bis heute noch mit „1" markiert (*www.slovenska-planinska-pot.si/index_en.php*).
- **Pot miru** (Weg des Friedens, Walk of peace), führt zu noch erhaltenen, teilweise restaurierten Überresten aus dem Ersten Weltkrieg (s. Kap. „Pot miru").
- **Via Alpina**, „Roter Weg" (führt durch alle acht Alpenstaaten) und „Violetter Weg" (beginnt am Dolič-Sattel unterm Triglav; *www.via-alpina.org*).
- **Alpe-Adria-Trail** von Heiligenblut nach Muggia, führt über eine längere Distanz entlang der Soča, erfreut sich großer Beliebtheit (*www.alpe-adria-trail.com*).
- **Juliana Trail**, beginnt und endet in Kranjska Gora, Länge 268 km, führt hauptsächlich durch die Randgebiete der Julischen Alpen, mit Abstecher nach Solkan/Nova Gorica (*https://julian-alps.com/de*).
- **Julius Kugy-Dreiländerweg**, ein 720 km langer Rundweg über mehrere Gebirgsgruppen in Kärnten, Slowenien und im Friaul (*www.julius-kugy-alpine-trail.com*).

Innerhalb des Nationalparks Triglav wurden sogenannte **Themenwege** geschaffen (s. *https://tnp.si/en/visiting-park/activities-and-sights*). Themewege gibt es auch auf lokaler Ebene. Besonders hervorheben möchte ich den **Historischen Lehrpfad in Kobarid**, der neun historisch, kulturell und naturkundlich bedeutsame Punkte, z. B. die prähistorische Siedlung Tonovcov grad, das italienische Beinhaus mit der Kirche Sveti Anton und das große Weltkriegsmuseum miteinander verbindet.

Wanderkarten: Auch im Zeitalter von Outdooractive, komoot, Google Maps etc. empfehle ich die Mitnahme einer Wanderkarte im Maßstab 1:50.000 – oder größer. Vor Ort sind meist gute Karten im Maßstab 1:40.000 bis 1:25.000 erhältlich.

RUCKSACK PACKLISTE

ALLGEMEINE TIPPS ZUM WANDERN

Die in diesem Buch vorgestellten Wanderungen habe ich selbst durchgeführt, einige davon mehrfach. Sie sollen dazu anregen, die Landschaften mit allen Sinnen zu erleben. Die Gehzeiten sind großzügig bemessen, nicht so sportlich wie auf den vor Ort aufgestellten Wegweisern. Eine gute Kondition ist dennoch unabdingbare Voraussetzung, für manche Touren im Hochgebirge ist auch Schwindelfreiheit erforderlich.

Fast alle beschriebenen Wanderrouten sollten mit festen Bergschuhen begangen werden, auch im Tal oder im Mittelgebirge. Je nach Länge und Anforderung der Tour bzw. Gehzeiten zwischen den Stützpunkten muss auf genügend Trinkvorrat geachtet werden. Außerhalb der Hüttensaison sind mindestens 2,5 Liter (Mineral) Wasser pro Person und Tag einzuplanen, außerdem ist zu bedenken, dass man sich häufig in wasserarmem Gelände bewegt.

Ansonsten sollten im Rucksack vor allem auf längeren mehrtägigen Touren nicht fehlen:

- [ ] Wind-, Regen- und Kälteschutz (z. B. Poncho, Fleecejacke, Angoraunterwäsche)
- [ ] Ersatzkleidung und -wäsche
- [ ] Hüttenschlafsack bzw. ein warmer Schlafsack für unbeheizte Winterräume
- [ ] Handschuhe (Fingerhandschuhe mit Überzug als Regenschutz)
- [ ] Proviant (vor allem außerhalb der Hüttensaison; ich persönlich bevorzuge Parmesankäse am Stück, Dinkelzwieback, Obstriegel)
- [ ] Hygienebeutel, Handtuch, Sonnencreme, Lippenschutz
- [ ] Erste-Hilfe-Set, Reiseapotheke, Rettungsdecke (aluminiumbeschichtet)
- [ ] Taschenlampe oder Stirnlampe
- [ ] evtl. Schaumstoffmatte („Isomatte“, für unbeheizte Winterräume)
- [ ] und nicht zuletzt: Wanderkarte(n) im Maßstab 1:25.000 bis 1:50.000

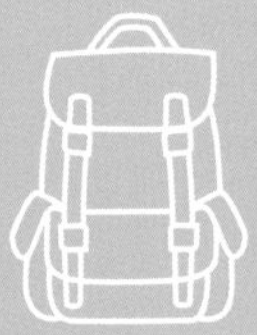

Viel mehr darf es nicht sein, viel weniger aber auch nicht. Plastiktüten sind als Nässeschutz für Ersatzkleidung, Proviant etc. ratsam. Für eine mehrtägige Wanderung außerhalb der Hüttensaison kommen nach meinen Erfahrungen ca. 15 Kilo inklusive einfacher Fotoausrüstung zusammen, während der Hüttenöffnungszeiten sind es weniger.

Anmerkung: Zur Verhinderung eines Befalls mit Bettwanzen war es im Sommer 2023 in manchen Hütten des PZS verboten, den eigenen Schlafsack zu benutzen. Stattdessen wurde einmal verwendbares Bettzeug ausgegeben. Die Aktion wird u. U. 2024 fortgesetzt.

WANDERN DURCH DAS JAHR

Je nach Witterungsverlauf, Schneelage etc. können Wanderungen in den Tälern und in der unteren „Etage" der Berge, vor allem auf südseitigen Hängen, ganzjährig durchgeführt werden. Im März sind z. B. die Wiesen auf der Südseite des Krn mit Blüten von Krokussen und Märzenbechern übersät und bilden einen wunderbaren Kontrast zu den noch tief verschneiten Berggipfeln. Im April beginnt der Laubaustrieb bei Buchen und anderen Laubbäumen. Der Mai zeigt sich dann in saftigem Grün und auf manchen Wiesen im Tal, an den Berghängen und auch im Mittelgebirge blüht es bunt – für mich einer der schönsten Wandermonate; die Hochgipfel sind aber für gemäßigte Berggeher noch tabu. Im Juni beginnt die Bergblumenblüte, die im Verlauf des Julis ihren Höhepunkt erreicht und sich weit in den Sommer hineinzieht. Jetzt werden auch die Hochgipfel zugänglich. Vorsicht jedoch vor Altschneefeldern und vor Wetterstürzen. Die Gewitterhäufigkeit ist im Sommer gerade in den Julischen Alpen besonders hoch.

Außerdem wird es ab Juli für Spontanbucher immer schwieriger, in diesem Gebiet, das kein Geheimtipp mehr ist, eine Unterkunft zu bekommen. Das betrifft auch die Schutzhütten des Slowenischen Alpenvereins, die an sonnigen Wochenenden manches Mal überfüllt sind. Verschärft wird die Situation dann noch im August. Daher empfehle ich allen, die keine schulpflichtigen Kinder haben und nicht im Schuldienst sind, die Hotspots der slowenischen Julier – Bohinjsko jezero/Wocheiner See, Sieben-Seen-Tal, Vršič-Pass – nicht gerade im August aufzusuchen.

Im September beruhigt sich die Lage und es herrscht oft hervorragendes Wanderwetter. In manchen Jahren ist es der beste Monat für Gipfeltouren. Diese sind oft auch noch im Oktober möglich. Er bezaubert aber auch durch das Farbenspiel der Mischwälder – für mich, gutes Wetter vorausgesetzt, der schönste Wandermonat. Im November hingegen kann es bisweilen sehr ungemütlich werden, wenn Adria-Tiefs den Julischen Alpen und dem Vorland sintflutartige Regenfälle bringen. Dann ist es auch an der Adriaküste meist unerquicklich. Bei ruhigem Novemberwetter hat die Adria aber ihren eigenen Charme, den ich schon bei so mancher Strandwanderung zu schätzen gelernt habe.

Wichtige Info: Fast alle Hütten des Slowenischen Alpenvereins (Planinska zveza Slovenije/PZS) sind sowohl telefonisch als auch per E-Mail zu erreichen. Da Telefonnummern und E-Mail-Adressen sich ändern können, sei hier auf die englischsprachige Webseite *https://en.pzs.si* – Stichwort **HUTS & SHELTERS** – verwiesen. Eine Reihe von Hütten lassen sich über „Mountain huts – booking" buchen.

Ein **Tipp** für alle, die in den slowenischen Juliern auch mehrere Tage oder eine Woche ohne größere körperliche Anstrengungen verbringen wollen: Von Ende April bis Ende Oktober ist in den

Informationszentren des Soča-Tals und in einigen Unterkünften die **Julische Alpen Karte** erhältlich (Kartenpreise: 35 € für Erwachsene, 22 € für Kinder 7 bis 14 Jahre, Stand 2023). Sie berechtigt zum kostenlosen Eintritt in Museen, Klammen und zur kostenlosen Benutzung einiger öffentlicher Verkehrsmittel, und zwar nicht nur im Soča-Tal, sondern z. B. auch im Raum Bohinj (*www.soca-valley.com/de/inspiration/julische-alpen-karte:-soca-tal*). Im Raum Bohinj gibt es außerdem die **Bohinj Card** in verschiedenen Versionen *(www.bohinj.si/en/julian-alps-bohinj-card)*.

Und noch ein Hinweis: Von der Hochwasserkatastrophe, die Anfang August 2023 weite Teile Sloweniens heimgesucht hat, blieb das in vorliegendem Buch beschriebene Gebiet verschont. Durch Gewitterstürme wurden aber wenige Wochen zuvor in einigen Bereichen des Nationalparks Triglav zahlreiche Bäume entwurzelt, woraufhin mehrere markierte Wege gesperrt werden mussten, z. B. in den Bergen oberhalb Gozd Martuljek. Zwar wird eifrig daran gearbeitet, die Wege wieder begehbar zu machen, eine Garantie, dass alle unwetterbedingten Hindernisse beseitigt werden, gibt es jedoch nicht. Hinweise zur Sperrung markierter Wege in den slowenischen Alpen siehe unter: *https://en.pzs.si* und unter *https://stanje-poti.pzs.si/en.php*

Poti miru – Wege des Friedens in den Julischen Alpen und am Isonzo

Der Erste Weltkrieg hat auch an der 600 km langen Südfront viele Spuren hinterlassen. Seit den 1980er-Jahren widmen sich v. a. in Österreich und in Südtirol Vereine, Tourismusverbände und Stiftungen dem Erhalt solcher Zeugnisse, um kommenden Generationen einen mahnenden Eindruck des Kriegswahns zu vermitteln.

Im Jahr 2000 wurde in Kobarid auf Initiative von Historikern und Tourismusverbänden die Stiftung „Wege des Friedens im Sočatal" (Fundacija Poti miru v Posočju) gegründet, die sich dem Erhalt von Kriegsrelikten auf slowenischem Boden widmet. Deren Geschäfts- und Besucherzentrum befindet sich in Kobarid gegenüber dem bekannten Museum über den Ersten Weltkrieg (www.thewalkofpeace.com). Schwerpunkte der Stiftungsarbeit waren und sind die Errichtung von Freilichtmuseen, der Erhalt von Soldatenfriedhöfen, Denkmälern und bedeutsamen Bauwerken – und der Verbund dieser Zeitzeugnisse durch ein eigens markiertes Wanderwegenetz, die „Friedenswege/Poti miru", die zusammen mit italienischen Partnern konzipiert und realisiert wurden und daher teils auf slowenischem, teils auf italienischem Territorium verlaufen (s. interaktive Karte *www.thewalkof-peace.com/map*).

Auf den Wegen können mehrere Freilichtmuseen, z. B. Ravelnik bei Bovec, Zaprikraj oberhalb Drežnica, Hermada bei Duino, zahlreiche öffentliche und private Museen mit Exponaten aus dieser finsteren Zeit, aber auch sakrale Bauten, insbesondere die Russische Kapelle am Vršič-Pass und die Javorca-Kirche im Tolminka-Tal, sowie die nicht gerade friedensverherrlichende Gedenkstätte in Redipuglia besichtigt werden.

Insgesamt stellen die Wege keine sehr hohen Ansprüche an Kondition, Trittsicherheit und Schwindelfreiheit. Festes Schuhwerk empfiehlt sich dennoch für das gesamte Wegenetz. Die vielleicht anstrengendste, weil auch ziemlich lange Etappe verläuft von Kal-Koritnica über die Alm Zaprikraj nach Drežnica, wobei über 900 Höhenmeter zu überwinden sind. Etwas herausfordernd ist auch der Weg von Ukanc westlich des Bohinjsko jezero hinauf zur Komna und weiter zum Krn; hier bieten sich unterwegs aber mehrere Übernachtungsmöglichkeiten an. Die meisten Wege verlaufen jedoch in den Tälern und durch Landschaften mit Mittelgebirgscharakter.

Tipp: Unter *www.thewalkofpeace.com/experiences-list* werden geführte Touren angeboten.

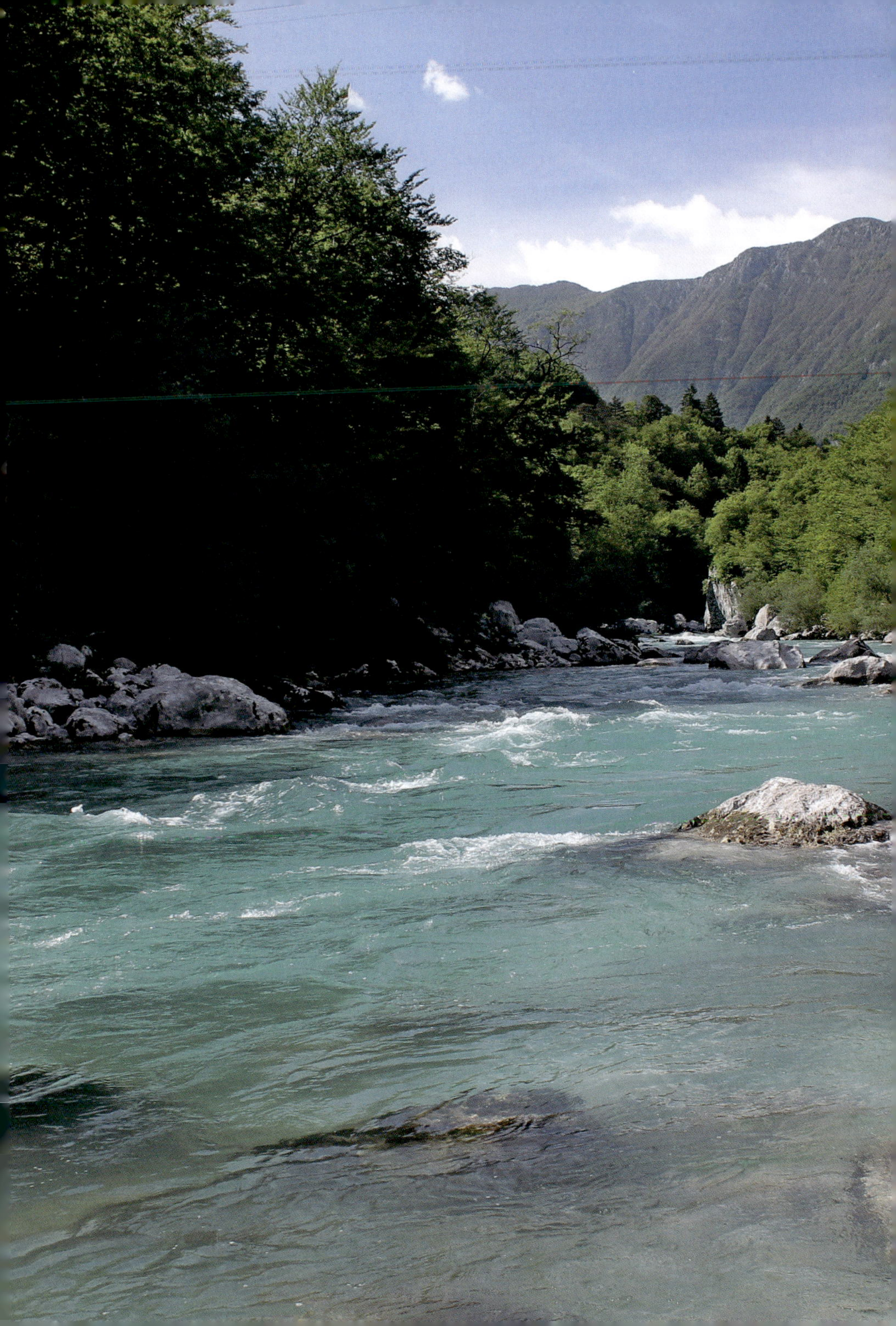

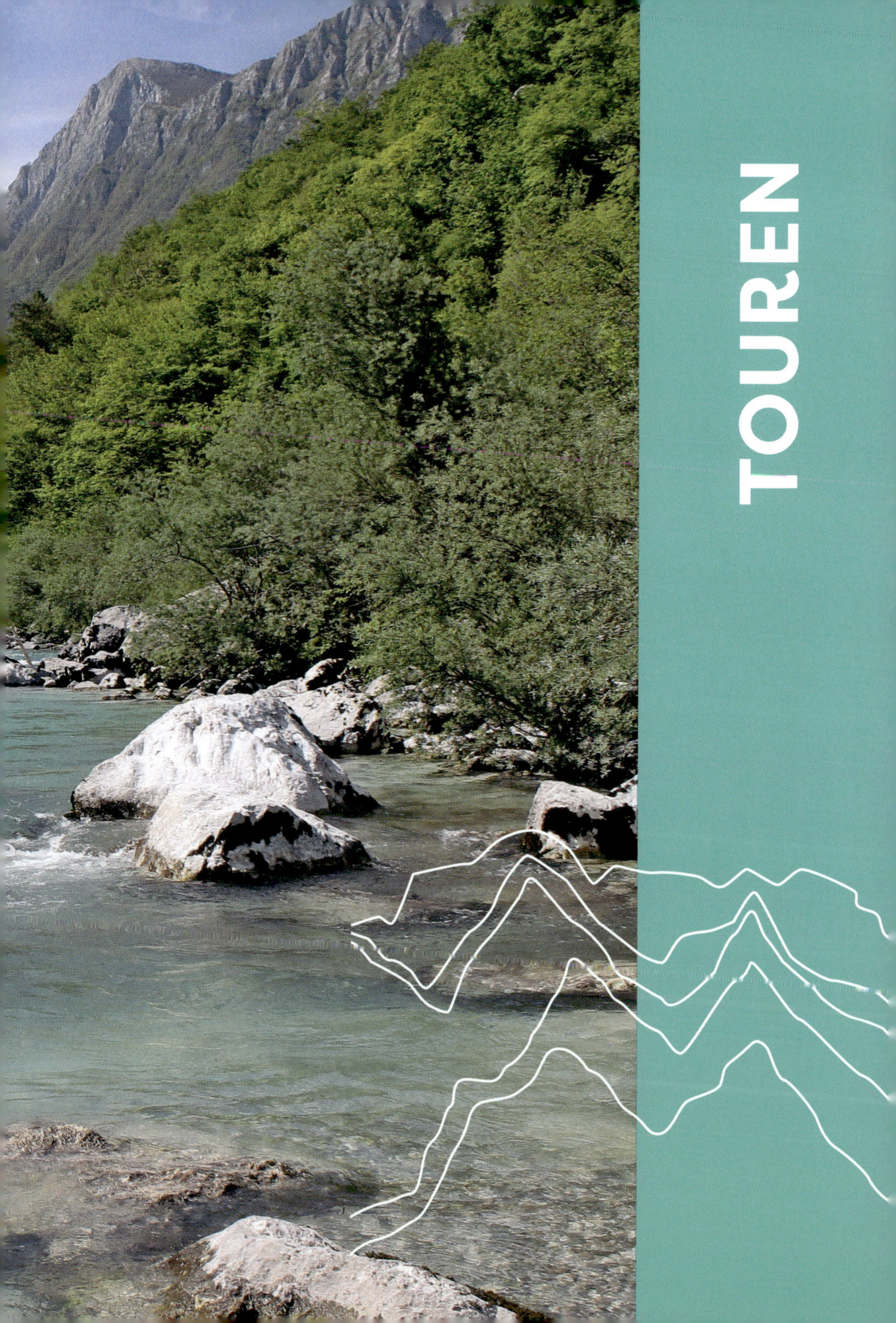
TOUREN

Zum Ursprung der Sava Dolinka und über die Grenze

NATURJUWELEN AM NORDRAND DER JULISCHEN ALPEN

Radweg Kranjska Gora ① – Staatsgrenze ② ca. **8 km** Fußweg Zelenci ③ hin und zurück ca. **1,5 km** Entfernung Staatsgrenze – Laghi di Fusine ④ ca. **5½ km** davon 5 km mit Fahrrad

Wir beginnen den Tourenreigen am Nordrand der Julischen Alpen und fahren auf zwei Rädern mit eigener Muskelkraft, aber ohne große Anstrengung nach Westen. Der Weg verläuft auf der Trasse einer ehemaligen Bahnlinie, die bereits im Jahr 1870 als Teil der „Kronprinz Rudolf-Bahn" eröffnet wurde und von Tarvis

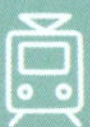

Bahnhof *Jesenice*

Von *Jesenice* nach *Kranjska Gora* (keine Fahrradbeförderung in den Bussen möglich)

Mehrere Agenturen und Sportgeschäfte sowie einige Hotels in *Kranjska Gora*

In *Kranjska Gora* zahlreiche Hotels und sonstige Unterkünfte

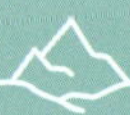

Bis über die italienische Grenze leichte Radtour auf kaum ansteigendem Gelände; zu den *Zelenci* leichter Spaziergang, Aufstieg zu den *Laghi di Fusine* am besten zu Fuß.
Bis zur italienischen Grenze Halbtagestour, inkl. *Laghi di Fusine* Tagestour.

Prinzipiell ganzjährig, am schönsten im Mai und Oktober. Die *Zelenci* frieren im Winter nicht zu.

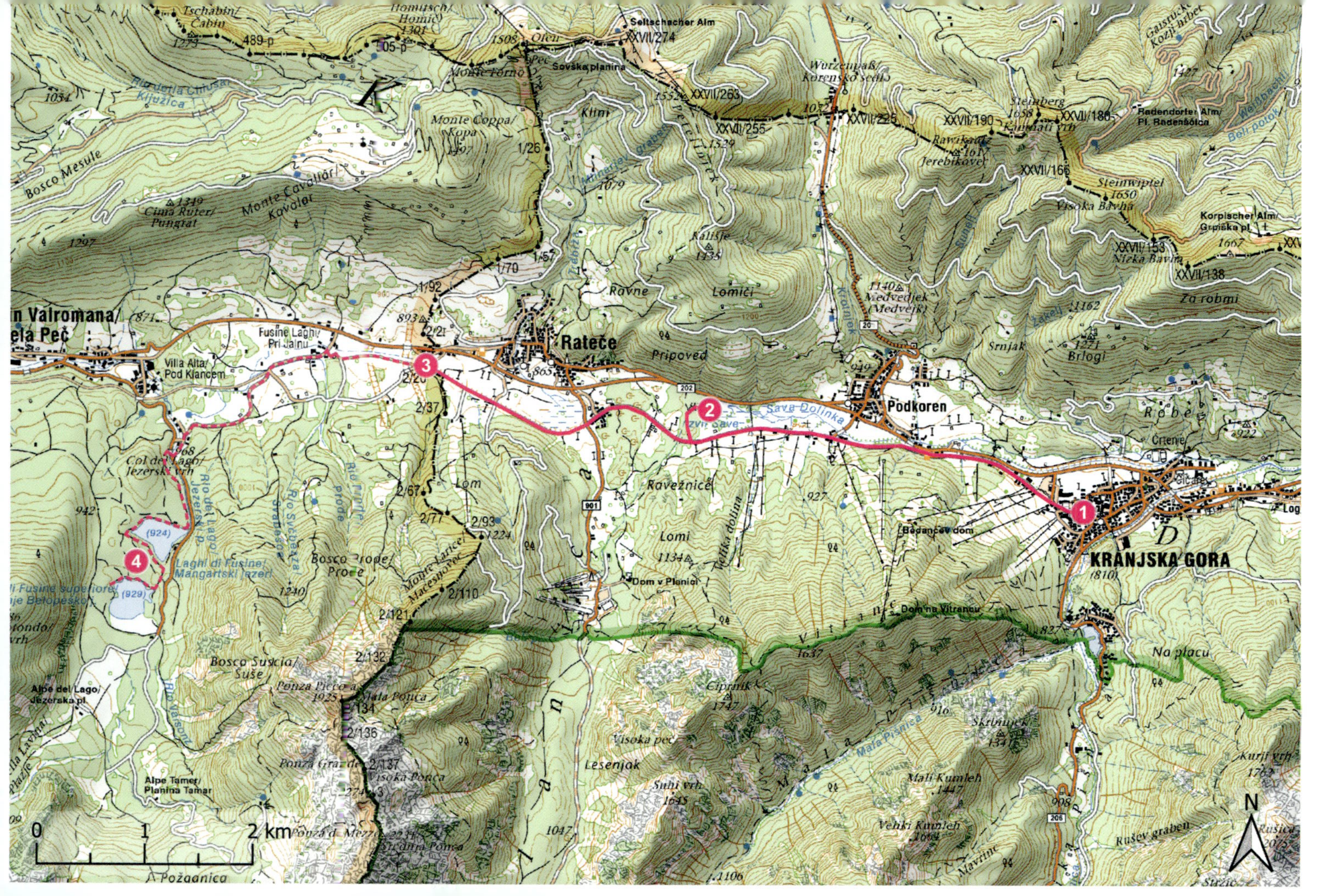

KRANJSKA GORA
Podkoren
Rateče
Sava Dolinka
Izvir Save
Fusine Laghi/Pri Jalnu
Villa Alta/Pod Klancem
Laghi di Fusine/Mangartski jezeri
Rio del Lago/Jezerski p.
Col del Lago/Jezerski vrh
Alpe Tamer/Planina Tamar
Alpe del Lago/Jezerska pl.
Bosco Prode/Prode
Bosco Suscia/Suše
Rio Prode
Rio Svabesa/Svabesov
Velika dolina
Lomi
Raveznice
Dom v Planici
Bedančev dom
Dom na Vitrancu
Lesenjak
Visoka peč
Suhi vrh
Ciprnik
Mala Pišnica
Mali Kumleh
Veliki Kumleh
Ruševi graben
Kurji vrh
Na placu
Ravne
Lomiči
Pripoved
Kališče
Medvedjek (Medvejk)
Krotnjek
Srnjak
Brlogi
Za robmi
Robe
Črtene
Sovška planina
Seltschacher Alm
Wurzenpaß/Korensko sedlo
Steinberg
Rawikratz/Jerebikovec
Steinwiptel
Visoka Bavha
Radendorfer Alm/Pl. Radenščica
Korpischer Alm/Grpiška pl.
Monte Coppa/Kopa
Monte Forno
Monte Cavallar/Kovolor
Cima Ruter/Pungrat
Bosco Mesule
Rio della Chiusa/Ključica
Tschabin/Cabin
Homitsch/Homic
N
0
1
2 km
Požganica

(Tarvisio) über Aßling (Jesenice) nach Laibach (Ljubljana) führte, das damals bereits mit Wien durch die Südbahn verbunden war. Mit der Eröffnung der Karawankenbahn von Villach nach Aßling im Jahr 1906 verlor sie jedoch an Bedeutung, vor allem aber durch die Grenzziehung zwischen Italien und Jugoslawien ab 1919. Im Jahr 1967 wurde der Bahnbetrieb auf italienischer, 1969 auch auf jugoslawischer bzw. slowenischer Seite eingestellt. Vor ungefähr 20 Jahren begann der Ausbau der Trasse zu einem Radweg, der als **D2** gekennzeichnet ist und sich heute großer Beliebtheit erfreut. Er ist auch für Fußgänger und Skater freigegeben; entsprechend rücksichtsvoll verhalten wir uns. Wer die Zeit gut eingeteilt hat, sollte noch ein paar Kilometer über die Grenze fahren. Es lohnt sich!

WEGBESCHREIBUNG

Wir starten im Zentrum von Kranjska Gora, fahren auf der Borovška cesta nach Westen, halten uns links am Fuß des Bergs Vitranc mit seinen Skipisten, die im Sommer nicht gerade einen gefälligen Anblick bieten. Doch schon nach 3 km auf kaum ansteigender Strecke erblicken wir rechts ein ausgedehntes Sumpfgebiet mit viel Schilf, das wir einen weiteren Kilometer begleiten bis zu einer Infotafel, wo wir absteigen und die Räder abschließen. Hier begeben wir uns rechts auf einen schmalen Pfad, der durch Wald, sodann auf einem Holzsteg durch mooriges Gelände zu einem Naturjuwel führt, den **Zelenci**, einem Kalkquellsumpf mit türkisfarbenem „Auge", dem Ursprung der Sava Dolinka. Selbstverständlich halten wir uns an das Wegegebot, um dieses hochempfindliche Gebiet nicht zu beeinträchtigen.

Das gesamte, ca. 15 ha große Sumpfgebiet steht seit 1992 unter Naturschutz. Gespeist wird es von unterirdischen Zuflüssen mit hohem Kalkgehalt, hauptsächlich aus dem Planica-Tal. Doch hier trifft das Wasser auf eine undurchlässige Moränenschicht und wird zum Aufsteigen an die Oberfläche gezwungen. Die Flora im engeren Quellbereich zeichnet sich durch viele in diesem Gebiet seltene Arten aus. Charakteristisch sind Torfmoose, Wollgras, diverse Seggen, das Schneidried, der fleischfressende Sonnentau, Fieberklee, Moosbeere und noch andere. Weiter flussabwärts dominiert Schilf. Von den Tierarten, die hier nachgewiesen wurden, sei nur auf den seltenen Kammmolch und auf das Braunkehlchen hingewiesen.

Von einem Aussichtsturm am Nordrand des „Auges" bietet sich ein fantastischer Blick auf den großen Tümpel und die umgebenden Vegetationszonen – und auf das großartige Massiv der Hohen Ponza (2274 m) über dem Planica-Tal. Man sieht das Wasser an einigen Stellen des Tümpels aus dem Untergrund emporquellen, was an vulkanische Aktivität erinnern mag. Doch mit Vulkanismus hat das nichts zu tun; die Temperatur des Quellwassers bleibt ganzjährig im einstelligen Bereich.

Nach ausgiebigem Betrachten dieses Naturjuwels kehren wir wieder zu

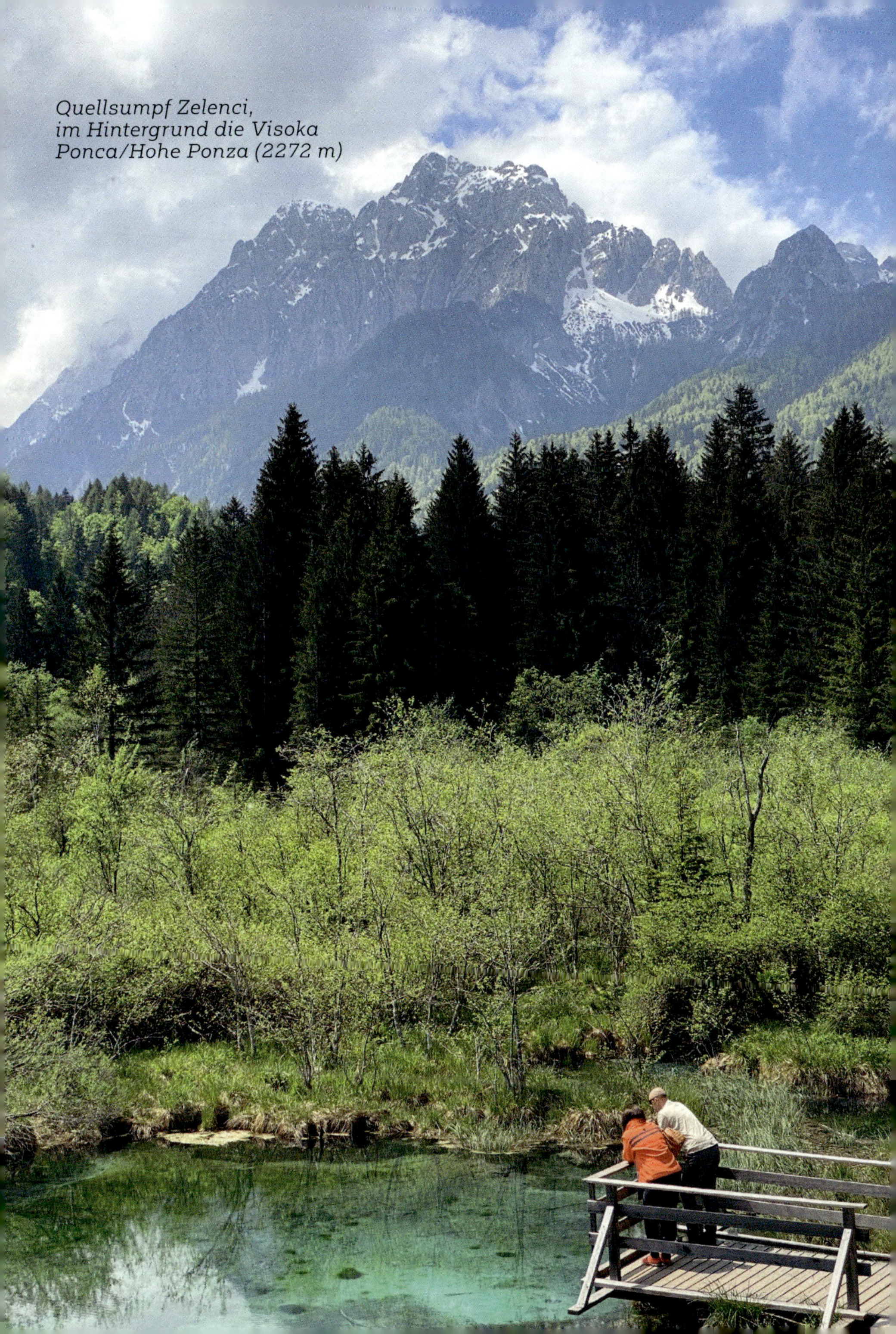

*Quellsumpf Zelenci,
im Hintergrund die Visoka
Ponca/Hohe Ponza (2272 m)*

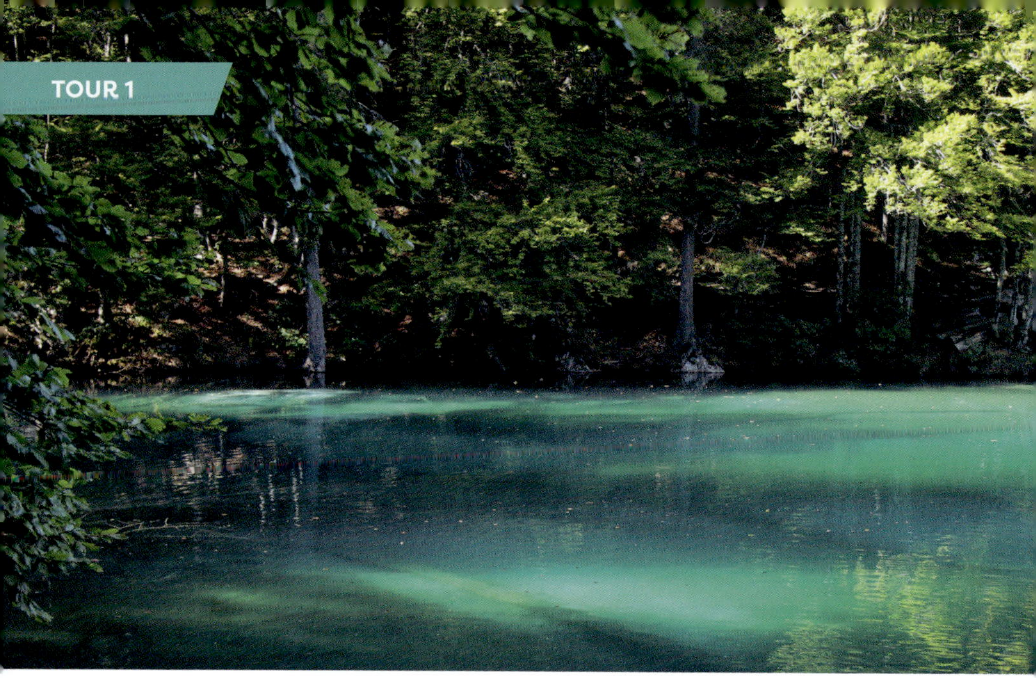

Am Unteren Weißenfelser See

unseren Fahrrädern zurück. Wir fahren 2 km weiter nach Westen bis zur Kreuzung des Radwegs mit der Auffahrt zum Nordischen Zentrum Planica. Hier entscheiden wir uns: entweder nach links ins Planica-Tal zu den Skisprungschanzen und weiter auf schotterigem Weg bis zum Talschluss (dorthin nur mit Mountainbike!) oder auf dem Radweg geradeaus weiter nach Italien. Wir entscheiden uns für die zweite Variante, schauen aber erst mal nach rechts. Dort, in einer größeren Senke, sammelt sich im Frühjahr oder nach stärkeren Regenfällen Wasser und bildet dann einen nicht ganz kleinen See, die **Ledine**. Das aus dieser Senke versickernde Wasser speist nicht zuletzt die Zelenci.

Wir fahren weiter und erreichen nach 2 km die Grenze zu Italien, überqueren sie – und machen uns bewusst, wie frei man sich nun in diesem Teil Europas bewegen kann, im Gegensatz zu Zeiten, die noch gar nicht lange zurückliegen. Ein Erfolgsgeschichte, hoffentlich ohne Rollback!

Wenn noch genügend Zeit ist, lohnt sich eine Fahrt zu den beiden *Laghi di Fusine* (Weißenfelser Seen). Dafür radeln wir weiter und biegen nach 1½ km auf eine schmale Straße links ab. Auf dieser fahren wir ca. 2 km, erst durch Wiesen, vorbei an einem Gehöft, in dem noch Esel gehalten werden, dann durch Wald, bis wir auf die Auffahrt zu den beiden Seen treffen. Dort links und aufwärts. Im Sommer befindet sich hier eine Mautstelle; Radler bleiben von der Maut verschont. Schon nach wenigen Metern dürfen wir uns entscheiden: Entweder auf der schmalen Straße steil bergauf – bei hohem Verkehrsaufkommen (das ist hier keine Seltenheit) nicht sehr zu empfehlen – oder rechts auf einem steinigen Weg aufwärts – mit Mountainbike prinzipiell befahrbar, was Fußgänger aber weniger erfreut. Ich empfehle, diesen Weg zu wählen, die Räder spätestens bei dem kleinen E-Werk abzustellen und den Weg entlang des *Rio del Lago* zu Fuß zu begehen.

Nach nur 600 m erreichen wir das nordöstliche Ende des **Lago di Fusine Inferiore** (Unterer Weißenfelser See): 9 ha groß, 25 m tief und mit konstantem Wasserspiegel. Zauberhaft gelegen inmitten ausgedehnter Wälder unter den gewaltigen Nordwänden des Mangart und seiner Trabanten; glasklares Wasser, je nach Lichteinfall blau bis türkisfarben schimmernd. Baden erlaubt, Wassertemperatur jedoch selbst im Hochsommer gewöhnungsbedürftig. Diesen See umwandern wir gegen den Uhrzeigersinn auf einem schmalen, meist felsigen Pfad. Wenn am Südufer noch genügend Zeit ist, machen wir einen Abstecher zum oberen See und bewundern unterwegs die riesigen Findlinge, die zu den größten der Alpen zählen. Nach wenigen Hundert Metern kommen wir zum **Lago di Fusine Superiore** (Oberer Weißenfelser See): stark schwankender Wasserspiegel, bis zu 15 ha groß und dann maximal 10 m tief. Das Wasser ist nicht ganz so klar wie im unteren See, dafür wirkt hier die Bergkulisse fast noch beeindruckender als dort.

Auf denselben Fuß- und Radwegen kehren wir wieder zurück nach Kranjska Gora.

Lago di Fusine Superiore/Oberer Weißenfelser See, dahinter der Mangart (2678 m)

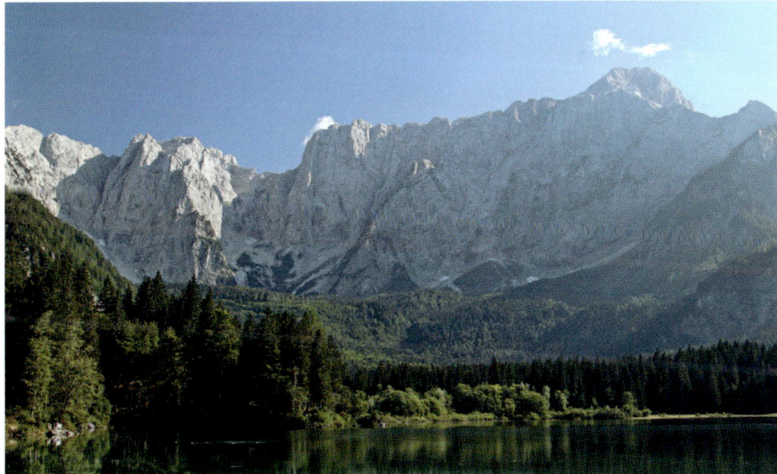

Gozd Martuljek

KLEINOD VOR PRÄCHTIGER BERGKULISSE

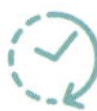

3 ½ Std. gesamt

Aufstieg von Hotel „Triangel“ (1) durch die Klamm zum unteren Wasserfall (2) und zur Martuljek-Alm (3) **1 Std.** von der Martuljek-Alm bis zum oberen Wasserfall (4) nochmals **1 Std.** Abstieg nach Gozd Martuljek (5) insgesamt ca. **1½ Std.**

Hier gingen mir vor vielen Jahren die Augen auf, nachdem ich schon mehrmals daran vorbeigefahren war. Doch ein kurzer Stopp auf einer Durchreise genügte, um eine sehr nachhaltige Begeisterung zu wecken (s. Vorwort). Die Landschaft hat ausgesprochenen Hochgebirgscharakter, die beschriebene Wanderung beschränkt sich jedoch weitgehend auf die „untere Etage“. Auf kleinem Raum wird hier aber eine Fülle bleibender Eindrücke geboten, vor allem aber eine ursprüngliche Natur vor

Trittsicherheit und Schwindelfreiheit erforderlich

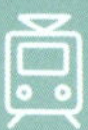

Bahnhof *Jesenice*

Gozd Martuljek

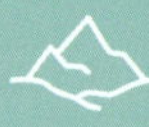

Bis zur Martuljek-Alm mäßig anstrengend, beim unteren Wasserfall eine kurze steile Passage. Wanderung zum oberen Wasserfall auf steilem, z. T. ausgesetztem Pfad.

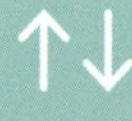

Gozd Martuljek–Martuljek-Alm ca. 200 m ↑; Gozd Martuljek–oberer Wasserfall 500 m ↑

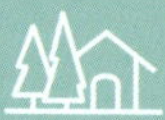

Unterkünfte verschiedener Kategorien sowohl in *Gozd Martuljek* als auch in *Kranjska Gora*

April/Mai bis Oktober

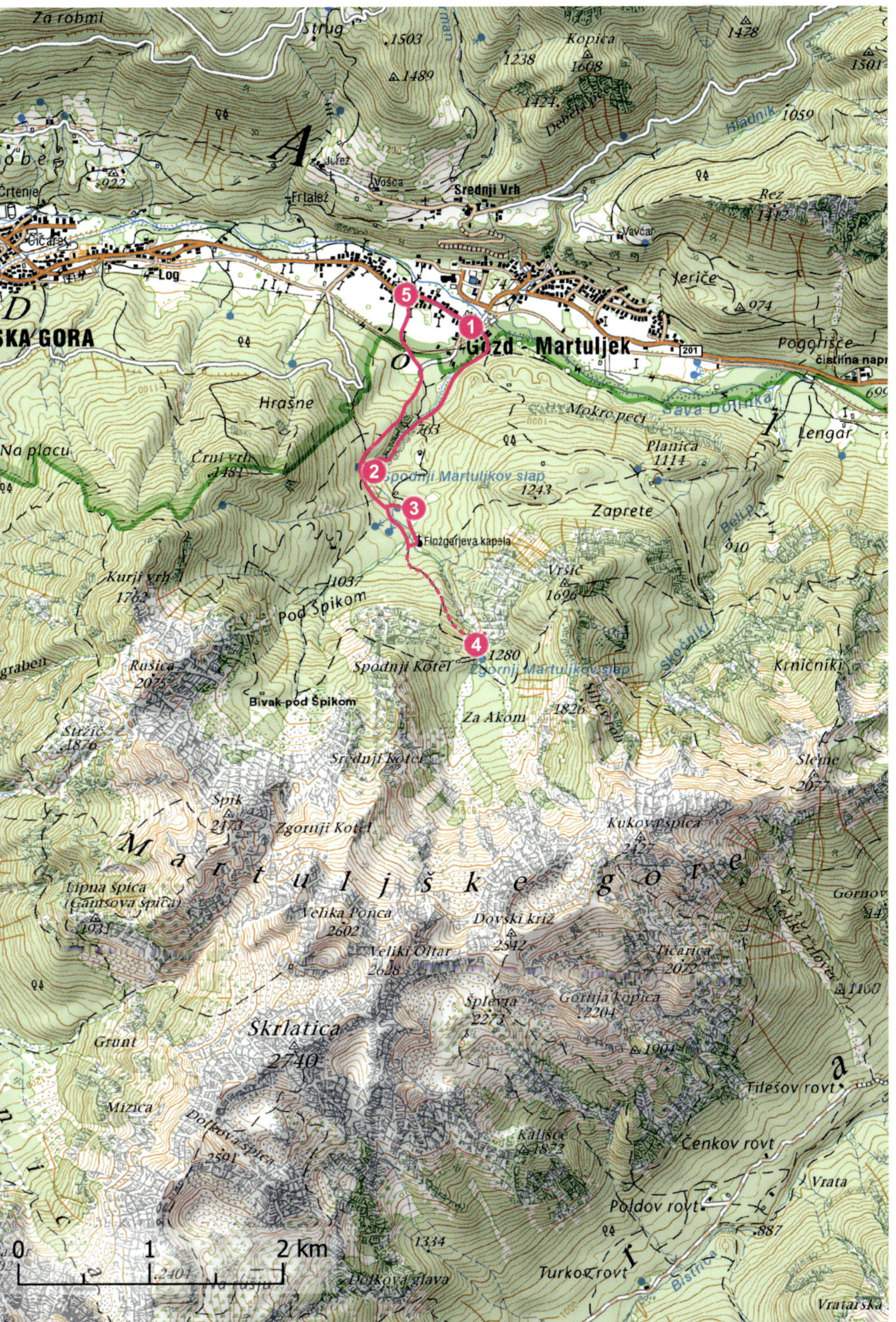
Gozd - Martuljek
Spodnji Martuljkov slap
Zgornji Martuljkov slap
Finžgarjeva kapela
Martuljške gore
Škrlatica
2740
Špik
2472
Kranjska Gora
Srednji Vrh
Bivak pod Špikom
Pod Špikom
Spodnji Kotel
Srednji Kotel
Zgornji Kotel
Velika Ponca
2602
Veliki Oltar
2628
Dovški križ
2542
Kukova špica
2427
Sava Dolinka
0
1
2 km

einer Kulisse himmelstrebender Kalkgipfel, unter denen der Špik (2472 m) zweifellos die markanteste Gestalt ist. In anderthalb Stunden ließe sich die Wanderung (bis zur Martuljek-Alm) machen, ich empfehle einen ganzen Tag. Wer will, kann noch höher hinaufsteigen.

WEGBESCHREIBUNG

Als Ausgangspunkt wählen wir das **Hotel & Restaurant „Triangel"** (vormals Pension „Špik") an der Hauptstraße, ca. 500 m östlich der Bushaltestelle Gozd Martuljek. Am Beginn der Linkskurve der Hauptstraße begeben wir uns geradeaus auf einen kleinen Fahrweg, der zum **Martuljek-Bach** führt. An dessen Terrassenkante entweder rechts auf einen unmarkierten Pfad oberhalb des breiten Bachbetts oder, interessanter und aussichtsreicher, hinab ins Schotterbett des Martuljek-Bachs und hier bachaufwärts. Zu empfehlen im Herbst und nur wenn keine Hochwassergefahr besteht. Beim Überqueren des Wasserlaufs helfen einfache, schmale Holzstege, sofern diese nicht vom letzten Hochwasser fortgerissen wurden. Kurz vor Beginn der Klamm verlassen wir das Bachbett nach Osten und setzen die Wanderung auf einem markierten Weg fort, der in die senkrechte, bis zu 70 m hohe Wand der Klamm gehauen wurde. Nach der **Klamm** geht es aufwärts und schon bald erblicken wir den unteren **Martuljek-Wasserfall** (Sp. Martuljkov slap).

Unterer Martuljek-Wasserfall

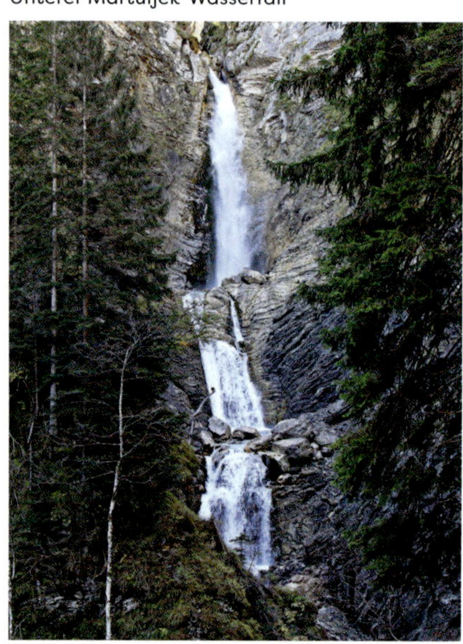

Die Szenerie ist wildromantisch: der fast 30 m hohe malerische Wasserfall, der ungestüme Bergbach zwischen mannshohen Felsbrocken, die teilweise senkrechten Felswände. Wir überqueren den Bach, diesmal nach Westen, wo es gleich steil bergauf geht. Schon nach wenigen Hundert Metern ist die Anstrengung zu Ende und der Steig mündet in einen ebenfalls von Gozd Martuljek heraufführenden markierten Weg. Hier halten wir uns links und erreichen nach etwa 300 m eine Weggabelung im Wald. Wieder halten wir uns links (Wegweiser „Za Akom"). Nach ein paar Hundert Metern abermals links und wir stehen sogleich auf dem Holzsteg über den Martuljek-Bach. Wenige Meter noch und der Wald öffnet sich zur traumhaft schön gelegenen **Martuljek-**

Alm (Planina Martuljek, 950 m, auch „Jasenje" genannt). Die Alm umfasst nur wenige Hektar offener Fläche, wird aber noch regelmäßig von Ende Juni bis in den Herbst hinein beweidet. Hier kann man es gut und gerne einen ganzen Tag lang aushalten, die Ruhe genießen, dem Bach lauschen, den Blick hinauf zu den schroffen Kalkgipfeln schweifen lassen ... und in der Nähe manch interessante Entdeckung machen: Orchideen, die im späten Frühjahr auf der Almwiese blühen, oder die seltene *Gestreifte Quelljungfer,* mit mehr als 10 cm Flügelspannweite eine der größten europäischen Libellenarten. Hier fliegt sie im Sommer nahe dem Waldrand an kleinen Quellrinnsalen, worin auch die Larven leben – vier bis fünf Jahre benötigen diese für die Entwicklung zum fertigen Insekt. Überdies besteht während der Weidesaison eine Einkehrmöglichkeit in der Brunarica (Blockhütte) „Pri Ingotu" *(www.jasenje-priingotu.com).* Wir entdecken aber auch die **Kapela Marije Snežne** (Kapelle Maria im Schnee) etwas südlich des offenen Almbereichs und nahebei die **Mama Lipa** (Mutter Linde und ihre sieben Töchter; die Linde wird in Slowenien als heilig verehrt und wurde auch zum „Landesbaum" erkoren).

Wer noch weiter hinauf will, geht wieder zurück zur Brücke über den Martuljek-Bach, überquert diese und hält sich bei der nächsten Wegteilung links Richtung *Za Ak* bzw. *Drugi Slap* (Wegweiser). In einer Stunde steigt man von hier zum **Oberen Martuljek-Wasserfall** (Zg. Martuljkov slap) auf. Der

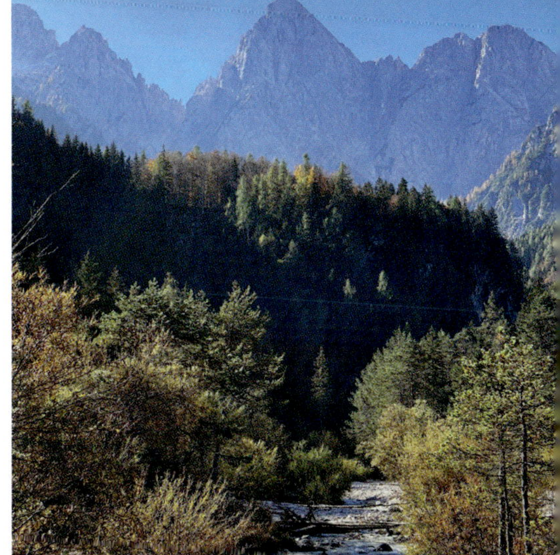

Martuljek-Bach und der Špik (2472 m)

Weg dorthin ist recht steil und stellenweise auch ausgesetzt, Schwindelfreiheit und Trittsicherheit sind Voraussetzung zur Begehung. (Die Abzweigung zum „Bivak Za Akom" ignorieren wir.) Belohnt wird man dann durch den Anblick eines etwa 40 m hohen Wasserfalls inmitten einer wilden Felsszenerie.

Auf demselben Weg geht es zurück zur Martuljek-Alm, jedoch nicht zur Brücke über den Bach, sondern geradeaus weiter. Auch den Weg von der Klamm herauf ignorieren wir, vielmehr gehen wir jetzt geradeaus weiter, verlieren rasch an Höhe und sind bald wieder unten im Tal auf einer Wiese, finden einen Durchlass durch den Damm der ehemaligen Bahnstrecke Tarvisio–Jesenice (jetzt Radweg D2) und wandern nach Gozd Martuljek. Immer wieder drehen wir uns um, bestaunen den Gipfelreigen vom Špik bis zur Široka Peč (2495 m) und zur Kukova Špica (2427 m) – ein Panorama, an dem man sich nie sattsehen kann!

Planica – Vršič – (M. Mojstrovka, 2345 m) – Soča-Quelle

ZUM URSPRUNG DER SOČA VON NORDEN AUS

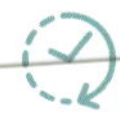

ca. 10 Std.

Rateče (830 m ①)– Planica Nordic Center ② – Dom v Tamarju (1108 m ③) **2 Std.** Dom v Tamarju–Sleme (1911 m ④) **2½ Std.** Sleme–Vršič-Pass (1611 m ⑤) **1½ Std.** Vršič-Pass–Rutarska Trenta (ca. 1500 m) **2–2½ Std.** Rutarska Trenta–Koča pri izviru Soče (886 m ⑥) **1½ Std.**

Variante 3a:
Koča pri izviru Soče–Vršič-Pass ⑤ (direkter Aufstieg) **2 Std.** Vršič-Pass– Erjačeva koča (2a) Velika Pišnica–Kranjska Gora (3a) **3 Std.**

Die Soča-Quelle ist Ziel zahlreicher Autotouristen – auch ich gehörte schon dazu. Selbstverständlich ist es am bequemsten, mit dem Auto zur Hütte zu fahren und in 20 Minuten zur Quelle aufzusteigen. Auch mit dem Linienbus, der von Ende Juni bis Anfang September mehrmals täglich →

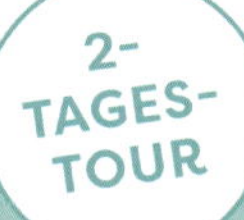

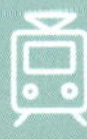

Bahnhof *Jesenice*

Rateče (Bus von Jesenice ganzj.), *Vršič-Pass* (Passhöhe) und an der *südlichen Auffahrt zum Vršič-Pass* (Kurve, an der die Straße zur Hütte an der Soča-Quelle abzweigt, Busverkehr Juli/August mehrmals täglich, Juni/September nur eingeschränkt)

↑↓ Rateče–Sleme: 1050 m ↑; Vršič-Pass–Koča pri izviru Soče: 750 m ↓

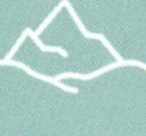

Zweitagestour, die gutes Ausdauervermögen und an einigen Stellen viel Trittsicherheit und Schwindelfreiheit erfordert, insbesondere im Abschnitt Vršič-Pass–Rutarska Trenta (Querung steiler Hangbereiche, kurze, gesicherte Kletterpassagen)

Je nach Schneelage im Bereich Sleme–Vršič: Juni/Juli–Oktober, Kranjska Gora–Pišnica–Vršič: Mitte Mai–Oktober

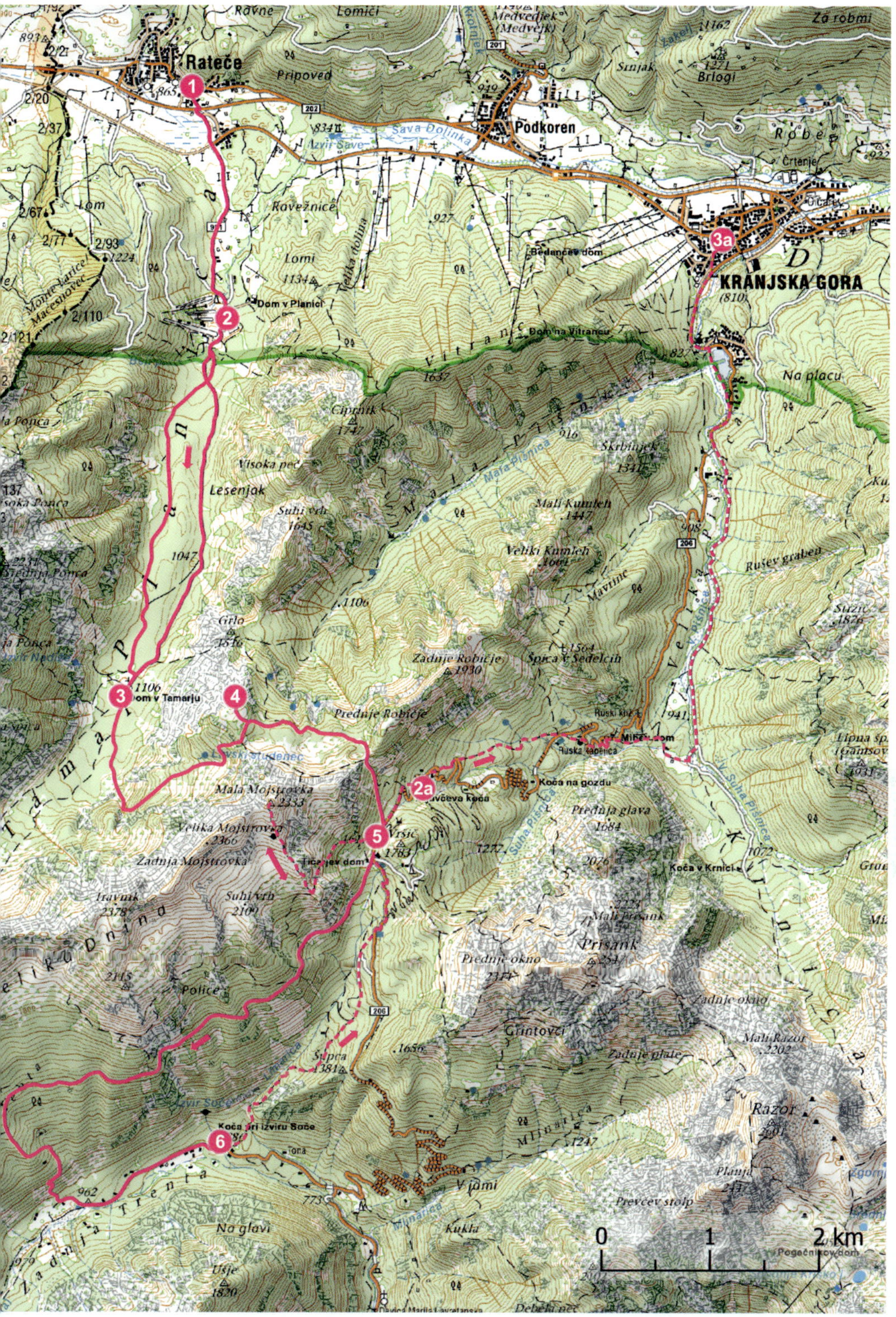

Rateče
Podkoren
Kranjska Gora
(810)
Dom v Planici
Dom v Tamarju
Dom na Vitrancu
Mihov dom
Ruska kapelica
Koča na gozdu
Erjavčeva koča
Tičarjev dom
Koča pri izviru Soče
Koča v Krnici
Bedančev dom
Vršič
1611
Mala Mojstrovka
2333
Velika Mojstrovka
2366
Zadnja Mojstrovka
Travnik
2378
Suhi vrh
2109
Prednje Robičje
Zadnje Robičje
1930
Špica v Sedelcih
1564
Mali Kumleh
1447
Veliki Kumleh
Škrbinjek
1341
Ciprnik
1747
Visoka peč
Lesenjak
Grlo
Srednja Ponca
Prisank
Mali Prisank
Prednje okno
Zadnje okno
Grintovci
Razor
2601
Mali Razor
2202
Planja
Prevčev stolp
Pogačnikov dom
Prednja glava
1684
Špica
Vitranc
Mala Pišnica
Velika Pišnica
Suha Pišnica
Izvir Soče
Trenta
Na glavi
Kukla
Mlinarica
V jami
Sava Dolinka
Izvir Save
Ravne
Lomići
Pripoved
Brlogi
Za robmi
Ruševo graben
Na placu
Lipna špica
Suzic
1876
Planica
Loka
Ravežnice
Lomi
1134
Velika dolina
Monte Lavrice
Macesnovec
Tona
Dnina
Police
Ruski križ
0
1
2 km
1
2
2a
3
3a
4
5
6

zwischen Kranjska Gora und Bovec verkehrt und etwa 2 km unterhalb der Quelle hält, lässt sich die Reisezeit deutlich verkürzen. Ich empfehle jedoch, sich zwei Tage Zeit zu nehmen für eine Wanderung, die nahe dem Ursprung der Sava Dolinka beginnt und nach Süden über den Vršič-Pass, der Wasserscheide zwischen Schwarzem Meer und Mittelmeer, zum Ursprung der Soča führt. An großartigen Landschaftsszenerien besteht kein Mangel – und wir erleben den allmählichen Übergang vom mitteleuropäisch geprägten Ausgangspunkt zu einem Ziel, das schon mediterran angehaucht ist.

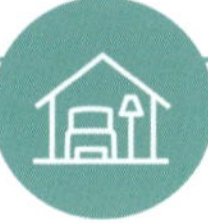

Dom v Tamarju (1108 m):
31 B., 20 L., ganzj. bew.
Erjavčeva koča na Vršiču (1525 m):
32 B., 28 L., bew. Mai bis Oktober, sonst nur bei günstigen Verhältnissen (Schneelage, Witterung; bei Lawinengefahr geschlossen)
Tičarjev dom na Vršiču (1620 m):
41 B., 14 L., bew. Juni–Anfang September
Poštarska koča na Vršiču (1688 m):
36 B., 30 L., bew. Juni–September
Koča pri izviru Soče (886 m):
4 B., 14 L., war 2023 wegen Umbauarbeiten geschlossen

WEGBESCHREIBUNG

Wir starten unsere Tour an der Endhaltestelle der Buslinie Ljubljana–Jesenice–Rateče (870 m). In **Rateče** stehen noch alte Bauernhäuser im typischen Oberkrainer Baustil. Von hier aus nach Südosten, über die Straße Jesenice–Tarvisio und auf der asphaltierten Zufahrt zu den Sportanlagen im Planica-Tal. Rechts von uns erstrecken sich die **Ledine,** eine sumpfige Senke, die sich bisweilen mit Wasser füllt (s. Tour 1). Nach 2 km erreichen wir das **Planica Nordic** Center, ein ambitioniertes Wintersportzentrum für Langlauf und Skisprung, wo im Jahr 2023 die Nordischen Skiweltmeisterschaften stattfanden. Blickfang ist hier die weltberühmte „Letalnica“, eine riesige Skiflugschanze, auf der seit 1969 vielmals Weltrekorde im Skifliegen aufgestellt wurden und seit 1994 regelmäßig die 200-Meter-Marke überflogen wird. Nach Verlassen dieser Anlagen empfängt uns der Nationalpark Triglav mit unberührter Wildnis: rechts urwüchsige Mischwälder, links bizarre, latschenbewachsene Felsabstürze, vor uns die schroffen Wandbildungen des Sleme, dessen sanfte Seite wir noch kennenlernen werden, darüber die Nordwände von Mojstrovka und Travnik. Nach 3 km gelangen wir zur Hütte (**Dom v Tamarju,** 1108 m) vor einem der eindrucksvollsten Talschlüsse des Nationalparks mit der 800 m hohen Šite-Nordwand und dem Jalovec (2645 m).

Ein lohnender Abstecher führt über einen steinigen steilen Pfad zur 1200 m hoch gelegenen Quelle der **Nadiža** (izvir Nadiže), einer Karstquelle, die aus einem waagrechten Felsspalt austritt. In malerischen Kaskaden stürzt das Wasser talwärts, um jedoch nach wenigen Hundert Metern im Kalkschutt zu versickern. Ein Großteil des versickerten Wassers tritt in den *Zelenci* wieder zutage (siehe Tour 1). Bevor die Nadiža versickert, wird ihr Trinkwasser für das Gemeindegebiet Kranjska Gora entnommen. Ein Schild an der Quelle weist auf die Gefährdung des Quellwassers durch Verschmutzung und Lagerung von Stoffen hin. Entsprechend rücksichtsvoll verhalten wir uns.

Unweit südlich der Tamar-Hütte, bei einer großen Buche, teilt sich der Weg. Wir folgen dem Wegweiser *Črna voda, Sleme, Vršič.* Durch Buchenwald geht es sanft ansteigend in südliche Richtung. Bald öffnet sich der Wald und wir haben freie Sicht auf die wilden Felswände von Mojstrovka und Travnik. Schließlich kommen wir in eine steile Rinne, deren Grund von den Brocken eines Felssturzes übersät ist. In manchen Jahren liegt hier Lawinenschnee bis zum Sommer. Wir überwinden Felsbrocken oder Altschnee und entdecken mit etwas Glück an der Felswand links die *Zois-Glockenblume* mit ihren eigenartig geformten Blüten. Schon nach einigen Hundert Metern verlassen wir die Rinne in nordöstliche Richtung und ein schattiger Buchenwald nimmt uns auf, der oberhalb 1400 m in einen lichten Lärchenwald übergeht.

Schließlich erreichen wir Scharte **Slatnica** (1815 m). Wir halten uns links (Wegweiser Slemenova špica) und gehen durch teilweise wegloses Gelände bergauf, um Rast zu machen auf dem **Sleme:** ein sanft gewelltes Wiesenplateau mit kleinen dunklen Tümpeln, in denen Bergmolche leben; in unmittelbarer Umgebung alte knorrige Lärchen, die hier, auf 1900 m Höhe, ihre höchsten Wuchsorte in den Julischen Alpen erreichen. Packende Ausblicke auf die nahen Wände der Mojstrovka und zu dem einem Riesenkristall gleichenden Jalovec im Südwesten.

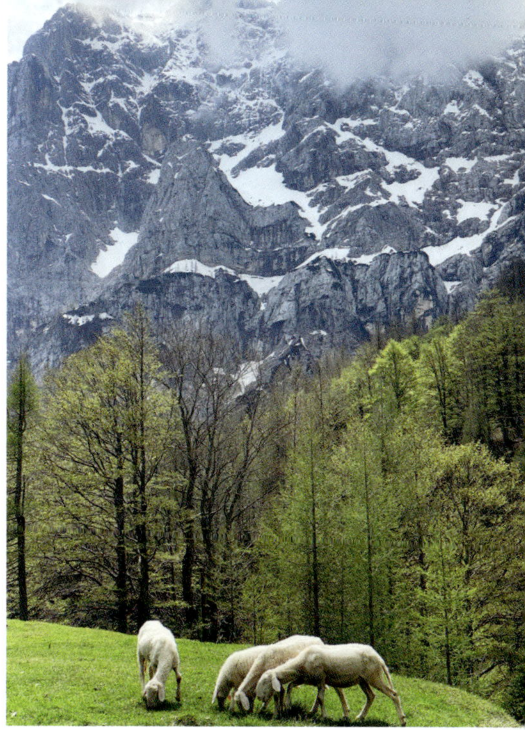
Nahe der Erjavčeva koča unterhalb des Vršič-Passes

Nach dieser Rast kehren wir auf den markierten Weg zurück und wandern durch Lärchen- und Legföhrenbestände nach Osten zur **Vratca** (Törl, 1807 m). Sehr beeindruckende Aussicht auf die schroffen Kalkgipfel im Osten mit der Škrlatica, dem zweithöchsten Berg

Sloweniens (2740 m), als Blickfang und zum wuchtigen Felsmassiv des Prisank (2547 m) rechts davon. Von dort durch zumeist groben Kalkschutt hinab zum **Vršič-Pass** (1611 m). Nun haben wir die Wasserscheide zwischen Schwarzem Meer und Mittelmeer erreicht. Von Juni bis Anfang/Mitte September stehen auf der Passhöhe zwei Alpenvereinshütten für die Übernachtung zur Auswahl. Eine dritte, länger geöffnete Hütte (Erjavčeva koča) befindet sich ungefähr 1 km nördlich unterhalb der Passhöhe.

Von der Passhöhe lässt sich relativ leicht die Mala Mojstrovka (2345 m) besteigen. Neben dem Triglav gehört sie zu den meistbestiegenen Hochgipfeln der Julischen Alpen, was nicht sehr verwundert, beträgt doch die Anstiegshöhe vom Vršič-Pass mit seinen zahlreichen Parkmöglichkeiten gerade einmal 700 m. Der markierte Anstieg stellt keine allzu hohe Anforderungen, ist aber nicht zu unterschätzen. Einige Wegpartien sind recht bröckelig (Vorsicht beim Abstieg!).

Unser Ziel ist jetzt die Soča-Quelle, allerdings nicht auf direktem Weg, sondern auf einem höchst aussichtsreichen „Umweg". Nahe dem an exponierter Stelle stehenden Kiosk führt der Slowenische Höhenweg (die „1" beachten) über blumenreiche Matten nach Südwesten. An schönen Sommertagen fliegen hier zahlreiche Schmetterlinge, darunter der goldbraun leuchtende Hochalpen-Perlmuttfalter. Bald geht es über Kalkschutt abwärts, dann müssen wir auf wenigen Hundert Metern einen felsigen Steilhang queren. Drahtseile und Stifte erleichtern zwar das Fortkommen, für Nichtschwindelfreie könnte es jedoch kritisch werden.

Nach dieser Passage wandern wir wenig anstrengend abwechselnd durch Wald und offenes Gelände; vorbei an Felsen, auf denen im Mai massenhaft Aurikeln blühen, sowie durch steile trockene Wiesenhänge, auf denen im Hochsommer eine Vielzahl Rotflügeliger Schnarrschrecken, eine vielerorts bereits ausgestorbene Heuschreckenart, ein merkwürdiges Konzert ertönen lässt. Gerade an solchen Stellen bieten sich faszinierende Tiefblicke in die Trenta, in die Zadnja (Hintere) Trenta mit ihren Einödhöfen und zur Hütte an der Soča-Quelle. Begeisternder Ausblick auch auf die umliegenden Berge, insbesondere auf den Bavški Grintavec, der die Szenerie beherrscht. Allerdings ist auf dem streckenweise sehr schmalen Weg Schwindelfreiheit erforderlich. Nach ca. 4 km in mäßigem Auf und Ab und kurz nachdem wir eine Jagdhütte passiert haben, gelangen wir im Bereich **Rutarska Trenta** (ca. 1400 m) zu einer Wegkreuzung. Geradeaus zeigt ein Wegweiser zur Hütte Špička, rechts geht es zur Scharte *Jalovška škrbina.* Wir gehen links durch Wald steil hinab in die **Zadnja Trenta**.

Beim Gehöft **Flori** erreichen wir den Talboden und halten uns links. Über eine Wiese, auf der ich einmal zahlreiche Exemplare des *Schwarzen Apollo* beobachten konnte, gelangen wir zu einer Naturstraße, die uns nach 1½ km zur Hütte an der Soča-Quelle

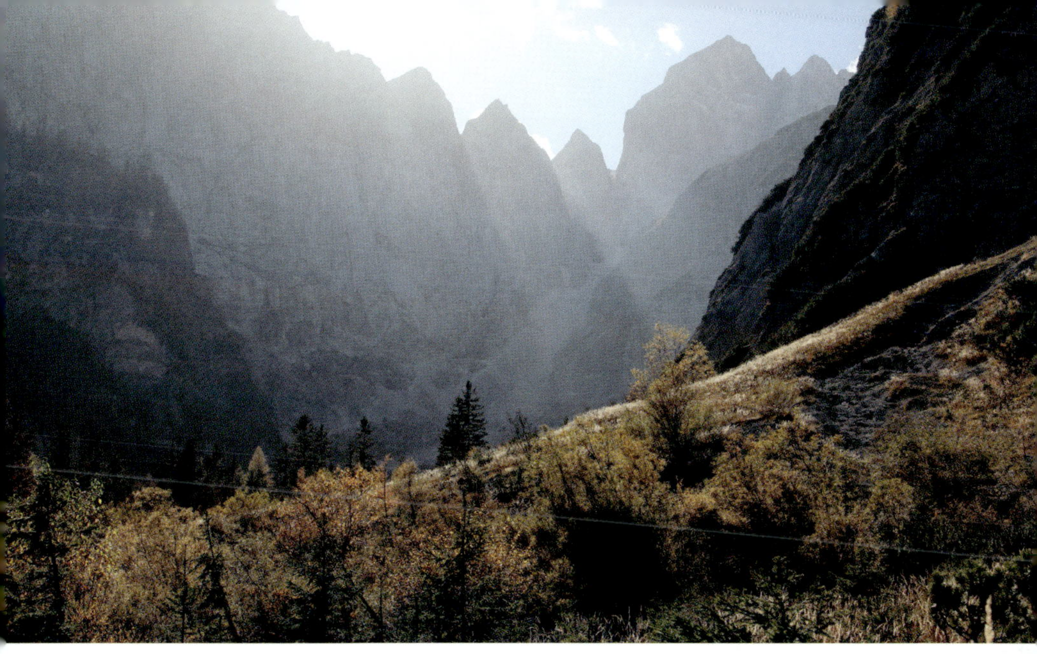

Über dem Talschluss des Planica-Tals erhebt sich der Jalovec (2645 m)

hinabführt. Wenige Hundert Meter vor unserem Ziel liegt rechts des Weges eines der schönsten Gehöfte im oberen Einzugsgebiet der Soča. Genauer gesagt, ein ehemaliges Gehöft, denn nun dient das Anwesen, wie so viele andere in der Trenta, als Feriendomizil. Es besteht aus einem Wohnhaus mit Heuboden und einem Wirtschaftsgebäude. Dazwischen ein frei stehender Kamin, durch ein Rohr mit der Küche verbunden. Dadurch soll die Feuergefahr für Wohnhaus und Stall vermindert werden. Es repräsentiert den typischen Bovec-Trenta-Baustil aus dem 19. Jahrhundert: das Erdgeschoß jeweils gemauert und weiß gestrichen, Dachgeschoß und Walmdach aus Lärchenholz.

Wenige Minuten noch und wir erreichen die Hütte an der Soča-Quelle (**Koča pri izviru Soče**, 886 m). Im Sommer und an schönen Wochenenden im Mai und September herrschte hier tagsüber Hochbetrieb. Abends, nach Abreise der Tagestouristen, war es ruhig, meistens jedenfalls ... (Wegen umfangreicher Umbauarbeiten ist die Hütte seit 2022 geschlossen, Wiedereröffnung voraussichtlich 2024.) Für den Besuch der Soča-Quelle – ein Muss für alle, die schwindelfrei sind – empfehle ich daher die frühen Abendstunden oder den Vormittag.

Der Weg dorthin führt in 20 Minuten durch lichten Wald und durch felsiges Gelände steil aufwärts. Die Vegetation vereint subalpine und submediterrane Elemente – *Aurikeln* und *Hopfenbuchen* auf engstem Raum. Die letzten 50 m müssen kletternd an einer Felswand bewältigt werden. Zwar ist diese Passage durch Drahtseile und Stifte gesichert, dennoch sind

Der Vršič-Pass

Die Straße über den Vršič-Pass stellt die wichtigste Verbindung zwischen Kranjska Gora im Norden und Bovec im Süden dar. Trotz oder gerade wegen ihrer 50 Kehren erfreut sie sich v. a. im Sommer großer Beliebtheit unter Auto- und – mehr noch – Motorradtouristen, weshalb die Bergruhe bisweilen empfindlich gestört ist. Empfindlich gestört war die Bergruhe dort schon einmal, vor über 100 Jahren, jedoch aus ganz anderen Gründen.

Pläne zum Bau der Passstraße über den „Werschetz“ gab es bereits vor dem Ersten Weltkrieg, weil die Habsburgermonarchie ihrem südlichen Nachbarn misstraute und befürchtete, bei einer militärischen Konfrontation mit Italien die sehr grenznahe Auffahrt zum Predil-Pass kaum mehr nutzen zu können. (So geschah es auch.) Der Bau zum Vršič-Pass wurde 1914 begonnen, ab 1915 – Italien hatte Österreich-Ungarn den Krieg erklärt – dann forciert fortgesetzt und 1916 abgeschlossen. Die Passstraße diente maßgeblich der Versorgung der Isonzofront im Abschnitt Flitsch (Bovec). Zusätzlich zur Straße wurde von Kronau (Kranjska Gora) über die Passhöhe nach Trenta eine Materialseilbahn mit mehreren Zwischenstationen gebaut, über die täglich bis zu 200 t Güter befördert werden konnten.

Kronau war mit seiner Bahnanbindung ein wichtiger strategischer Punkt für das südlich stattfindende Kriegsgeschehen. Soldaten, Kriegsgefangene, Waffen, Munition und Versorgungsgüter wurden per Bahn herangeschafft, Verwundete abtransportiert. Im Vorfeld der zwölften Isonzoschlacht marschierten im Oktober 1917 von Kronau österreichisch-ungarische, v. a. aber deutsche Soldaten über die Passstraße zu ihrem Einsatz im Frontabschnitt bei Flitsch. In deren Gepäck: „Blaukreuz“ und „Grünkreuz“ (s. Der Erste Weltkrieg, ab S. 138).

Zum Bau der Straße wurden über 10.000 russische Kriegsgefangene eingesetzt, die unter österreichisch-ungarischem Kommando und unter widrigsten Bedingungen die Arbeiten verrichten mussten. Die Zahl derer, die dabei ihr Leben ließen, geht wohl in die Tausende – genaue Angaben gibt es nicht. Zu einer großen Tragödie kam es 1916. Nach einem schneearmen Winter bescherte Anfang März lang anhaltender intensiver Schneefall dem Gebiet noch nie dagewesene Mengen an Neuschnee. Am 8. und 12. März rissen zwei von der Mojstrovka herabstürzende Staublawinen mindestens 110 russische Kriegsgefangene auf der Passhöhe in den Tod.

Noch im selben Jahr errichteten russische Kriegsgefangene zum Gedenken an ihre verunglückten Kameraden auf der Nordseite des Vršič-Passes unweit der Hütte Mihov dom die „Russische Kapelle“. Der kleine Bau besteht aus Lärchen- und Fichtenholz. Die Glocken der beiden Zwiebeltürme wurden in Kranjska Gora aus Überresten von Waffen gegossen.

Schwindelfreiheit und vor allem festes Schuhwerk erforderlich. Der Weg wurde und wird häufig unterschätzt; es gab hier schon tödliche Abstürze.

Die **Soča-Quelle** befindet sich auf ca. 1000 m Höhe und gehört zu den eindrucksvollsten Karst- bzw. Sturzquellen der Südlichen Kalkalpen. Aus einer senkrechten Felsspalte quillt nach starkem Regen oder während der Schneeschmolze ein mächtiger Wasserschwall und stürzt über mehrere Felsstufen tosend talwärts – dann ist es nicht möglich, bis zum Quellaustritt vorzudringen. Bei normaler Wasserführung stellt ein Besuch des unmittelbaren Quellaustritts kein großes Problem dar, es sei denn, ein Lawinenrest versperrt noch bis zum Frühsommer den Zugang. Bei längerer Trockenheit fällt der Quelltopf trocken und man blickt in einen natürlichen Schacht. Im trockenheißen Sommer des Jahres 1947 wollte ein Taucher den um 30 m gefallenen Wasserstand für eine Erkundung der Quelle ausnutzen. Er blieb für immer in den Karstklüften. Bis heute ist die Quelle nicht recht erforscht, stattdessen ist sie sehr mythenumwoben. Für manche Einheimische gilt sie als heilig.

Ob das Wasser der Soča-Quelle tatsächlich heilig ist, mag dahingestellt sein, ich jedenfalls glaube seit meinem ersten Besuch – nach einem feuchtfröhlichen Abend in der Hütte – an die heilsame Wirkung. Seither fülle ich dort bei jedem Besuch meine Trinkgefäße auf, bevor ich eine weitere Wanderung unternehme – z. B. in die Zadnjica und hinauf zur Pl. Zapotok (Tour 6).

VARIANTE 3A

Wer jedoch nach Norden zurückkehren muss oder will, kann die nachfolgend beschriebene, etwas kürzere Route begehen. Sie ist nicht ganz so spektakulär wie die Route durch das Planica-Tal, trotzdem kann ich sie als lohnenswerte Ergänzung zur Planica-Route empfehlen – und in umgekehrtem Verlauf auch als alternative Aufstiegsroute.

Von der Hütte an der Soča-Quelle gehen wir links auf der Asphaltstraße 200 m abwärts, begeben uns links auf einen markierten Weg, auf dem es zunächst zwischen Steinmauern, bald jedoch durch Wald und entlang des Bachs **Limarica** konstant, aber nicht übermäßig steil bergauf geht. Auf halber Höhe entdecken wir links, d. h. östlich des Weges, hinter Fichtenjungwuchs terrassiertes Gelände mit einer verfallenen Hütte und einer Zisterne. Hier befand sich bis 1960 eine Baumschule, was angesichts des heutigen Waldkleides etwas erstaunt. Doch bis Mitte des 20. Jahrhunderts litt der Wald stark unter dem Verbiss von Ziegen. Die Hänge waren teilweise kahl; auf älteren Fotos ist das gut zu sehen. Anfang der 1950er-Jahre wurde in Jugoslawien die ungeregelte Ziegenweide in der freien Landschaft verboten und mit Aufforstungen begonnen. Bei genauerem Hinsehen bemerkt man, dass größere Waldbestände südlich des Vršič-Passes erst wenige Jahrzehnte alt sind.

Nach 2 Stunden Aufstieg erreichen wir die Straße zum **Vršič-Pass** (1611 m) und gehen auf dieser links ca. 400 m hinauf bis zur Passhöhe beim Kiosk. Anstatt auf der Straße weiterzugehen, empfehle ich, rechts einige Hundert Meter bis zur Hütte *Poštarski dom* (1688 m) zu gehen und von dort auf einem Nachschubweg aus dem Ersten Weltkrieg in Serpentinen durch einen lichten Mischwald aus Lärche und Buche hinab zur Hütte **Erjavčeva koča** (1525 m) zu wandern. Unterwegs viel Aussicht auf die imposanten Nordabstürze des Prisank und dessen „Teufelspfeiler" – und auf das „Riesenmädchen" *Ajdovska Deklica*, dem bekanntesten Felsgesicht der Julischen Alpen.

Von der *Erjavčeva koča* treten wir auf markierten Wegen den Abstieg nach Kranjska Gora an. Zunächst gehen wir ein paar Hundert Meter entlang der Straße, die während des Ersten Weltkriegs als Nachschubweg für die österreichisch-ungarische Front von russischen Kriegsgefangenen unter großen Opfern erbaut wurde (s. S. 54, Der Vršič-Pass). Links führt ein markierter Weg in den Wald hinein. Auf einer Lichtung schauen wir zurück zum Prisank und entdecken hoch droben das große Felsenfenster. Der berühmte Gelehrte Johann Weichard Freiherr von Valvasor (1641–1693) wusste von diesem Fenster – ob er es selbst je gesehen hat, ist zweifelhaft, beschreibt er doch in seiner Landeskunde „Die Ehre deß Herzogthums Crain" einen nach Süden führenden Übergang *„bey Ober-Gronau (Kranjska Gora) in Ober-Crain, allwo die Natur durch den Schneeberg ein Loch geöffnet, dadurch man zu Fuß, wiewohl kriechend, in Flütsch (Bovec) kommen kan, da man sonst viel Meilen herum zu gehen hat ..."* Für schwindelfreie und konditionsstarke Bergsteiger führt durch dieses „Loch im Schneeberg" einer der bekanntesten Klettersteige der Julischen Alpen.

Nach abermaligem Straßenkontakt kommen wir zur **Russischen Kapelle** (ca. 1150 m) und halten einen Moment inne. Wenige Hundert Meter noch und wir sind beim **Mihov dom** (1085 m). Wer es eilig hat, kann auf der Straße direkt nach Kranjska Gora wandern. Ich empfehle aber einen Abstieg ins *Pišnica-Tal.* Das heißt zunächst ca. 500 m Straßenwanderung Richtung Kranjska Gora (eine Kehre kann abgekürzt werden), dann aber rechts auf unmarkiertem Weg durch Wald abwärts bis zu einem unbefestigten Fahrweg. Dort gehen wir rechts, überqueren die *Pišnica* und kommen auf eine Wiese. Grandioser Blick auf die nahen Berge, besonders auf Prisank und Razor, sowie auf die Škrlatica, von deren Gipfel uns 1800 Höhenmeter trennen. Wir halten uns links und treffen auf den zur Koča v Krnici führenden Weg. Auf ihm wandern wir entlang der **Velika Pišnica** talauswärts. Vom Špik herabkommende Schuttströme zeugen gerade hier von hochdynamischen Prozessen, die in den Alpen herrschen können. Nach 3 km erreichen wir wieder die Straße zum Vršič-Pass, gehen auf ihr einige Hundert Meter weiter bis zum **Jasna-See**, machen am Nordufer Pause, bevor wir in **Kranjska Gora** die Wanderung beenden.

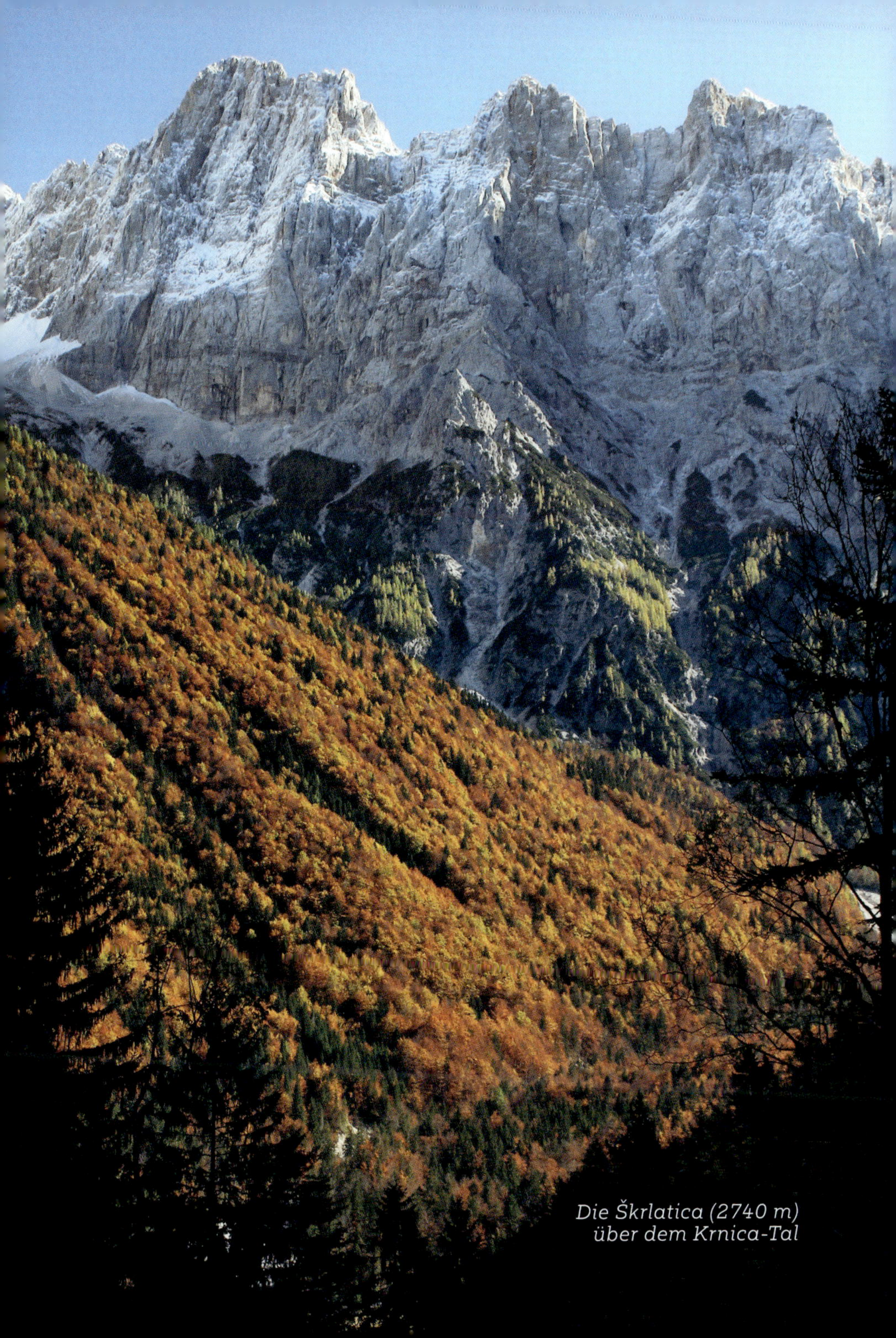

Die Škrlatica (2740 m)
über dem Krnica-Tal

Vrata-Tal – Stenar (2500 m) – Zadnjica – Trenta

STOLZER AUSSICHTSGIPFEL ÜBER TIEFEN TÄLERN

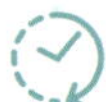

14 – 16 Std.

Straßenbegehung Mojstrana-Vrata (1) –Aljažev dom (2) **2½ Std.** mit Begehung des Triglavska Bistrica Trails und Besuch des Slap Peričnik **4 Std.** Aljažev dom–Stenar (3) **5 Std.** Stenar–Pogačnikov dom (4) **2½ Std.** Pogačnikov dom–Trenta (5) **4 Std.** (Trenta–Vršič–Kranjska Gora auf markierten Wanderwegen ca. **6 Std.**)

Bei dieser Tour lernen wir zwei Alpentäler mit geradezu monumentaler Felsumrahmung kennen. Dazwischen besteigen wir einen Gipfel, dessen Aussicht allenfalls von seinem „großen Nachbarn", dem Triglav, überboten wird, aber den wohl eindrucks-

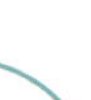

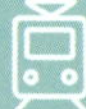

Bahnhof *Jesenice*

Dovje-Mojstrana, Trenta (nur von Juni bis September)

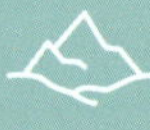

Dreitagestour, Übernachtungen im Aljažev dom und im Pogačnikov dom. Im Gipfelanstieg zum Stenar hohe Trittsicherheit erforderlich.

Mojstrana–Vrata–Aljažev dom ca. 400 m ↑, Aljažev dom–Stenar ca. 1500 m ↑, Stenar–Trenta fast 2000 m ↓

Aljažev dom (1015 m): 29 B., 52 L., bew. April–Mitte Oktober, WR (4 L., ca. 100 m südlich des Hauptgebäudes)
Pogačnikov dom (2050 m): 37 B., 22 L., bew. Juli–September, WR (16 L. im Nebengebäude, Treppe)
Unterkünfte in Trenta: s. Tour 5

Vrata-Tal: ganzjährig (im Winter wird die Straße zum Aljažev dom für Fußgänger geräumt, sehr sehenswert ist dann der gefrorene Slap Peričnik), Zadnjica: Mai–Oktober, Besteigung des Stenar je nach Schneelage Juni/Juli–September/Oktober

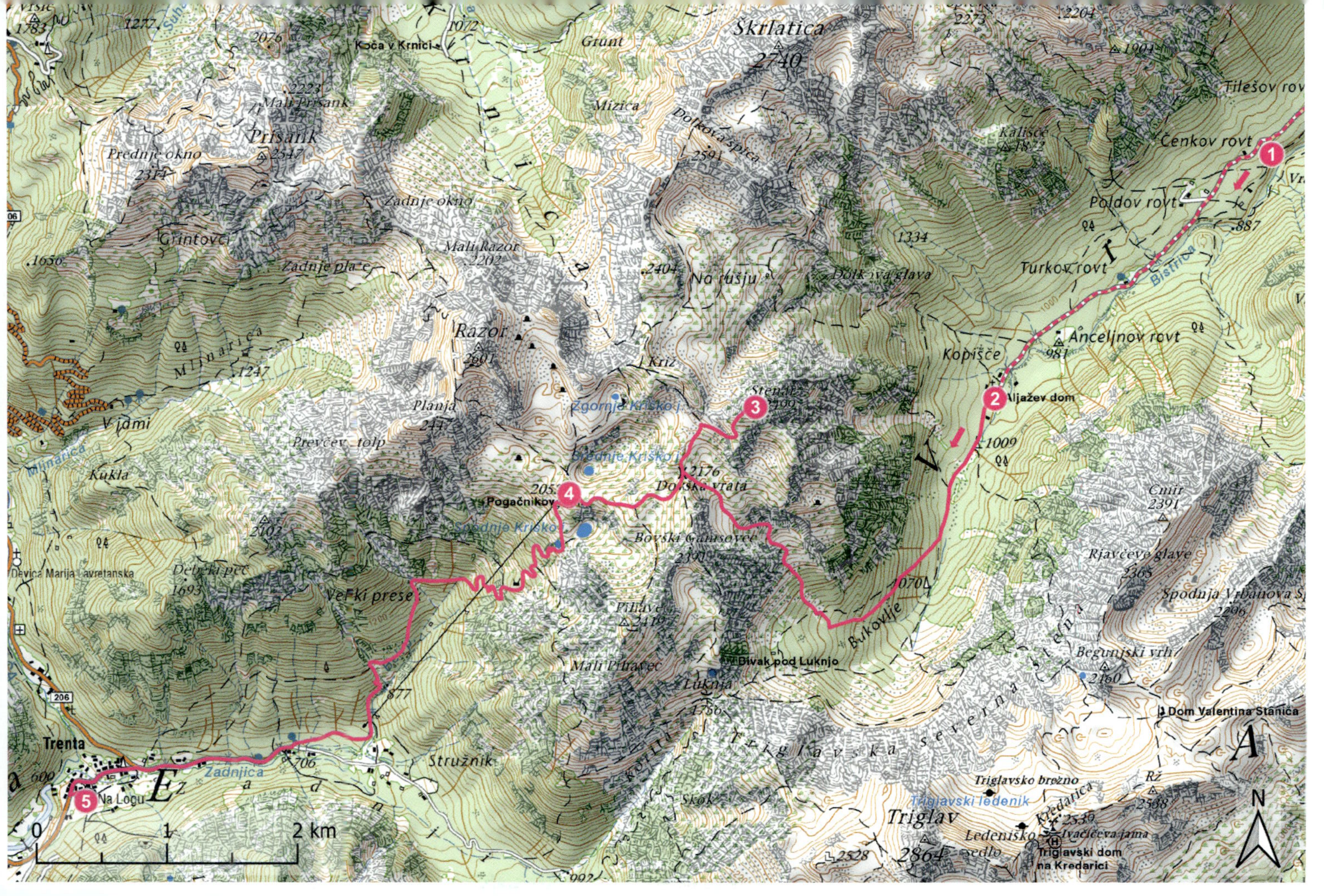

1
2
3
4
5
Škrlatica
2740
Koča v Krnici
Grunt
Mizica
Dolkova špica
2591
Kališče
Čenkov rovt
Tilešov rovt
Poldov rovt
887
Bistrica
Turkov rovt
1334
Dolkova glava
Na rušju
2404
Ančeljnov rovt
981
Kopišče
Aljažev dom
1009
Križ
Stenar
Mali Prisank
Prisank
2547
Prednje okno
Zadnje okno
Grintovci
Mali Razor
2202
Razor
2601
Planja
Mlinarica
1247
V jami
Prevčev tolp
Kukla
Zgornje Kriško j.
Srednje Kriško j.
Spodnje Kriško j.
Pogačnikov
Dolška vrata
2176
Bovški Gamsovec
Velki prese
Pihavec
Mali Pihavec
Bivak pod Luknjo
Luknja
Bukovlje
1070
Cmir
2391
Rjavčeve glave
Spodnja Vrbanova Š.
Begunjski vrh
2460
Dom Valentina Staniča
Triglavsko brezno
Triglavski ledenik
Kredarica
Triglav
2864
Ledeniško sedlo
Triglavski dom na Kredarici
Devica Marija Lavretanska
Debeli peč
1693
Stružnik
Skok
Trenta
Na Logu
Zadnjica
706
877
206
0
1
2 km
N

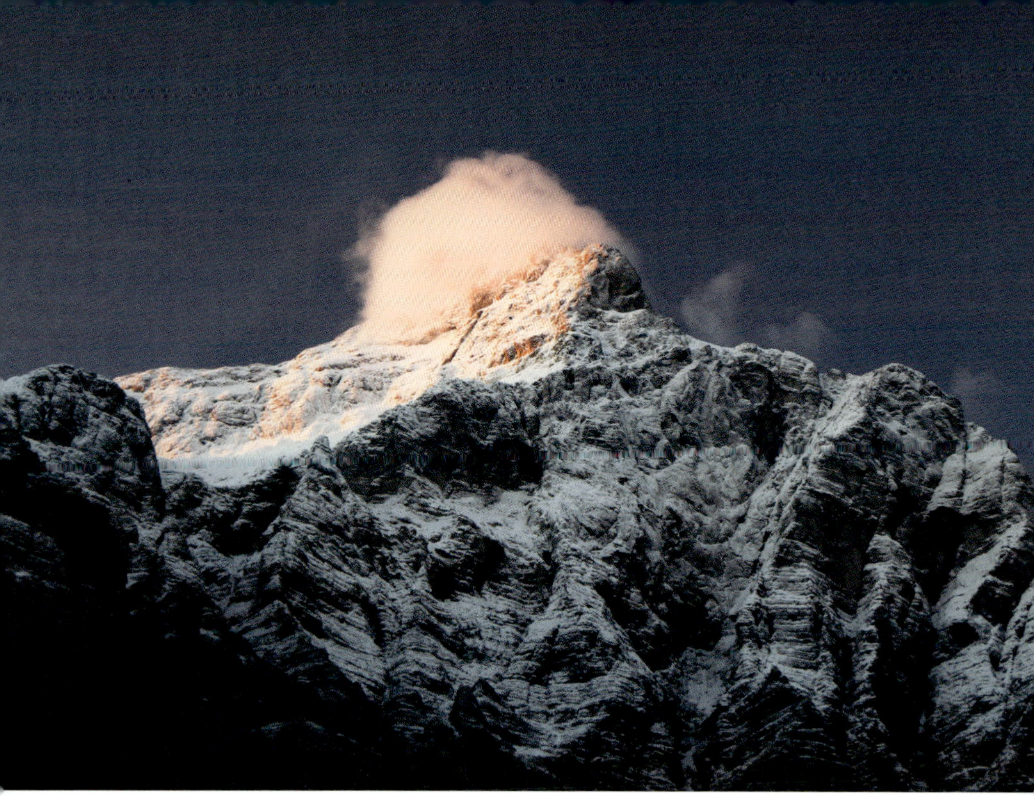

Der Triglav mit seiner Nordwand über dem Vrata-Tal

vollsten Blick auf dessen gewaltige Nordwand bietet. Doch die Tour hat noch mehr zu bieten: ungewöhnliche Felsformationen, einen mächtigen Wasserfall, wunderbare Wälder und vielleicht ein paar Steinböcke beim morgendlichen Kräftemessen.

WEGBESCHREIBUNG

Ausgangspunkt ist die Bushaltestelle bei Dovje an der Hauptstraße nach Kranjska Gora. Von dort gehen wir das steile Sträßchen hinab, überqueren die Sava Dolinka und sind unmittelbar danach schon im Dorf **Mojstrana** (640 m), das noch einige sehenswerte Bauernhäuser besitzt. Wir wandern auf der Triglavska cesta nach Süden und besuchen, sofern wir genug Zeit haben, das im Jahr 2010 erbaute, etwas futuristisch anmutende, aber durchaus in die Landschaft passende Slowenische Bergsteigermuseum **Slovenski planinski muzej**. Es informiert über die Geschichte des Bergsteigens in Slowenien und enthält eine umfangreiche Sammlung von historischen Fotografien, Bergschuhen, Skiern und anderen Gegenständen mit alpinem Bezug.

Am südlichen Ortsende beachten wir das Hinweisschild „Vrata", d. h. wir halten uns halb rechts, gehen nach wenigen Hundert Metern links, überqueren auf einer Holzbrücke die Bistrica und setzen den Weg durch zum Teil dichten Wald taleinwärts fort. Auf Höhe des Bauernhofs „Pri Rosu" (hier ist die Bistrica etwas angestaut) beginnt der von der Nationalparkverwaltung eingerichtete **Triglavska Bistrica Trail** (Markierungen mit den Zusatznummern 1 und 16 beachten). Das sehr natürliche Ufer der Bistrica ist nur an wenigen Stellen zugänglich, von ihnen bieten sich aber schöne Blicke auf die bewaldeten Hänge des Vrata-Tals und auf einige Hochgipfel, z. B. die Škrlatica. Nach ca. 3 km weist ein Schild wieder auf die Straße, die zum Aljažev dom führt. Ein Rauschen verrät den nahen Wasserfall **Slap Peričnik** – ein einzigartiges Naturschauspiel, das wir uns nicht entgehen lassen. Über eine Barriere aus hartem Konglomerat ergießt sich ein 52 m hoher Wasserstrahl. Wir besichtigen den Wasserfall auf einem Rundweg, wobei er buchstäblich hintergangen werden kann, da im unteren Teil weichere Schichten herausgespült wurden.

Wir setzen den Weg auf der Straße fort, können diese aber schon nach kurzer Strecke links verlassen und wandern auf schmalem Weg durch buchenreichen Mischwald in mehrfachem Auf und Ab in südwestliche Richtung. Nach 2 km erreichen wir eine weitere Besonderheit des Vrata-Tals, die **Galerije**. Auch diese bestehen aus Konglomeratschichten unterschiedlicher Härte. Wir wandern – „überdacht" – unter einer harten Schicht. Danach müssen wir uns auf die Straße begeben. Nach etwa 1 km nutzen wir jedoch die Möglichkeit, den Weg links zunächst durch Wald, dann über eine Buckelwiese fortzusetzen, die einen Prachtblick auf die Triglavnordwand und auf unser Ziel, den Stenar, erlaubt. Von dieser Seite zeigt er sich sehr schroff – kaum zu glauben, dass er von Süden vergleichsweise einfach zu besteigen ist. Wenige Hundert Meter noch und wir erreichen die Hütte **Aljažov dom** (1015 m). Hier sollten wir nächtigen.

Für den nächsten Morgen ist frühes Aufstehen angesagt, schließlich steht eine 5-stündige Gipfeltour bevor. Von der Hütte wandern wir nach Süden in den Wald und am Partisanendenkmal mit dem großen Karabinerhaken geradeaus weiter. Knapp 1 km nach dem Monument zweigt rechts der Weg in Richtung *Sovatna* und *Stenar* ab (in der Morgendämmerung leicht zu übersehen). Durch den Buchenwald **Bukovlje** geht es ziemlich steil aufwärts. Die Bäume zeigen einen ausgeprägten Säbelwuchs; sie sind alle zur selben Zeit aufgewachsen, nachdem eine Lawine den vormaligen Baumbestand umgeworfen hatte. Ab ca. 1400 m Höhe öffnet sich der Wald zum „steinreichen" Kar **Sovatna.** *Steinböcke* fühlen sich hier besonders wohl. Auf ca. 1900 m Höhe erwartet uns Fels mit leichten Kletterstellen, doch ab 2000 m wird das Gelände wieder gemäßigt.

Schließlich erreichen wir die Scharte **Dovška vrata** (2180 m), von der sich ein überraschender Blick nach Südwesten in das Soča-Tal bietet. Reste von

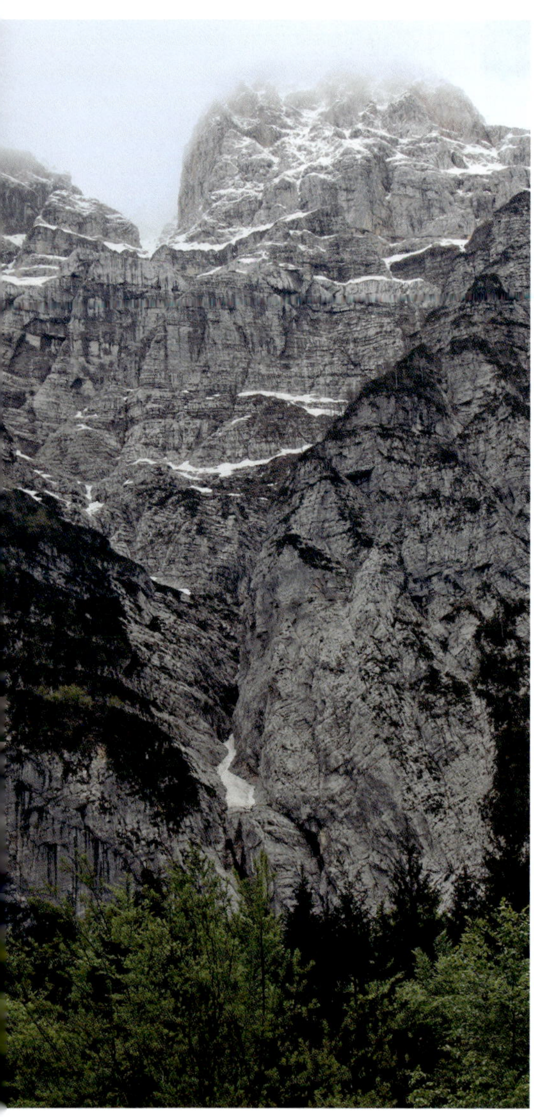

Talschluss Zadnjica mit der Felsflucht des Kanjavec

Stacheldraht erinnern uns an die „Rapallo-Grenze" von 1920 bis 1941. Entlang der ehemaligen Grenze Italien/Jugoslawien steigen wir nach Norden zur Scharte **Stenarska vrata** (2295 m) hinauf. Etwas unterhalb der Scharte teilt sich der Weg. Wir halten uns rechts, queren fast waagerecht ein Schuttfeld und müssen nach 300 m eine Steilstufe mit losem Schutt überwinden (die dann bergab etwas unangenehm zu begehen ist). Danach links auf gut sichtbaren Pfadspuren über nicht allzu steile Geröllfelder zum Gipfel des **Stenar** (2501 m), der bei klarem Wetter eine grandiose Schau bietet: nach Westen zu den nahe gelegenen Felsriesen *Razor* und *Prisank*, weit nach Nordwesten zum *Großglockner* und dem noch vergletscherten *Großvenediger*, nach Norden zur nahe gelegenen Schutt- und Felswildnis der *Škrlatica* und ihrer Trabanten, nach Südwesten auf die *Kriški podi* und in die fast 2000 Meter tiefer gelegene Trenta. Blickfang ist jedoch der nur 3 km entfernte *Triglav* mit seiner kolossalen Nordwand – mit 1200 m Höhe und 3 km Breite eine der größten Wandbildungen der Ostalpen.

Doch irgendwann müssen wir den Gipfel verlassen. Wir steigen ab bis zur Scharte *Dovška vrata* und sind besonders vorsichtig an der mit losem Schutt bedeckten Steilstufe. Von dort rechts auf schmalen, aber wenig anspruchsvollem Weg nach Westen, wo uns nach gut 1 km die Hütte **Pogačnikov dom** (2050 m) erwartet. Hier übernachten wir. Die Hütte liegt am Rand der **Kriški podi**, einer stark verkarsteten Hoch-

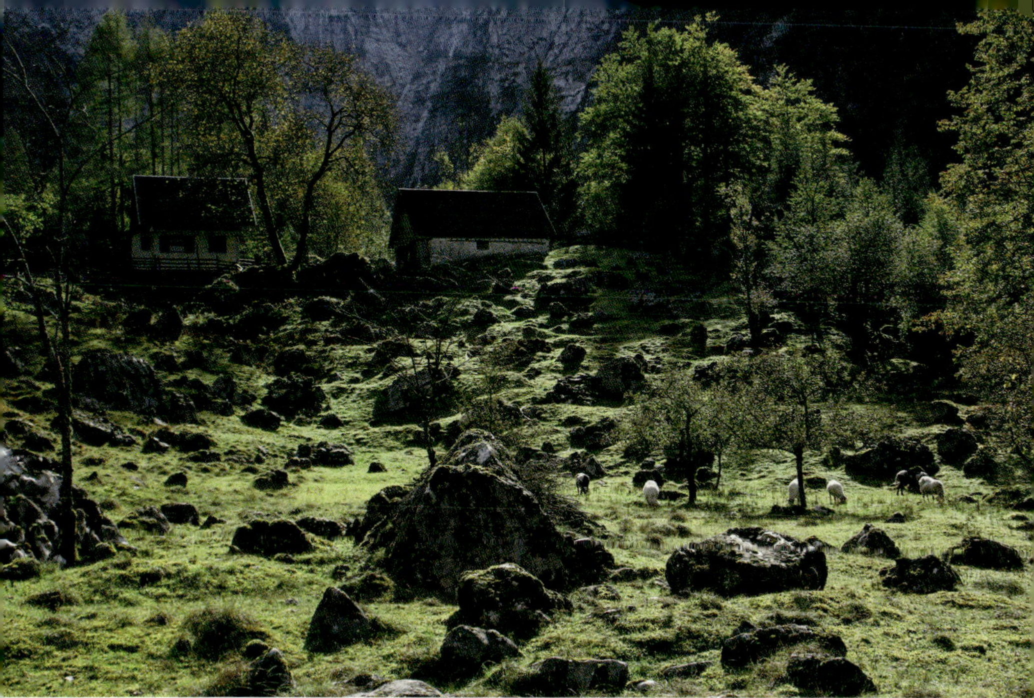

Zadnjica

fläche auf über 2000 m Höhe, umgeben von mächtigen Felsgipfeln, unter denen der Razor mit 2601 m der höchste ist. Etwas Abwechslung in diese karge Felslandschaft bringen der **Mittlere** und der **Obere Križ-See** (Sr. u. Zg. Kriško jezero). Mit seiner Lage auf 2154 m ist der Obere Križ-See der höchstgelegene See Sloweniens. Die Kriški podi sind das Reich der *Steinböcke* und *Gämsen*, die sich manchmal von der Hütte aus beobachten lassen.

Nun steht uns ein fast 1500 m tiefer Abstieg in das großartige Tal Zadnjica und in die Trenta bevor. Auf einem von den Italienern in der Zwischenkriegszeit zwecks Grenzsicherung angelegten Weg geht es in Kehren nicht allzu steil abwärts. Vielleicht entdecken wir ein Edelweiß am Wegrand. Etwas verborgen in einer tiefen Doline befindet sich links des Weges der **Untere Križ-See** (Sp. Kriško jezero, 1880 m), der etwas weiter talwärts eine Quelle am Wegrand speist, deren Wasser aber nach wenigen Metern wieder versickert.

Bald kommen wir in den Waldbereich. Oben lockerer Lärchenwald mit einzelnen Ebereschen inmitten ausgedehnter Latschenteppiche, darunter Mischwald mit dominierender Buche – eine Augenweide, vor allem im Herbst, umrahmt von großartigen Felsszenerien und begleitet vom Rauschen des wilden Beli potok („Weißer Bach"). Nach drei bis vier Stunden erreichen wir die Talstation der zum Pogačnikov dom hinaufführenden Materialseilbahn. Von dort auf befahrbarem Weg ca. 300 m hinab zu einem Parkplatz im Talgrund.

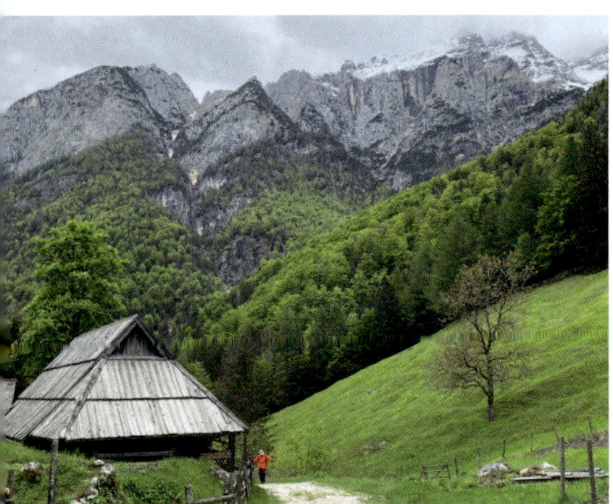

Zadnjica, im Hintergrund die wolkenverhangene Planja

Wir befinden uns jetzt in der **Zadnjica**, einem Tal „von fabelhafter Größe und Wildheit, das aber auch poesievoller Details nicht entbehrt", wie Julius Kugy vor fast 100 Jahren schwärmte. „Zadnjica" bedeutet ungefähr „das hinterste Tal", doch genau das macht es so reizvoll. Wer zeitig vom Pogačnikov dom abgestiegen ist, sollte sich Zeit nehmen und die Stimmung genießen. Dafür wandern wir langsam talaufwärts, bis der Talboden breiter wird und Platz für landwirtschaftliche Nutzung bietet. Eine Szenerie, wie man sie nur noch selten antrifft: Schafweiden, eingezäunte Gärten mit Obstbäumen, Gemüsehochbeeten und einem Bienenhaus, ein paar kleine Bauernhäuser, die nicht mehr ganzjährig bewohnt sind. Hoffen wir, dass die hier betriebene naturschonende Landwirtschaft nicht zum Erliegen kommt, weiterhin hochwertige Produkte hervorbringt und der halb offene Charakter des Talbodens erhalten bleibt. Auf einigen aufgegebenen Wiesen und Weiden hat die Entwicklung zum Wald schon eingesetzt, Steinmauern und Lesesteinwälle sind bereits unter Gebüsch verschwunden.

Am schönsten ist es hier an einem späten Vormittag im Oktober, wenn die zwischen Vršac und Ozebnik stehende Sonne den Talboden erleuchtet – ein unvergleichlicher Herbstzauber, der jedoch nicht mal eine Stunde währt, danach liegt das Tal für den Rest des Tages im Schatten des Ozebnik („der frostige Berg"). Wir befinden uns hier im tiefsten „Einschnitt" des Nationalparks Triglav. Von den Wiesen im Talgrund bis zum ca. 4 km entfernten Triglav-Gipfel sind es fast 2200 Höhenmeter. Besonders monumental wirken hier aber die gewaltige Wandflucht des Kanjavec und des Vršac sowie die finsteren Nordabstürze des Ozebnik.

Nun wandern wir aber talauswärts, weiter unten entlang der **Krajcarica** (bzw. Zadnjica-Bach) und passieren die Stelle, an der dem Bach ein Teil des Wassers zur Stromerzeugung entnommen wird. (Der Stromgenerator befindet sich in einem kleinen Gebäude unterhalb Na Logu nahe der Soča.) Am Ende eines neu angelegten Parkplatzes erreichen wir die Kehre 50 der Auffahrt zum Vršič-Pass. Wir befinden uns jetzt in der **Trenta** im oberen Teil des Soča-Tals, einem der schönsten Alpentäler. Hier empfiehlt sich ein mehrtägiger Aufenthalt.

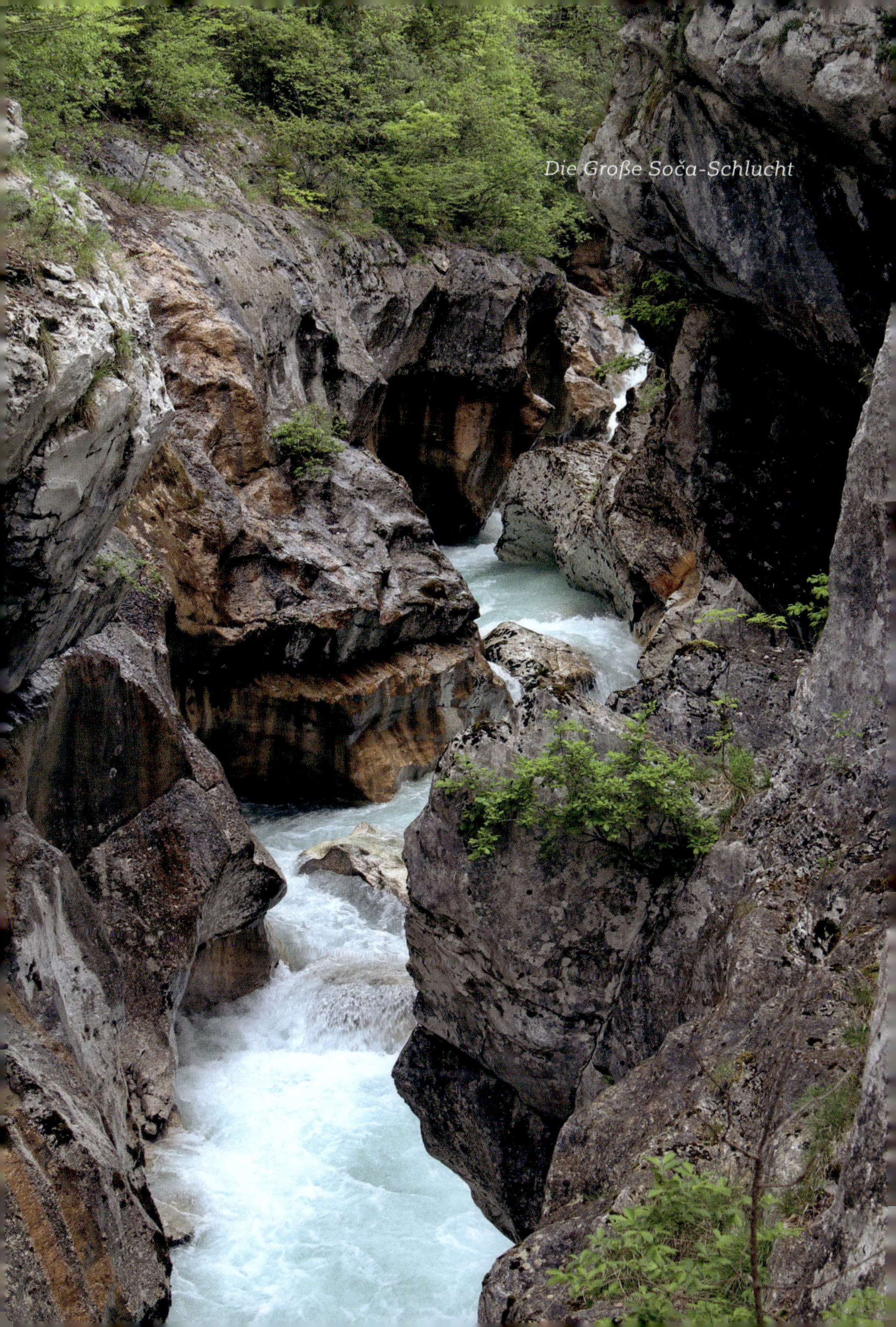

Die Große Soča-Schlucht

Der Nationalpark Triglav

Der Nationalpark Triglav ist der einzige Nationalpark Sloweniens und erstreckt sich über einen Großteil der Julischen Alpen im Nordwesten des Landes. Mit einer Fläche von ca. 84.000 ha ist er fast viermal so groß wie die Nationalparks Berchtesgaden (Bayern) und Kalkalpen (Oberösterreich). Der südliche Teil – knapp die Hälfte der Fläche – gehört zum Einzugsgebiet der Soča, die zur Adria fließt, während der Norden und Osten des Nationalparkgebiets zur Sava/Save und somit zur Donau entwässern.

Schon um 1900 gab es Überlegungen zur Schaffung eines größeren Schutzgebiets in den Julischen Alpen. Doch erst im Jahr 1924 wurde auf einer Fläche von 1400 ha ein „Alpiner Schutzpark" gebildet, der im Wesentlichen das Sieben-Seen-Tal umfasste. Dieses Gebiet bildete den Kern des 1961 ausgewiesenen, etwa 2000 ha umfassenden „Nationalparks Triglav". 1981 wurde der Nationalpark per Gesetz auf seine heutige Größe erweitert und in eine streng geschützte Kern- und in eine Randzone unterteilt. Innerhalb der Kernzone lagen jedoch auch alte Siedlungsräume, z. B. in der oberen Trenta, sowie Flächen mit traditionellen Nutzungsrechten, hauptsächlich Almen.

In den 1990er-Jahren, nachdem Slowenien sich von Jugoslawien gelöst und vom bisherigen System verabschiedet hatte, traten die Gegensätze zwischen Naturschutz und einigen Landnutzern offen zutage. Nun musste ein Kompromiss gesucht werden zwischen den Anforderungen des Naturschutzes an einen Nationalpark und den Interessen der örtlichen Bevölkerung. Nach mehr als zehn Jahren zähen Ringens um ein neues Konzept fand schließlich im Jahr 2010 ein neues Gesetz für den Nationalpark Triglav die Zustimmung des slowenischen Parlaments. Seitdem besteht er aus drei Schutzzonen:

Schutzzone 1: Zone mit strengem Schutz. Sie nimmt knapp 40 % der Nationalparkfläche ein und umfasst hauptsächlich steile Talflanken und enge Talschlüsse, z. B. die der Zadnja Trenta und des Vrata-Tals, einige Hochlagen, v. a. die Komna und das Sieben-Seen-Tal, sowie die meisten über 2000 m hohen Bereiche. Hier ist die Natur völlig sich selbst überlassen. Außer Bergwandern, Klettern und Tourengehen im Winter (außerhalb der eigens ausgewiesenen Ruhezonen) sind hier menschliche Aktivitäten untersagt. Erlaubt sind lediglich Maßnahmen zur Instandhaltung von Schutzhütten und markierten Wegen.

Schutzzone 2: Bereiche mit geringer menschlicher Nutzungsintensität. Sie nehmen ebenfalls knapp 40 % der Nationalparkfläche ein. Unter diese Kategorie fallen einige unbewohnte, extensiv genutzte Tallagen, z. B. im Vrata-Tal und in der Krnica, sowie ein Großteil des Krn-Massivs einschließlich einiger Almen auf dessen Südflanke. Hier sollen traditionelle Nutzungsformen erhalten und gefördert

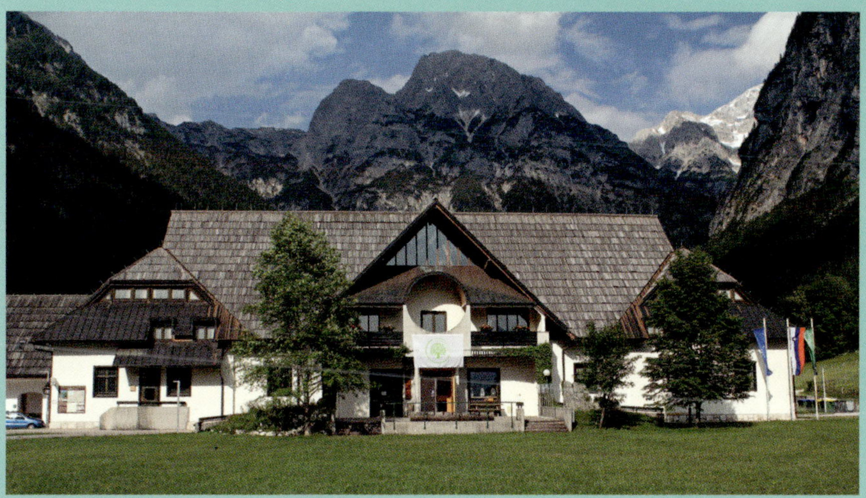

Infozentrum des Nationalparks Triglav in der Trenta

und somit die landschaftliche Vielfalt, die Biodiversität und das kulturelle Erbe bewahrt werden.

Schutzzone 3: Sie nimmt knapp ein Viertel der Nationalparkfläche ein, umfasst v. a. die besiedelten Talbereiche der Koritnica, der Soča und der Tolminka, die Siedlungsgebiete um den Bohinjsko jezero/Wocheiner See sowie einen Großteil des bewaldeten Pokljuka-Plateaus. Hier soll durch Förderung nachhaltiger Nutzungsformen, insbesondere in der Landwirtschaft, einem weiteren Bevölkerungsschwund entgegengewirkt und die Identifizierung der Bevölkerung mit „ihrem" Nationalpark gestärkt werden.

Besonders sensible Landschaftsteile, v. a. Brutplätze störungsempfindlicher Tierarten wie Auerhuhn, Birkhuhn und Steinadler, und Bereiche mit trittempfindlicher Vegetation, z. B. Moore, sind als **Ruhezonen** ausgewiesen und vor Ort gekennzeichnet. Derzeit sind es über 100 Einzelflächen mit etwa 10.000 ha Gesamtfläche. Diese verteilen sich über alle drei Schutzzonen. Innerhalb jener Flächen gilt ein strenges Wegegebot, sofern diese Areale überhaupt betreten werden dürfen. So gilt für bestimmte Hochmoorbereiche auf der Pokljuka ein absolutes Betretungsverbot für Besucher. Im Nationalpark wird aber nicht nur in Ruhezonen ein respektvoller Umgang mit der Natur erwartet. Ein Verlassen markierter Wege ist zwar nicht generell verboten, sollte aber unterbleiben. Weitere Verhaltensregeln siehe unter *https://www.tnp.si/en/visiting-park/information/code-of-conduct*. Einen besonderen Hinweis verdient das Badeverbot in den von Natur aus nährstoffarmen Hochgebirgsseen. Durch Eintrag von Sonnencremes, (phosphathaltigem) Schweiß und anderen menschlichen

Substanzen wird der Nährstoffhaushalt in diesen relativ kleinen stehenden Gewässern empfindlich gestört und deren Lebewelt beeinträchtigt. Karten mit Darstellung des Nationalparkgebiets inklusive Schutz- und Ruhezonen finden sich unter *https://content.digitizetheplanet.org/rules/show_protectedarea/2b5c07e3-7bf9-4f7d-b49b-8ea877ac0abf*.

Primäres Ziel von Nationalparks, die gerne als „Krone des Naturschutzes" bezeichnet werden, ist der Schutz großflächiger Gebiete (möglichst über 10.000 ha) als Lebensraum für Pflanzen-, Tierarten und deren Lebensgemeinschaften, v. a. von solchen, die außerhalb dieser Gebiete nur noch selten vorkommen. In vielen Nationalparks liegt der Schwerpunkt auf Prozessschutz, d. h. dem Zulassen natürlicher Prozesse ohne menschliches Zutun. Im Nationalpark Triglav wird das innerhalb der Schutzzone 1 verwirklicht. Doch wie auch in anderen Nationalparks der Alpen ist diese Zone umgeben von Kulturlandschaften, die durch traditionelle landwirtschaftliche Nutzung geprägt sind und sich durch Lebensgemeinschaften auszeichnen, die andernorts ebenfalls stark rückläufig sind, zumal deren Bewirtschaftung immer unrentabler wird. Deren Erhaltung genießt ebenfalls eine hohe Priorität. Und nicht zuletzt dienen Nationalparks auch der Erholung und Bildung weiterer Bevölkerungsschichten.

Um die verschiedenen Ansprüche an einen Nationalpark unter besonderer Berücksichtigung der hier lebenden und arbeitenden Bevölkerung in Einklang zu bringen, wurde für den Nationalpark Triglav im Jahr 2016 ein Managementplan mit einer Laufzeit von zehn Jahren erstellt. Aus der Vielzahl der sich daraus ergebenden Aufgaben und Zielsetzungen, die sich teilweise überschneiden, seien hier nur drei herausgegriffen:

„Life for Seeds", eine in Slowenien aktive wissenschaftliche Projektgruppe zur Erhaltung wertvollen Grünlands und in engem Kontakt mit dem Nationalpark Triglav, kümmert sich maßgeblich um die Wiederherstellung artenreicher Halbtrockenrasen. Eine Methode besteht darin, samenhaltiges Mähgut von botanisch wertvollem Kulturgrünland auf verarmte Standorte aufzubringen. Im Sommer 2023 geschah dies z. B. oberhalb von Stara Fužina, wo Mähgut von den artenreichen Buckelwiesen der Alm Pl. Vogar auf degradierten Standorten der Alm Pl. Uskovnica verteilt wurde. Eine derartige Aktion fand schon im Radovna-Tal statt und ist auch in anderen Bereichen, z. B. in der Trenta, vorgesehen.

Dem Erhalt artenreichen Grünlands dient aber auch eine naturschonende Landwirtschaft. Vom Nationalpark Triglav zertifizierte Anbieter erhalten ein Gütesiegel, das ihnen bescheinigt, im Einklang mit den natürlichen Gegebenheiten zu wirtschaften und ihnen erlaubt, ihre Produkte damit zu kennzeichnen. Angeboten werden diese lokalen Erzeugnisse u. a. in den beiden von einer örtlichen Kooperative betriebenen „Market"-Läden in der Trenta und im Dorf Soča (s. Tour 5), zum Teil auch in den Infozentren des Nationalparks (s. unten). Darunter sind auch Produkte mit geschützter Ursprungsbezeichnung, z. B. die Käsesorten *Tolminc, Bovški sir* und *Mohant.* Verliehen wurde das

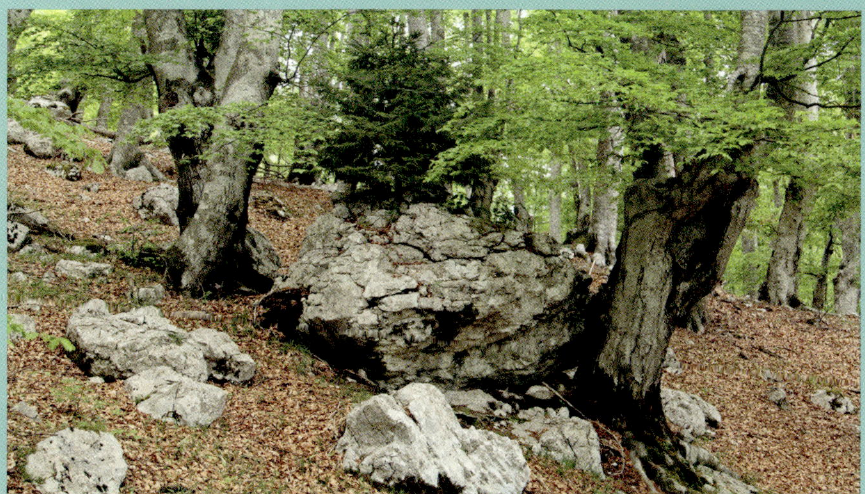

Natur Natur sein lassen ...

Gütesiegel auch schon Anbietern handwerklicher Produkte und touristischen Anbietern, so z. B. an mehrere Biobauernhöfe mit Gästeunterkünften. Näheres siehe unter *www.tnp-kakovost.si/en*

Der wohl bedeutendste wirtschaftliche Faktor im Gebiet des Nationalparks Triglav ist der Tourismus. Er hat wesentlich dazu beigetragen, dass die Abwanderung der Bevölkerung in einigen Gebieten gestoppt und in anderen zumindest gebremst wurde. Inzwischen zeigen sich aber auch negative Begleiterscheinungen. Sehr stark zugenommen hat in den letzten zehn Jahren der motorisierte Individualverkehr, v. a. auf der Straße über den Vršič-Pass und auch in einigen Tälern, vornehmlich im Vrata-Tal. Dem versucht der Nationalpark zusammen mit den betroffenen Gemeinden entgegenzuwirken durch Einführung bzw. Erhöhung von Mautgebühren, durch eine zumindest zeitweilige Beschränkung der Zu- und Überfahrten und durch ein attraktives Angebot mit öffentlichen Verkehrsmitteln, das sich jetzt schon sehen lassen kann (*www.tnp.si/en/visiting-park/information/mobility*; dort Links zu den Angeboten in Kranjska Gora, Bohinj, Soča-Tal etc.; sowie *https://julian-alps.com/de*).

Hier noch ein Hinweis für Besucher, die etwas mehr erfahren wollen über das Gebiet: Es gibt innerhalb und knapp außerhalb des Nationalparkgebiets sechs Besucherzentren. Die beiden mit dem umfangreichsten Angebot sind das Informationszentrum *Triglavska roža* in Bled (dort befindet sich auch die Verwaltung des Nationalparks) und das Informationszentrum *Dom Trenta*. Näheres hierzu siehe *www.tnp.si/en/visiting-park/information/information-points.*

Soška pot/Soča-Weg von der Quelle bis Bovec

„DER SCHÖNSTE FLUSS EUROPAS“ – IM SCHÖNSTEN TAL DER ALPEN

25 km

Koča pri izviru Soče (1) Pri Cerkvi (2) Große Soča-Schlucht (3) Schlucht bei Kršovec (4) Bovec (5) Kugy-Denkmal (K)

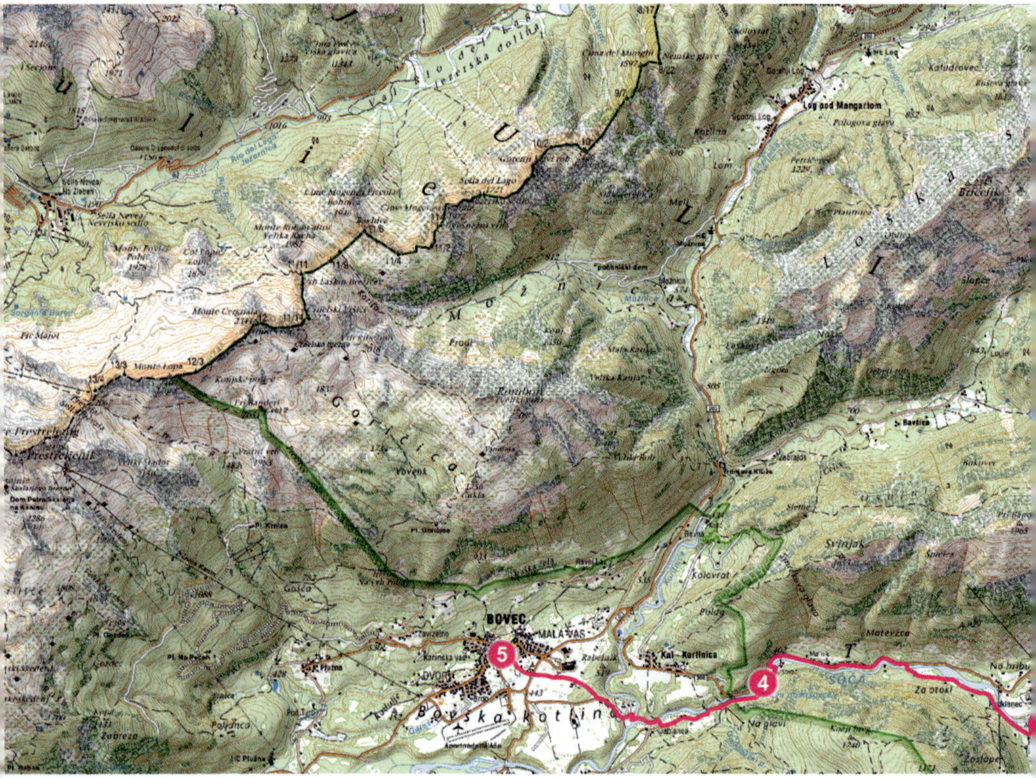

Der schönste Fluss Europas“. Mit diesen Worten pries vor 100 Jahren der berühmte Alpinist, Schriftsteller und Romantiker Julius Kugy die Soča. „Ein flüssiger Strom aus Smaragd und Aquamarin“ – eine weitere Hymne Kugys, dessen Name untrennbar mit diesem Fluss und seiner einzigartigen Farbe verbunden ist. Und in Anbetracht der großartigen Bergumrahmung verwundert es auch nicht, dass er gerade den obersten Teil des Soča-Tals, die Trenta, als das schönste Tal der Alpen bezeichnet hat. Bis heute hat die Landschaft nichts von ihrer Faszination eingebüßt, im Gegenteil: Die Zahl derer, die das Tal aufgrund seiner Schönheit besuchen, hat sich in den letzten 50 Jahren vervielfacht. Glücklicherweise zeigt sich die Soča noch genauso naturbelassen und genauso smaragd- bis türkisfarben wie vor 100 Jahren.

Vor ca. 20 Jahren wurde der relativ einfach zu begehende Soča-Weg (Soška pot, Soča-Trail) als Themenweg des Nationalparks Triglav angelegt, der eine lückenlose Wanderung von der Soča-Quelle bis nach Bovec ermöglicht. Im Verlauf des Weges sind mehrere Tafeln angebracht, die über die Natur und Be-

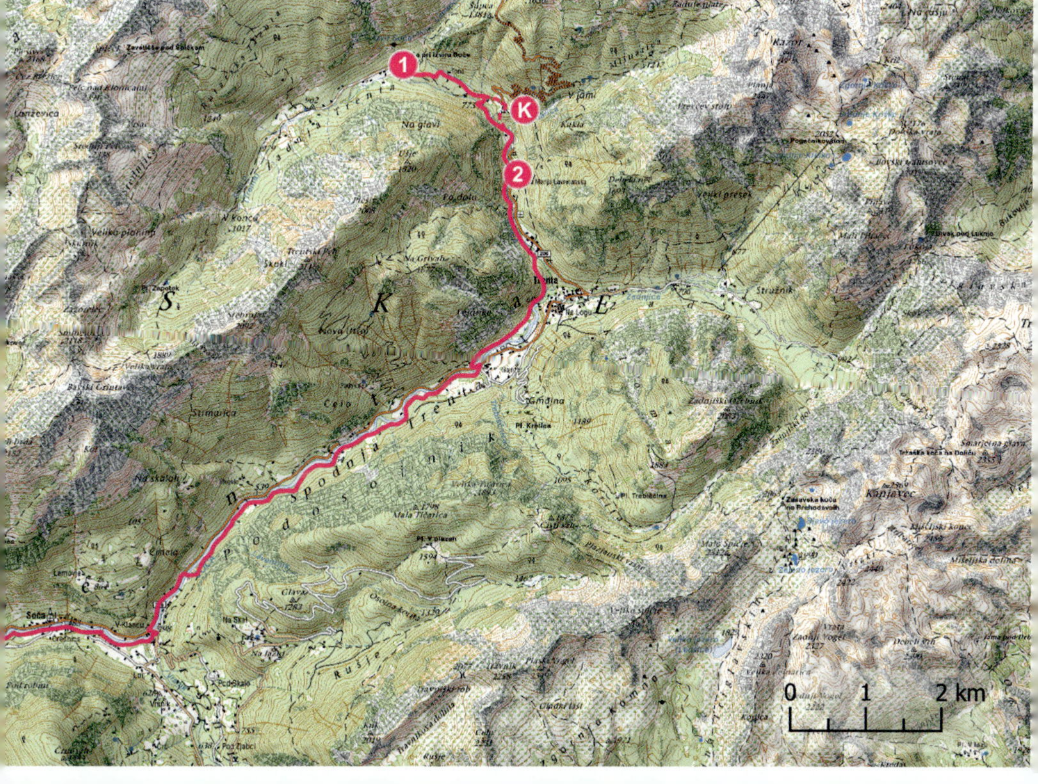

siedlung der Trenta bzw. des Soča-Tals Auskunft geben. Der Weg ist knapp 25 km lang, ließe sich also an einem Tag bewältigen. Ich empfehle für diese Wanderung mindestens zwei Tage, schließlich gibt es unterwegs mehrere Übernachtungsmöglichkeiten.

WEGBESCHREIBUNG

Ausgangspunkt ist die Hütte an der Soča-Quelle. Für jeden, der die Quelle noch nicht kennt, ist der Besuch ein Muss (s. Tour 3). Voraussetzung dafür (und für die anschließende Wanderung flussabwärts) ist gutes Schuhwerk.

Danach geht es auf der asphaltierten Zufahrt zur Hütte nach Südosten abwärts. Nach ca. 250 m zweigt an einem Parkplatz rechts der Soška pot ab und führt steil durch Wald hinab – das Rauschen der Soča wird immer lauter. Unten halten wir uns halb links

Bahnhof *Jesenice, Most na Soči*

Jesenice–Kranjska Gora–Rateče (ganzjährig); *Kranjska Gora–Vršič–Soča-Quelle* und weiter bis *Bovec* mit mehreren Zwischenhalten u. a. in Trenta und im Dorf *Soča* (Juli, August mehrmals täglich, Juni und September Verbindungen reduziert); *Bovec–Soča-Quelle/Parkplatz Mlinarica* (nur im Mai zweimal täglich hin und zurück); *Most na Soči–Tolmin* (evtl. umsteigen)–*Bovec* (nur wenige Verbindungen)

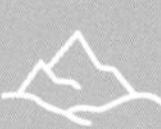

Gesamtlänge des Weges wie beschrieben: ca. 25 km. Einfache Wanderung, die auf 2–3 Tage aufgeteilt werden sollte. Trittsicherheit erforderlich.

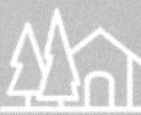

Koča pri izviru Soče (886 m): 4 B., 14 L., war 2023 wegen Umbauarbeiten geschlossen. In Trenta (Na Logu) auf Bauernhöfen und in Privatquartieren, besonders zu empfehlen Biobauernhof *Pri Plajerju;* im *Gostilna Metoja* sowie im *Dom Trenta* (Infozentrum des Nationalparks Triglav). Im Dorf Soča Privatquartiere, *Gostišče Andrejc, Penzion & Kamp Klin.* In Bovec mehrere Hotels und zahlreiche Privatunterkünfte. Außerdem stehen mehrere Campingplätze zur Verfügung.

Mai–Oktober

und gelangen zur Straßenbrücke über die Soča. Dort rechts und entlang der Straße abwärts, vorbei an einem größeren Parkplatz. Nach ca. 500 m weist ein Pfeil links zur **Mlinarica-Klamm**, eine Sehenswürdigkeit, die wir uns nicht entgehen lassen. Hierfür überqueren wir die Soča auf einer ihrer berühmten Hängebrücken, gehen rechts und gelangen nach knapp 200 m zu einer hölzernen Plattform am Eingang zur Klamm. Hier endet der Weg. Die ungefähr 1 km lange Klamm ist nicht begehbar und auch Canyoning ist nicht erlaubt. Stattdessen soll sie für die Allgemeinheit unzugänglich bleiben und ihre Geheimnisse für sich bewahren. Dennoch – oder gerade deshalb – ist der Einblick von der Holzplattform in die nur wenige Meter breite Klamm mit den über 100 m aufragenden Felswänden überwältigend. Auf demselben Weg kehren wir zur Straße zurück.

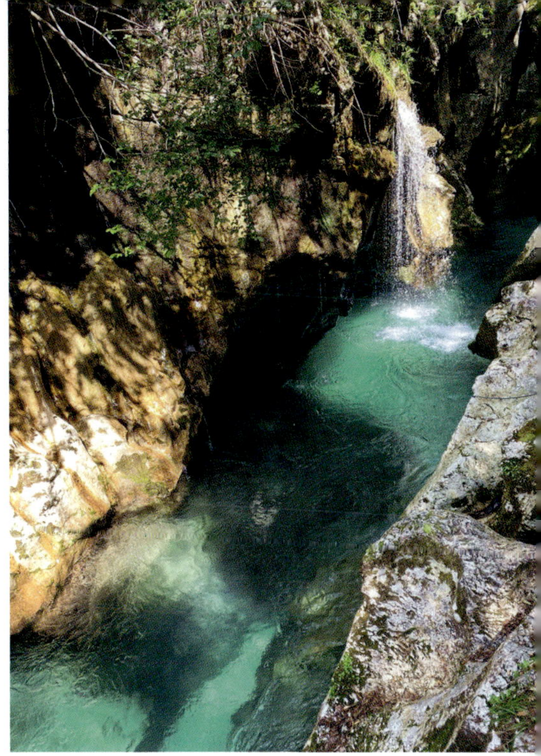

In der Großen Soča-Schlucht

Dort halten wir uns links, überqueren nach einer Rechtskurve die Soča und gelangen nach ca. 500 m zum **Alpinum Juliana**, einem der schönsten botanischen Gärten in den Alpen. Ein Besuch lohnt sich nicht nur für Spezialisten. Liebevoll und unaufdringlich gestaltet fügt sich das etwa 2500 m² große Areal harmonisch in die natürliche Umgebung mit ihren steilen bewaldeten Bergflanken ein. Angelegt wurde der Garten in den Jahren 1926 und 1927 von dem Triester Kaufmann Albert Bois de Chesne – als „Ersatz" für den zerstörten Garten der gütigen Rojenice (s. „Die Sage vom Zlatorog"). Beraten wurde Bois de Chesne von seinem Freund Julius Kugy, dessen Name auch mit der vergeblichen Suche nach seiner „Herzblume" *Scabiosa trenta* verbunden ist, die aber auch im Garten nirgends zu sehen ist ... Stattdessen beherbergt der Garten rund 600 Pflanzenarten, darunter endemische Arten aus den Julischen Alpen, den Steiner Alpen und den Karawanken, aber auch zahlreiche Arten aus anderen Alpengebieten und dem slowenischen Karst. Die Hauptblütezeit fällt in die Monate Mai und Juni, doch auch im Hochsommer sind noch viele Arten in voller Blüte.

Nach dem Besuch des Gartens haben wir die Wahl: entweder auf der Straße weiter nach Süden (kürzer, aber

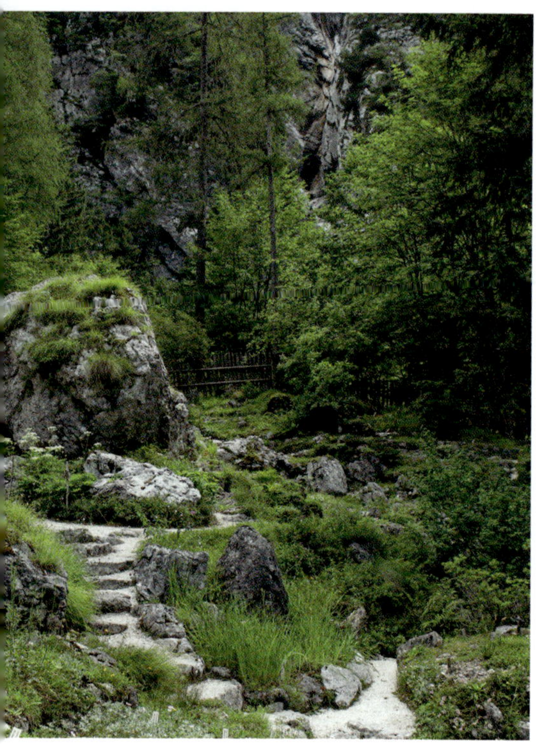

Im Botanischen Garten „Alpinum Juliana"

nicht unbedingt reizvoll) oder nach Norden zurück über die Straßenbrücke, wie nachfolgend beschrieben.

Wir überqueren diese Brücke und setzen unmittelbar danach unsere Wanderung links auf dem markierten Weg westlich der Soča fort. Nach ca. 500 m kommen wir zu einer Brücke, von der sich ein wunderbarer Ausblick auf die junge Soča und auf die steilen Talflanken bietet. Jenseits der Brücke besuchen wir **Pri Cerkvi**, eine malerische Siedlung bestehend aus wenigen Häusern und einer kleinen Kirche. Bis Ende des 18. Jahrhunderts wurde hier Eisenerz abgebaut und verhüttet. Die Bergarbeiter kamen großteils aus dem Trentino (daher auch die Bezeichnung „Trenta" für jenen Teil des Soča-Tals) und aus Südtirol. Einige deutsche Familiennamen (Hosner, Pretner) sind geblieben und erinnern an die längst vergangene Bergbauepoche. Die um 1690 erbaute „Kirche der Jungfrau Maria von Lauretanien" birgt in ihrem Innern Wandgemälde des bekannten slowenischen Malers Tone Kralj (1900–1975) – ihm werden wir nochmals begegnen.

Wir kehren auf die Westseite der Soča zurück und wandern weiter nach Süden. Nach ca. 1 km steigt der Weg an. Ein dunkler Fichtenwald auf einem Bergsturzgelände nimmt uns auf. Bald geht es aber in Serpentinen wieder abwärts und wir erreichen einen Aussichtpunkt hoch über einer malerischen Soča-Schleife. Sehr imposant präsentiert sich von hier die Bergumrahmung über der Zadnjica mit dem Gipfel des Triglav im Hintergrund. Danach geht es durch meist lichtes Gelände abwärts und wir erreichen die etwas breitere Talsohle südlich von Trenta-Na Logu.

Hier können wir links auf einer Hängebrücke die Soča überqueren, um im Dorf einzukehren (z. B. im Gostilna Metoja) oder in dem von einer örtlichen Initiative betriebenen „Market" lokale Spezialitäten einzukaufen. Ansonsten genießen wir auf der trockenen Schotterterrasse mit dem lockeren Kiefernbewuchs den Ausblick auf die steilen Talflanken mit dem namenlosen Wasserfall rechts (sofern er gerade Wasser führt).

Schließlich gelangen wir zur Straßenbrücke über die Soča, überqueren sie links und begeben uns unmittelbar danach rechts auf den markierten Weg. Auf der linken bzw. südöstlichen Seite der Soča wandern wir auf einer eiszeitlichen Grundmoräne, in die sich die Soča eingeschnitten hat. Unterwegs kommen wir an einsamen Gehöften im Trenta-typischen Baustil vorbei, auch an jenem verlassenen namens **Plajer**. 1989 lösten sich vom Steilhang darüber große Gesteinsmengen. Einige fast hausgroße Felsbrocken kamen unweit des Wohngebäudes zum Liegen. Zu Schaden kam niemand, doch die Bewohner zogen es vor, auf sichereres Gelände nahe dem Dorf Na Logu umzusiedeln. Danach geht es vorwiegend durch Wald, doch die Soča ist meist in Sicht- und stets in Hörweite.

Nach ca. 4 km musste der bisherige Wegverlauf aufgrund eines Felssturzes geändert werden. Anstatt weiter geradeaus müssen wir jetzt die Soča überqueren und links auf der Straße talabwärts wandern. Nach dem Anwesen „Jelinčič" können wir uns wieder auf die andere Seite des Flusses begeben und von der Brücke die Kleine Soča-Schlucht **(Mala korita Soče)** bestaunen, die nur wenige Meter in den harten Kalkfels eingeschnitten ist, aber einen bizarr-schönen Anblick bietet. Von Na Logu bis hierher sind es ca. 6 km. Wir bleiben auf der linken Seite der Soča

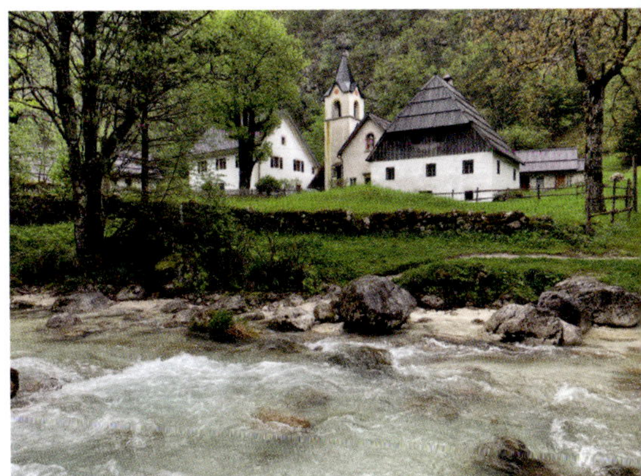

Pri Cerkvi

TIPP

LINIENBUSSE

Im Mai und im Oktober verkehren keine Linienbusse über den Vršič-Pass. Doch gerade in diesen Monaten ist die Tour besonders schön. Dann empfiehlt es sich, den Soška pot mit Tour 3, Variante 3a zu verbinden, d. h. man wandert von Kranjska Gora durch das Pišnicatal und über den Vršič-Pass zur Soča-Quelle und von dort nach Bovec. Genauso gut lässt sich in diesen Monaten die Tour auch in umgekehrter Richtung machen.

und erblicken nach etwa 1½ km das Dorf Soča auf der anderen Seite. Über eine Brücke begeben wir uns dorthin, stärken uns im „Gostišče Andrejc" und besuchen die Kirche, deren Inneres im Jahr 1944 von dem uns bereits bekannten Maler Tone Kralj gestaltet wurde. Auf einem seiner Gemälde tritt eine Engelsfigur auf eine finstere Teufelsfratze, der eine Ähnlichkeit mit Mussolini nicht ganz abzusprechen ist ... Vor der Kirche steht eine mächtige Linde, die trotz ihres hohlen Stamms und einiger abgesägter Äste noch ganz vital wirkt. Links daneben der von der erwähnten örtlichen Initiative gegründete und betriebene „Market" mit Café und Angebot lokaler Produkte. Im 19. Jahrhundert hatte das Dorf Soča bis zu 800 Einwohner, die hauptsächlich von Schafzucht und Käseherstellung lebten. Heute sind es gerade mal 100 und nur noch sechs Bauern halten Schafe.

Wir kehren wieder auf die linke, in diesem Falle südliche Seite der Soča zurück, setzen unseren Weg flussabwärts fort und erreichen bald die Große Soča-Schlucht (**Velika korita Soče**). Vom markierten Weg ist die Schlucht nicht überall einsehbar. Wer jedoch schwindelfrei und sehr trittsicher ist, darf sich auf den schmalen Pfad begeben, der am oberen Rand der 750 m langen, bis zu 20 m tiefen und meist nur wenige Meter breiten Schlucht entlangführt. Das Rauschen des Flusses, das intensiv smaragdfarbene Wasser, die bizarren Felsbildungen – eines der schönsten Naturschauspiele, das die Soča zu bieten hat.

Am Ende der Schlucht gelangen wir auf eine kleine Straße, die von rechts über eine Brücke herführt. Auf dieser ca. 1 km nach Süden bis zu einem Campingplatz am Eingang des Lepena-Tals, dort auch Einkehrmöglichkeit („Penzion & Kamp Klin"). Wir überqueren die **Lepenjica**, bekommen aber bald wieder die Soča zu sehen, die hier in einem breiten Schotterbett dahinfließt. Nun wandern wir ca. 2½ km auf einer Wiese, auf der im Frühjahr noch Orchideen blühen. Nach ergiebigen Regenfällen kann der Weg hier teilweise unter Wasser stehen und man ist unter Umständen zur Umkehr gezwungen. Links des Weges entdecken wir die zugängliche Kapelle **Dobri pastir** (Guter Hirte), deren Besuch sich auch wegen ihrer künstlerischen Gestaltung lohnt. Danach wandern wir gestärkt weiter und erblicken einen Hügel, auf dem sich die Ruine einer Festungsanlage befindet.

Mit der düsteren Geschichte, an die die dicken Mauerreste erinnern, wollen wir uns nicht weiter befassen, vielmehr wollen wir von dort oben, ca. 50 m über dem Talboden, den wunderbaren Blick auf die Soča mit den Kiesinseln und dem dichten Uferweidengebüsch genießen. Unweit dieses Aussichtspunkts überqueren wir die Soča und müssen die Wanderung am Rande der Straße fortsetzen. Nach knapp 2 km ermöglicht eine Brücke wieder einen Übergang auf die linke (südliche) Seite des Flusses. Bald nähern wir uns einem weiteren Glanzpunkt der Tour: In der Schlucht bei **Kršovec** zeigt sich die Soča nochmals von ihrer schönsten Seite.

Am Ende der Schlucht erreichen wir die Grenze des Nationalparks Triglav und das offizielle Ende des Soška pot. Über eine Brücke führt ein Weg unmittelbar zur Straße Bovec–Trenta, auf der wir nach Kal-Koritnica gelangen könnten. Es lohnt sich aber, die Tour auf dem Bovec-Wanderweg B1 (zunächst B1b) auf der linken, d. h. südlichen Seite der Soča noch etwas fortzusetzen, denn am Charakter der Soča als ungezähmter Gebirgsfluss ändert sich nichts.

Nach etwa 1 km, kurz vor dem Gehöft Jablanica, gehen wir rechts hinab und über eine der Soča-typischen Hängebrücken ans nördliche Ufer der Soča, dort links, machen noch einen lohnenden kleinen Abstecher zum Zusammenfluss von Soča und Koritnica, welche wir dann nach wenigen Hundert Metern auf einer Hängebrücke überqueren. Anschließend gehen wir durch die große Campinganlage und auf deren Zufahrt nach Bovec. Nach dem Gehöft Vodenca besteht die Möglichkeit, rechts abzuzweigen, um zum Freilichtmuseum Ravelnik zu gelangen (Unterstände und Laufgräben aus dem Ersten Weltkrieg).

Bovec blickt auf eine äußerst wechselvolle Geschichte zurück. Während des Ersten Weltkriegs lag es mitten im Kampfgebiet und wurde weitgehend zerstört. Heute erinnern einige private Museen und der Verein 1313 an diese Zeit. Ab Ende des 20. Jahrhunderts hat sich Bovec zu einem Zentrum für Outdoorsportarten entwickelt. Wassersportler, Mountainbiker, Kletterer geben sich im Sommer ein Stelldichein, im Winter tummeln sich Pistenskiläufer auf dem Kanin, dem höchstgelegenen Skigebiet Sloweniens (bis ca. 2300 m).

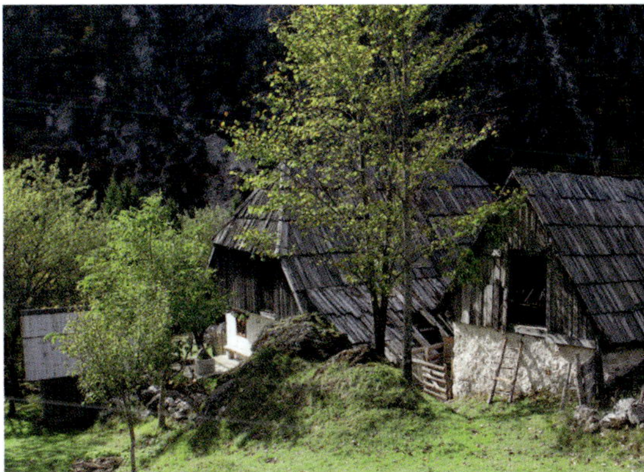

Gehöft unterhalb des Kugy-Denkmals

VARIANTE 5A:

Von der Hütte an der Soča-Quelle auf der Straße ca. 2 km abwärts bis zur Auffahrt zum Vršič-Pass. Dort etwa 400 m aufwärts bis zur nächsten Kehre und rechts auf einen Fußweg. Nach nicht einmal 100 m stehen wir am Denkmal für Julius Kugy (1858–1944), der zahlreiche Alpenregionen erkundet, jedoch fast jedes Jahr mehrere Wochen bis Monate in den Julischen Alpen verbracht hatte, am liebsten in der Trenta. Schon der Aussicht wegen lohnt sich hier eine längere Pause. Unmittelbar danach führt der Weg abwärts, vorbei an einem der schönsten Gehöfte der Trenta, das mittlerweile nur noch zeitweise bewohnt wird.

Zadnja Trenta – Pl. Zapotok

KLEINES TAL – FÜR KLEINE UND GROSSE ENTDECKER

2 Std., einschl. Suhi potok 3 Std.

Koča pri izviru Soče (1) –Suhi potok (Wasserfall am Talende (2)) **1 Std.** Koča pri izviru Soče–Pl. Zapotok (3) **2 Std.**

Mein erster Besuch, ein heißer Sommertag Ende der 1970er-Jahre: Von der Hütte an der Soča-Quelle wanderten wir in die Zadnja Trenta (= Hintere Trenta), ein kleines Tal, das von der oberen Trenta nach Südwesten abbiegt. Wir gingen entlang des trockenen Flussbetts, bestaunten die schroffen Felswände links von uns – und waren völlig überrascht, als wir plötzlich auf Wasser stießen, denn auf der Wanderkarte fehlte jeglicher Hinweis. Auf damals noch unmarkierten Wegen betraten wir eine Landschaft von fast märchenhafter Schönheit. Es blieb nicht bei diesem einen Besuch. Für mich zählt es bis heute zu den schönsten und interessantesten Alpentälern: bizarre Felsformationen über sanften Wiesen, alpine Vegetation in der Talsohle, submediterrane Pflanzen an steilen Südhängen, von Latschenteppichen

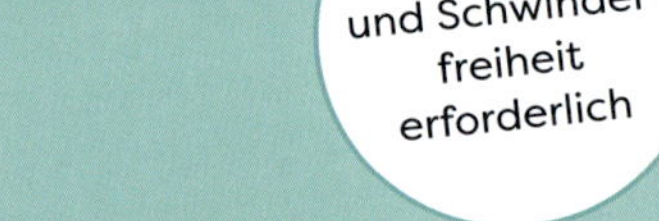

Bahnhof *Jesenice, Most na Soči*

siehe Tour 5

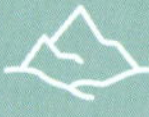

Zum unteren Wasserfall des Suhi potok einfache Wanderung; Aufstieg zur Alm Pl. Zapotok mit gesicherten Kletterstellen (Drahtseile)

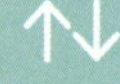

Koča pri izviru Soče–Planina Zapotok ca. 500 m ↑

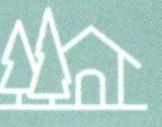

Koča pri izviru Soče (886 m, s. Tour 5)

Mai–Oktober

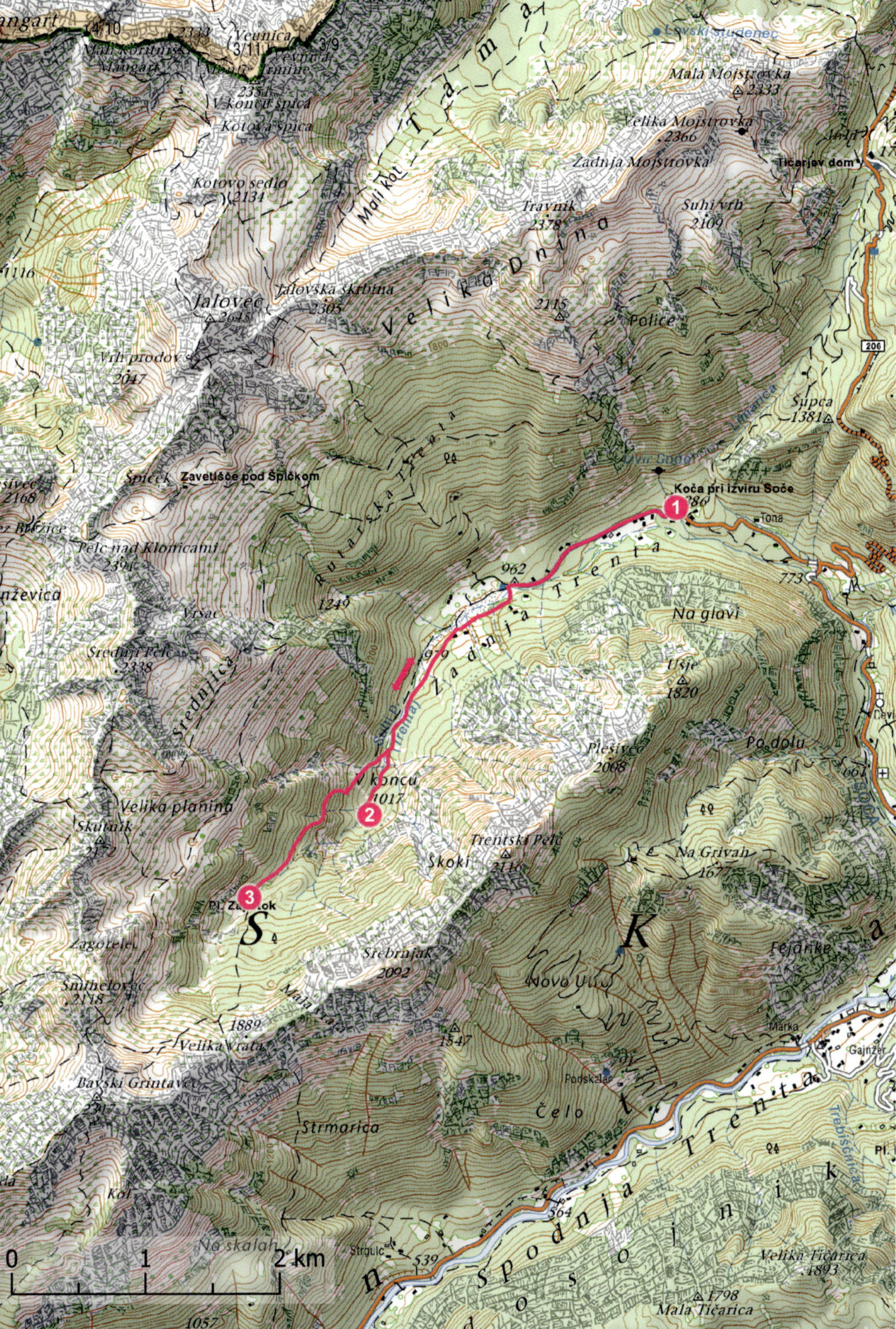

Koča pri izviru Soče
Zavetišče pod Špičkom
Tičarjev dom
Velika Dnina
Zadnja Trenta
Mala Mojstrovka
2333
Velika Mojstrovka
2366
Zadnja Mojstrovka
Travnik
2378
Suhi vrh
2109
Jalovec
Jalovška škrbina
2305
Kotovo sedlo
2134
Police
Na glavi
Plešivec
2008
V koncu
1017
Trentski Pelc
Skoki
Srebrnjak
2092
Velika planina
Skutnik
Zagorelec
Velika vrata
Bavški Grintavec
Strmarica
Novo Ulo
Čelo
Podskalar
Na Grivah
Fejarke
Marka
Gajnžer
Spodnja Trenta
Velika Tičarica
1893
Mala Tičarica
1798
Šupca
1381
Na skalah
206
1
2
3
0
1
2 km

umgebene Buchenwälder, wunderbare Wasserfälle, von denen ich einige erst viel später entdecken sollte; sich selbst überlassene Natur neben bäuerlich geprägter Kulturlandschaft – und all das vor einem prächtigen Talschluss. Dafür sollte man sich wenigstens einen Tag Zeit nehmen. Wer sowohl die Wasserfälle als auch die Alm Pl. Zapotok besuchen will und vielleicht noch weiter aufsteigen möchte, sollte zwei Tage dafür einplanen. Im Übrigen kommen auch Kinder hier voll auf ihre Kosten.

WEGBESCHREIBUNG

Ausgangspunkt ist die Hütte an der Soča-Quelle. Auf der wenig befahrenen Naturstraße wandern wir taleinwärts. Nach einigen Hundert Metern stehen wir vor dem unter Tour 3 beschriebenen malerischen Gehöft, das nicht mehr seiner ursprünglichen Funktion dient. Hier zeigt sich exemplarisch eine seit Jahrzehnten anhaltende Entwicklung im oberen Soča-Tal: Die Landwirtschaft zieht sich wegen ungünstiger Erzeugungsbedingungen zurück, die Zahl der ständig dort lebenden Menschen nimmt ab. Aufgelassene Gehöfte mit Zufahrtsmöglichkeit für (allradgetriebene) Kraftfahrzeuge werden verkauft und zu Ferienhäusern umgestaltet. In der gesamten Trenta übersteigt die Zahl der Gebäude, die nur als Feriendomizil genutzt werden, die Zahl der ständig bewohnten Gebäude inzwischen um ein Mehrfaches. Bleibt zu hoffen, dass in der Zadnja Trenta einige der landschaftstypischen Gebäude und die abwechslungsreiche Kulturlandschaft im Talboden erhalten bleiben.

Wasserfall des Suhi potok

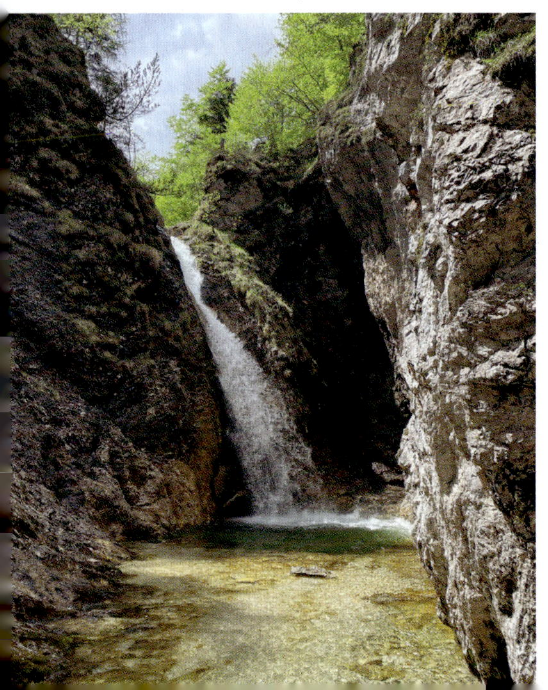

Wir setzen unseren Weg auf der Naturstraße fort, die nach 1 km endet. Prachtblick auf den **Bavški Grintavec** (2344 m), der den Gipfelreigen über dem Talschluss im Südwesten beherrscht. Am Ende der Fahrstraße halten wir uns links und durchqueren ein fast 100 m breites, trockenes Bachbett aus blendend hellem Kalkschotter. Wie häufig hier Wasser fließt, vermag ich nicht zu sagen; ich jedenfalls habe bei meinen Besuchen an dieser Stelle noch keines gesehen. Man kann sich allerdings gut vorstellen, wie ungemütlich es hier nach extremen Witterungsereignissen werden kann. Einige Baumstämme und große Felsbrocken zeugen von der Kraft des Wassers.

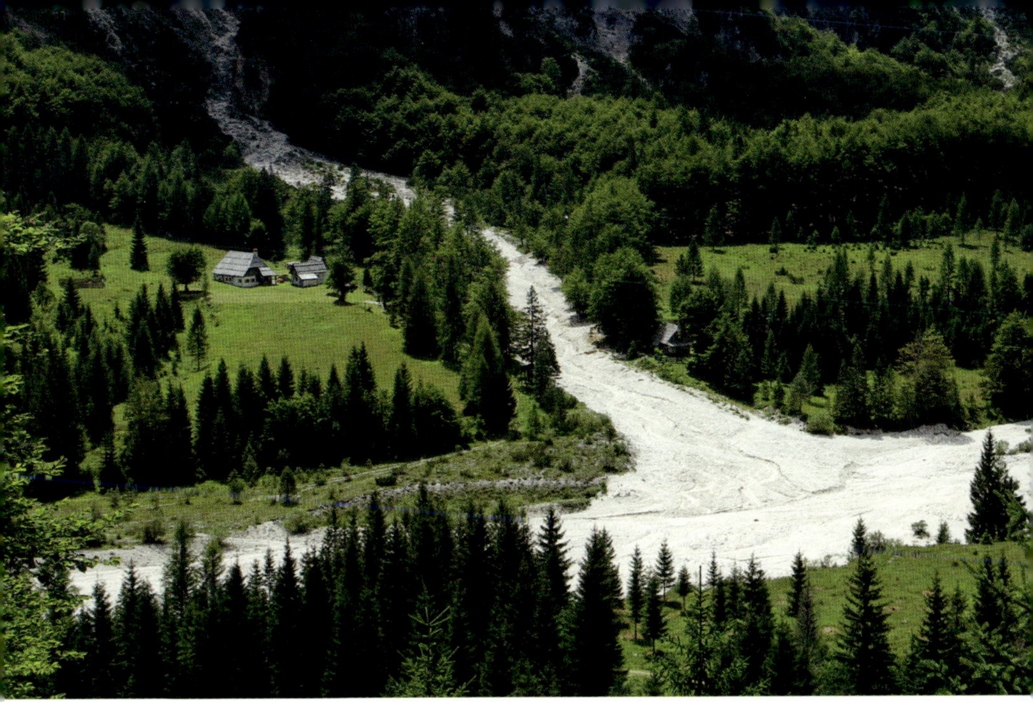

Zadnja Trenta

Ansonsten wird das steinige Bachbett seinem Namen voll gerecht: Suhi potok – Trockener Bach.

Auf der anderen Seite des Suhi potok setzen wir unseren Weg auf einer Schotterterrasse fort, auf der sich Ende Mai ein farbenfroher Blütenteppich u. a. aus *Stängellosem Enzian, Silberwurz, Herzblättriger Kugelblume, Brillenschötchen* ausbreitet – Arten, die eigentlich für höhere Lagen charakteristisch sind, jedoch herabgeschwemmt wurden und sich auf diesem sporadisch überfluteten konkurrenzarmen Standort behaupten können. Interessant ist auch die Tierwelt jenes durch naturschonende – und naturbereichernde – Landwirtschaft geprägten Talbereichs. Im Jahr 1999 haben deutsche und österreichische Biologen die Schmetterlingsfauna in 15 Gebieten untersucht – neun in Kärnten, sechs in Slowenien. Absoluter Spitzenreiter war die Zadnja Trenta mit mehr als 190 Arten! Da die Untersuchung dort nur an zwei Tagen stattfand, wurden sicherlich nicht alle vorkommenden Arten erfasst. Doch man muss sich gar nicht intensiv mit Flora und Fauna befassen, um dieses Tal zu genießen. Am schönsten ist es hier im späten Frühjahr, wenn das frische Grün der Buchen mit den dunklen Latschenkiefern kontrastiert und oben noch Schnee liegt – und im Oktober. „Indian Summer" in den Juliern: eine Wohltat fürs Auge, ganz besonders in der Zadnja Trenta.

Einige Wiesen, auf denen zunehmend Fichten und Bergahorn aufwachsen, verlassene Gebäude, ein steiniges

Bachbett von links (meist trocken), das wir durchqueren müssen: Die Landschaft wird einsamer und wilder. Wir setzen unseren Weg links oberhalb des sich verengenden Bachbetts, am Rande eines Buchenwaldes fort. Auf der gegenüberliegenden Talseite liegen die meterhohen Brocken eines Felssturzes. In manchen Wintern donnern dort mächtige Lawinen bis zum Talgrund. Nach deren Abschmelzen bleiben oft Baumstämme und Äste zurück und behindern eventuell ein Weiterkommen. An einer Wegteilung zweigt ein markierter Weg rechts zur Planina Zapotok und zum Bavški Grintavec ab. Wir gehen aber erst mal geradeaus – und sind bald darauf angenehm überrascht, dass im bislang trockenen Bachbett auf einmal Wasser fließt, welches je nach Witterung mal weiter oben, mal einige Hundert Meter weiter unten im Geröll und in den Klüften versickert. Wir wandern entlang des jetzt nicht mehr trockenen **Suhi potok** (die Bezeichnung findet sich nicht auf jeder Wanderkarte). An einer Linksbiegung die perfekte Idylle: ein breites Schotterbett, klares grünliches Wasser, am Ufer schattenspendender Buchenwald. Wenig weiter tritt der Wald zurück und das Gelände wird felsig. Wir folgen einer Rechtsbiegung des Baches und stehen vor einer latschenbewachsenen Felsrippe. Bei niedrigem Wasserstand wird sie umgangen, ansonsten darf man klettern oder waten. Danach erwartet uns eine märchenhaft schöne Szenerie: ein **Wasserfall**, vielleicht 10 m hoch, der sich in eine kleine Schlucht ergießt und dort einen fast 2 m tiefen Kolk geschaffen hat. Es ist der unterste einer Reihe von Wasserfällen, die auf manchen Karten als *Slapovi Suhega potoki* (Wasserfälle des Trockenen Bachs) bezeichnet werden.

Weißbindiger Mohrenfalter

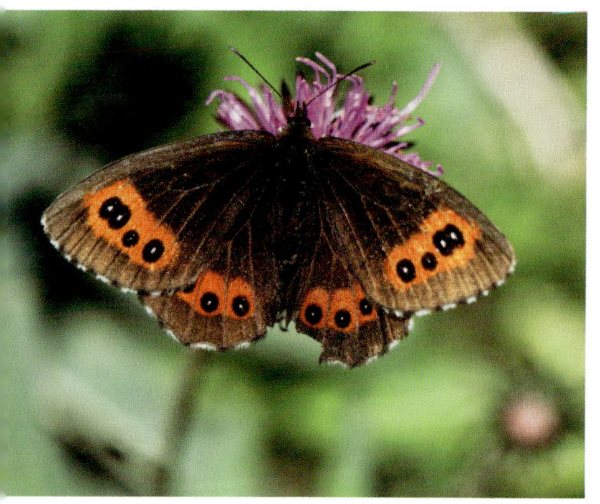

Dort verweilen wir, nützen die Zeit zur Stärkung, beobachten die *Köcherfliegenlarven,* die hohen Sauerstoffgehalt und höchste Reinheit des Wassers anzeigen, entdecken das Kleinste Alpenglöckchen, das weiß blühende fleischfressende Alpenfettkraut (kleine Insekten auf den klebrigen Blättern!) ... Wir schauen in die weitere Umgebung, vor allem nach Süden und Südosten, wo sich die himmelhohe Felsbarriere des **Trentski Pelc** (2109 m) erhebt – Kalkfels, von Regen- und Schmelzwasser zernagt, zerfurcht, mit dunkel gähnenden, unzugänglichen Höhlen-

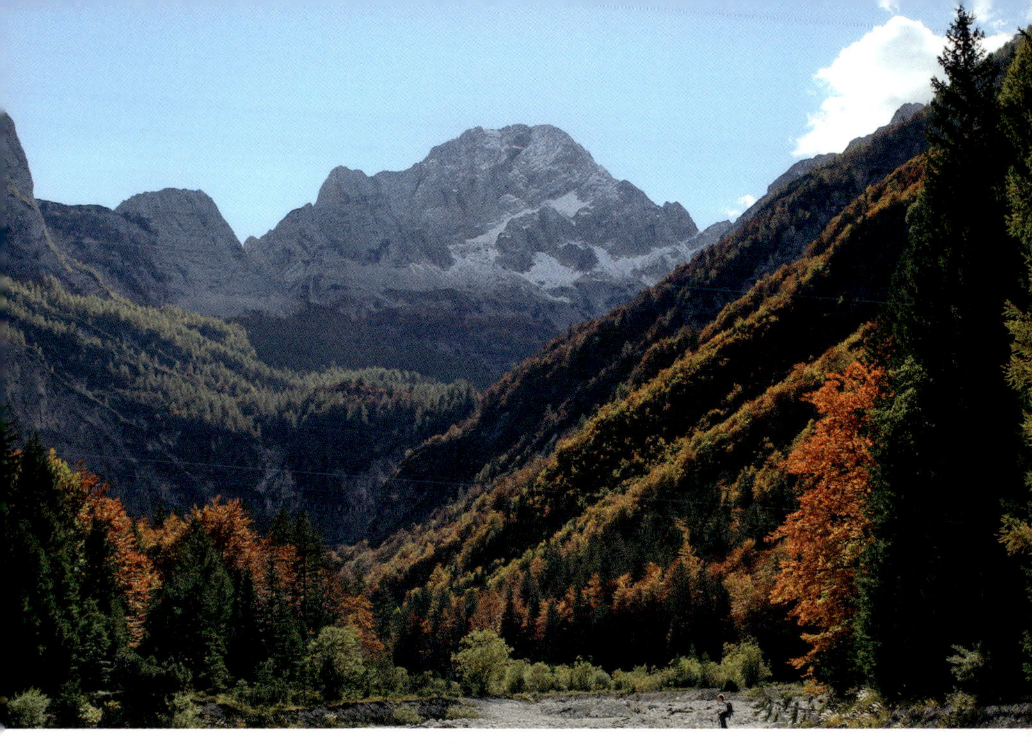

Zadnja Trenta, im Hintergrund der Bavški Grintavec (2347 m)

öffnungen; Legföhrenbestände, darin einzelne Buchen.

Wir kehren um, zunächst auf demselben Weg, der uns hierhergeführt hat. Falls wir bei der **Abzweigung zum Bavški Grintavec** noch genügend Zeit haben, steigen wir zur verlassenen Alm Pl. Zapotok hinauf. Andernfalls steigen wir am nächsten Tag ohne Umweg von der Hütte an der Soča-Quelle zu dieser Almfläche auf. Der steile Weg dorthin führt überwiegend durch Wald, einige Felspassagen sind durch Stifte und Drahtseile gesichert. Stellenweise bieten sich fantastische Ausblicke auf die bizarre Felsenwelt des Trentski Pelc und auf die hohen Wasserfälle des Suhi potok, die sich über die senkrechte Felsstufe ergießen.

Nach gut einer Stunde erreichen wir die Alm **Planina Zapotok** (1385 m), die seit 1970 nicht mehr bewirtschaftet wird. Von den drei ehemaligen Wirtschaftsgebäuden wird eines als Jagdhütte genutzt (es bietet auch eine frei zugängliche, überdachte Sitzmöglichkeit), die anderen beiden Gebäude sind bereits verfallen.

Der Wiederbewaldungsprozess indes schreitet nur langsam voran, und es gibt noch genug Platz, um einige sonnige Stunden auf den Wiesen und am idyllisch plätschernden Bach unter dem die Szenerie beherrschenden Bavški Grintavec zu verbringen. Die Rückkehr zur Hütte an der Soča-Quelle erfolgt auf demselben Weg.

Soča (Dorf) – Planina nad Sočo (1400 m)

AUSSICHTSLOGEN HOCH ÜBER DER SOČA

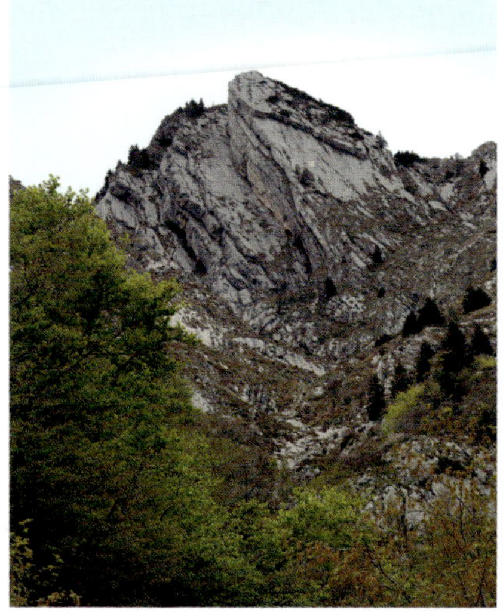

Szenerie im Aufstieg zur Planina nad Sočo

6 Std. gesamt

Dorf Soča (1) –Lemovje (2) –Alm Pl. nad Sočo (3) **3–3½ Std.** ↑, **2½–3 Std.** ↓

Abermals besuchen wir eine aufgelassene Alm, diesmal in sehr aussichtsreicher Lage. Planina nad Sočo heißt „Alm über der Soča". Tatsächlich befindet sich die Alm fast 1000 Höhenmeter über der Soča und fast 1000 Höhenmeter wären es noch zum Gipfel des Bavški Grintavec. Es gibt Menschen, die bewältigen diese knapp

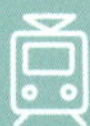

siehe Tour 5

siehe Tour 5

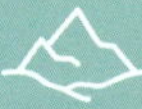

Tagestour. Für den gesamten Weg ist Trittsicherheit erforderlich.

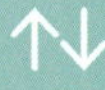

Dorf Soča–Pl. nad Sočo: 900 m ↑

Privatquartiere und *Gostišče Andrejc* im *Dorf Soča*

Mai–Oktober; im Sommer bisweilen zu heiß

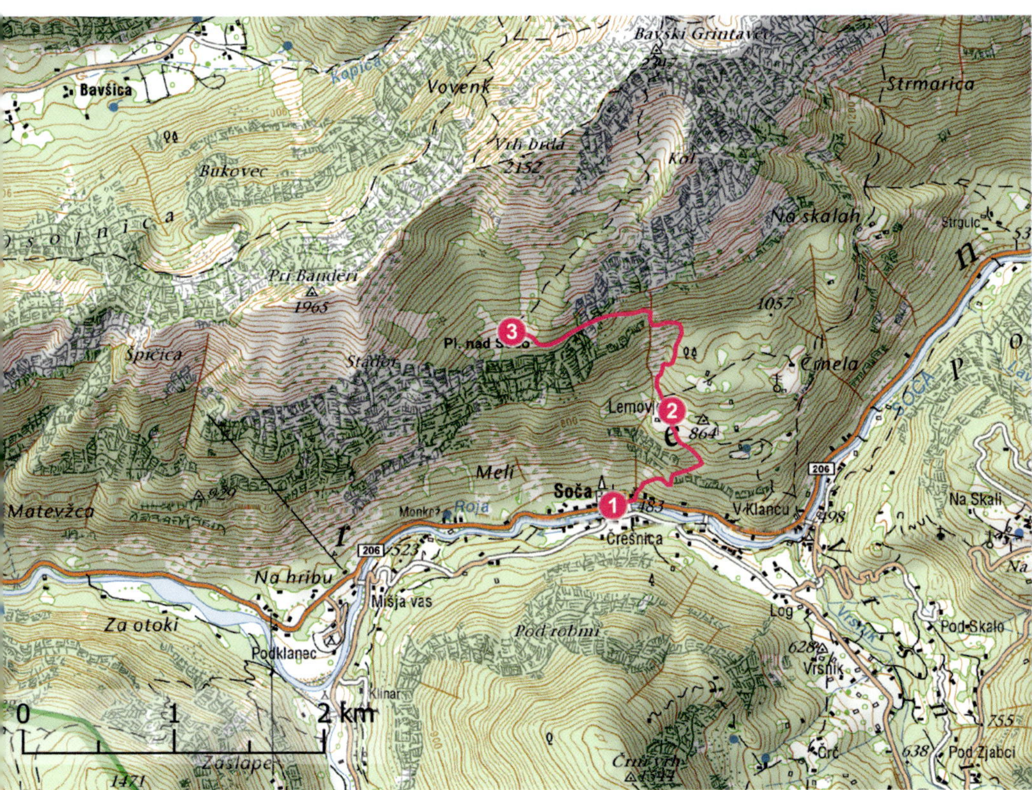

2000 Höhenmeter im Auf- und Abstieg an einem Tag. Stützpunkte gibt es hier nicht, es mangelt an Wasser – und im Sommer brennt die Sonne gnadenlos auf den am Südhang emporführenden Weg. Diese Tortur wollen wir nicht auf uns nehmen. Als Ziel für eine Tagestour lohnt sich die auf halber Höhe liegende Alm allemal.

WEGBESCHREIBUNG

Ausgangspunkt ist die Bushaltestelle an der Kirche **Sveti Jožef** im Dorf **Soča** (ca. 500 m). Auf der Straße gehen wir talaufwärts Richtung Trenta. Rechts von uns rauscht die Soča, die eine Brücke quert. Wir bleiben auf der Straße und begeben uns 50 m nach der Brücke links auf einen markierten Weg, der sogleich steil aufwärts führt. Ein submediterraner Buschwald mit Hopfenbuchen und Mannaeschen nimmt uns auf – die Adria lässt grüßen. An einer Wegteilung halten wir uns links. Nach einer Stunde lichtet sich der Wald, der Hang wird weniger steil und wir betreten den verlassenen Weiler **Lemovje** (856 m). In dieser einstigen Dauersiedlung wird nur noch ein Haus zeitweilig als Freizeitdomizil genutzt. Die übrigen stehen leer und sind dem Verfall preisgegeben – ein drastisches Beispiel für

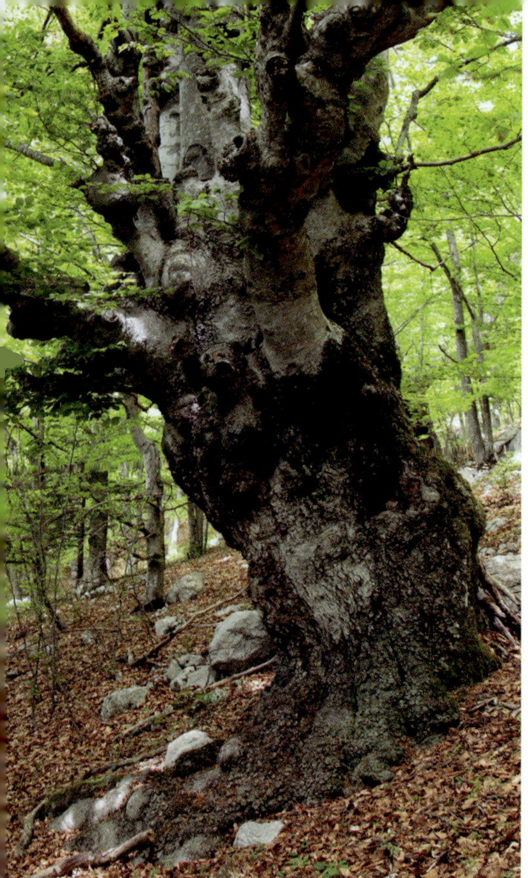

Alte „Schneitelbuche“

den demografischen Wandel an der Soča oberhalb von Bovec. Auch die Kulturlandschaft verfällt. Obst- und Walnussbäume sowie Steinmauern zeugen noch von der einstigen Landwirtschaft.

Es lohnt sich aber, ein Blick in den Buchenwald oberhalb der verlassenen Siedlung zu werfen: Inmitten jüngerer Baumbestände stehen uralte, knorrige Buchen, deren bizarre Gestalten manchmal an Fabelwesen erinnern. Der Grund für deren ungewöhnliche Wuchsformen ist eine ehemalige Nutzungsform, das „Schneiteln“. Hierfür wurden von Laubbäumen jährlich die jungen Triebe abgeschnitten, getrocknet und im Winter ans Vieh verfüttert. In vielen Gegenden, auch in den Alpen, waren es Eschen, in anderen Gegenden Hainbuchen, während es hier die Buchen waren, die Futter für das Nutzvieh lieferten.

Auf markiertem Pfad steigen wir weiter auf. Der Wald wirkt wieder submediterran, dann gehen wir abermals durch urwüchsigen Buchenwald mit viel Totholz (Lebensraum für zahlreiche Tierarten), danach wiederholt durch lichtes Gebüsch mit Hopfenbuche, Felsenbirne und Aurikeln, die im Mai auf den Felsen goldgelb leuchten. Wir genießen packende Tiefblicke hinab zu Soča und hinüber zum Triglav, durchqueren nochmals einen alten Buchenbestand, bis wir schließlich die **Alm Planina nad Sočo** (1400 m) in einmalig schöner Lage erreichen. Obwohl der Weidebetrieb bereits 1930 eingestellt wurde, hält sich, bedingt durch dichten Grasfilz, der Gehölzaufwuchs auf den einstigen Weideflächen in Grenzen und man genießt den Blick auf die gegenüberliegenden Berge, insbesondere auf den Krn, aber auch diesseits auf die fast senkrecht gestellten Schichten aus Kalkstein an den Ausläufern des Bavški Grintavec. Eine der Hütten wird als Jagdhütte instandgehalten, Nichtjäger haben keinen Zugang. Zugänglich ist lediglich ein WC.

Nach einer ausgiebigen Rast auf den Sitzbänken bei der Jagdhütte kehren wir wieder auf demselben Weg ins Soča-Tal zurück.

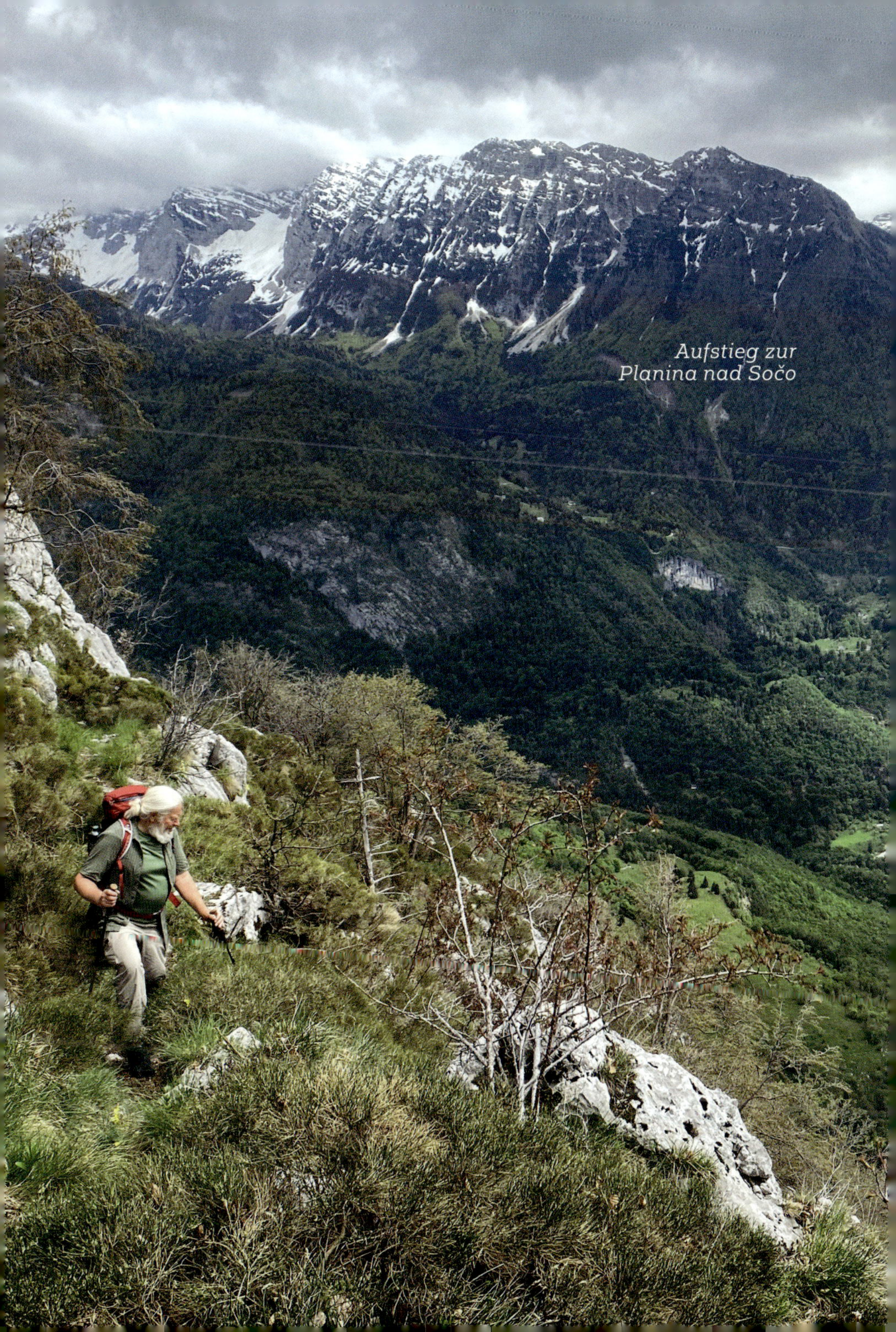

Aufstieg zur
Planina nad Sočo

Lepena – Krnsko jezero/Krn-See (1394 m) – Krn (2244 m)

ZU EINEM BELIEBTEN AUSFLUGSZIEL UND AUF EINEN BERÜHMTEN GIPFEL

ca. 8 Std. einfach

Sočabrücke (1) –Dom dr. Klementa Juga (2) **1½ Std.** ↑; Dom dr. Klementa Juga– Pl. dom pri Krnskih jezerih (3) –Krn-See: **3 Std.** ↑; Krn-See–Krn (4) / Gomiščkovo zavetišče (5) **3–4 Std.** ↑

Wir steigen hinauf zum größten – und wahrscheinlich meistbesuchten – Bergsee Sloweniens. Das würde für einen Tagesausflug reichen. Es lohnt sich aber ungemein, weiter hinaufzusteigen auf einen der berühm-

Bahnhof *Jesenice, Most na Soči*

Lepena (nicht ab Oktober), ca. 2 km westlich des Dorfs Soča. Im Oktober Zugang von *Bovec* auf dem Soška pot. Im Juli und im August verkehrt dreimal täglich ein Bus von Bovec zur Hütte Dom dr. Klementa Juga (https://www.soca-valley.com/de/soca-tal/nachhaltige-mobilitat).

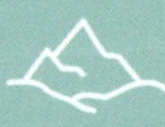

Lange Tour, die auf mindestens zwei Tage aufgeteilt werden sollte; vor allem für den Aufstieg zum Krn Trittsicherheit erforderlich.

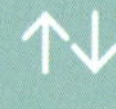

Sočabrücke (498 m)–Dom dr. Klementa Juga (700 m)–Krn-See (1391 m): ca. 950 m (Zwischenabstieg vor dem Krn-See); Krn-See–Krn: 900 m

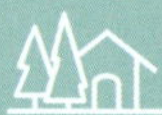

Dom dr. Klementa Juga (700 m): 35 B., 15 L., bew. Mai–September
Planinski dom pri Krnskih jezerih (1385 m): bew. Juni–September, 53 B., 57 L., WR (18 L.)
Gomiščkovo zavetišče na Krnu (2182 m): 42 L., WR (6 L.), einfach bew. Juni–September (anrufen!)
Talstützpunkt: *Penzion & Kamp Klin* am Eingang zur Lepena

Krn-See: Mai–Oktober;
Gipfel des Krn: je nach Schneelage Juni–Oktober

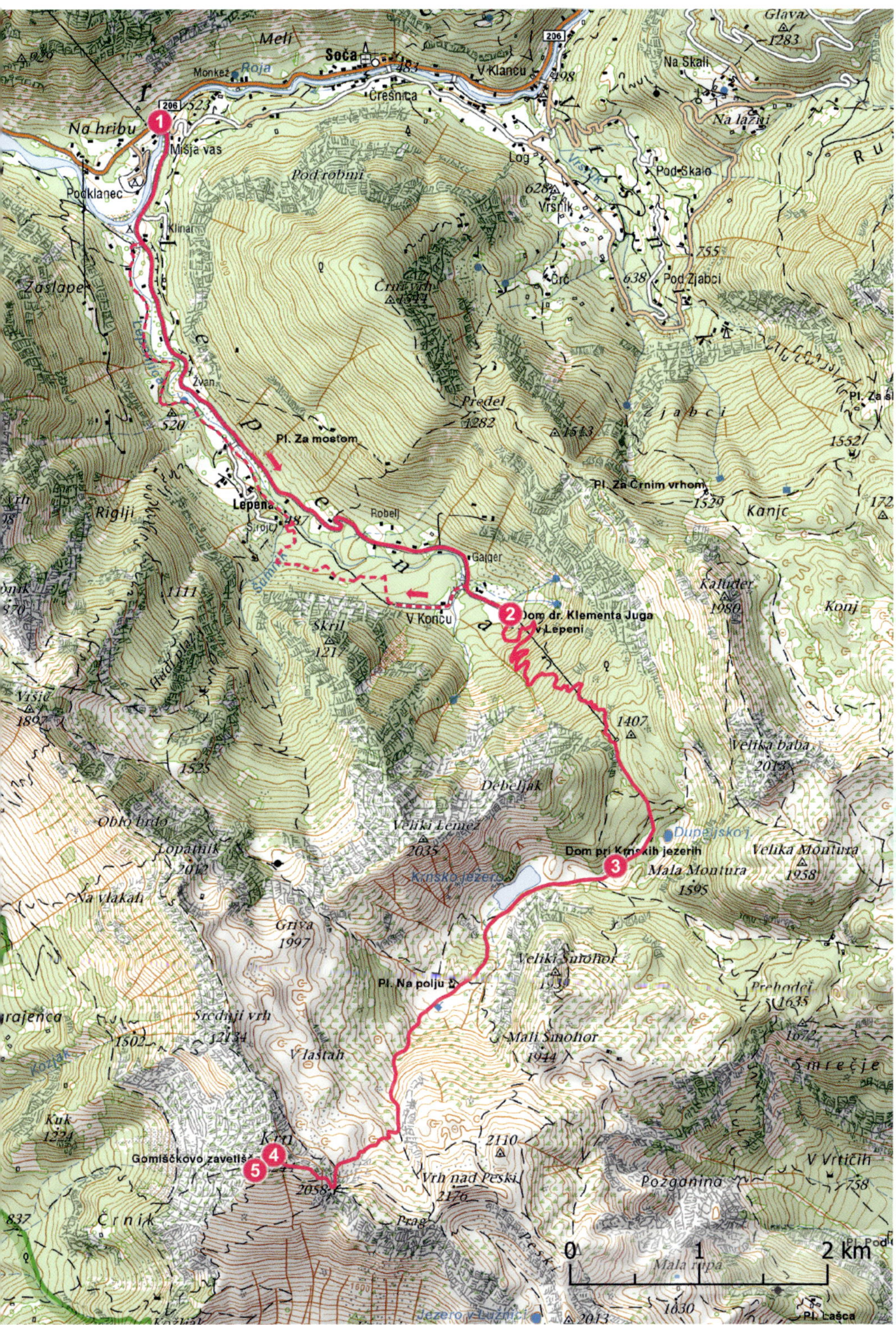

Meli
Soča
Roja
Monkež
483
V Klancu
498
Glava
1283
Na Skali
Na lazici
Na hribu
523
Misja vas
Črešnica
Log
Pod robmi
Podklanec
Klinar
628
Vrsnik
Pod Skalo
755
Zaslape
Črni vrh
638
Pod Zjabci
Žven
520
Predel
1282
1513
Z j a b c i
Pl. Za mostom
Pl. Za Črnim vrhom
1529
Kanjc
1552
Riglji
Lepena
Robelj
Galger
V Koncu
Dom dr. Klementa Juga v Lepeni
Kaluder
1980
Konj
Škril
1217
1111
Vršič
1897
1407
Velika baba
2013
1525
Debeljak
Oblo brdo
Veliki Lemež
2035
Dom pri Krnskih jezerih
Mala Montura
1595
Velika Montura
1958
Lopatnik
Krnsko jezero
Na vlakah
Griva
1997
Veliki Šmohor
Pl. Na polju
Prehodci
1635
Srednji vrh
Mali Šmohor
1944
V laštah
Kuk
1224
2110
Gomiščkovo zavetišče
2058
Vrh nad Peski
2176
Pozganina
V Vrtičih
Črnik
Prag
0
1
2 km
Mala Lapa
Jezero v Lužnici
2013
Pl. Lašca

testen Gipfel der Julischen Alpen, der durch seine exponierte Lage am Südrand der Alpen eine kaum zu übertreffende Aussicht bietet. Bei passendem Sommerwetter ist man sowohl am See als auch auf dem Gipfel selten allein. Gipfelaspiranten empfehle ich eine Übernachtung auf der einfach ausgestatteten, nur im Sommer bewirtschafteten Hütte unter dem Gipfel des Krn. Am ehesten für sich hat man See und Gipfel unter der Woche im Herbst. Auf dieser Tour begegnen wir Spuren aus der Zeit 1915 bis 1917, der grausamsten Epoche in dieser einmalig schönen Landschaft. Doch hier gilt das Sprichwort: „Die Zeit heilt die Wunden." Die Natur siegt über menschlichen Unverstand.

WEGBESCHREIBUNG

Ausgangspunkt dieser Tour ist die **Bushaltestelle Lepena** an der Abzweigung der Straße ins Lepena-Tal. Diese führt zur Soča hinab, die wir bald überqueren. Entlang der Straße gehen wir zum Campingplatz *Klin* (s. Tour 5) und von dort ins **Lepena-Tal**. Nach gut 5 km Straßenwanderung erreichen wir am Talschluss die Hütte **Dom dr. Klementa Juga** (700 m).

Unmittelbar hinter der Hütte beginnt der eigentliche Aufstieg zum Krn-See (Krnsko jezero) auf einem Nachschubweg für die österreichisch-ungarische Front während des Ersten Weltkriegs. Da auch schweres Kriegsgerät heraufgeschafft werden musste, wurde der Weg nicht allzu steil, dafür mit zahlreichen Serpentinen angelegt. Für den Bau dieses Nachschubwegs wurden, wie z. B. auch für den Bau der Straße über den Vršič-Pass, russische Kriegsgefangene eingesetzt. Auf über 1400 m Höhe erreichen wir einen Sattel. Bis dorthin dominiert die Buche. Nahebei die Bergstation für die Materialseilbahn zur Versorgung der Krn-See-Hütte und eine fest verankerte Artillerielafette aus unseliger Zeit.

Ab hier auf solide gebautem Weg sanft nach Süden abwärts. Schlanke, locker stehende *Bergfichten* zeigen nicht nur den Schneereichtum im Winter an, sondern dass es in dieser verkarsteten Geländedepression extrem kalt werden kann. Stürme haben in jüngster Zeit jedoch viele Fichten umgeworfen. Nach mehr als 500 m zweigt links ein Weg zur Krn-See-Hütte ab (**Planinski dom pri Krnskih jezerih**, 1385 m), die erst Anfang der 1980er-Jahre erbaut wurde. Doch wir gehen zunächst weiter zur Alm **Planina**

Krn-See, Blick nach Südwesten zum Krn

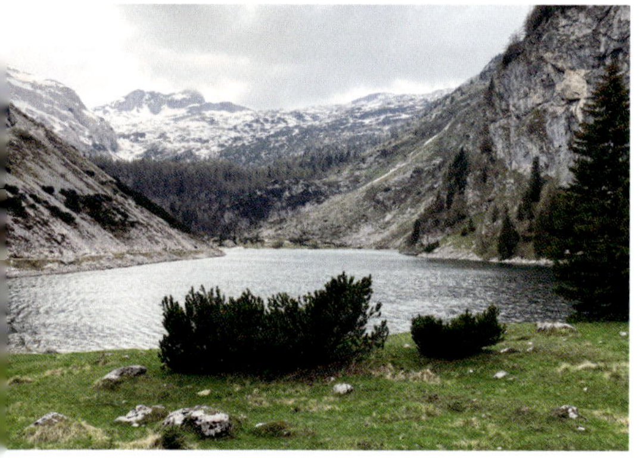

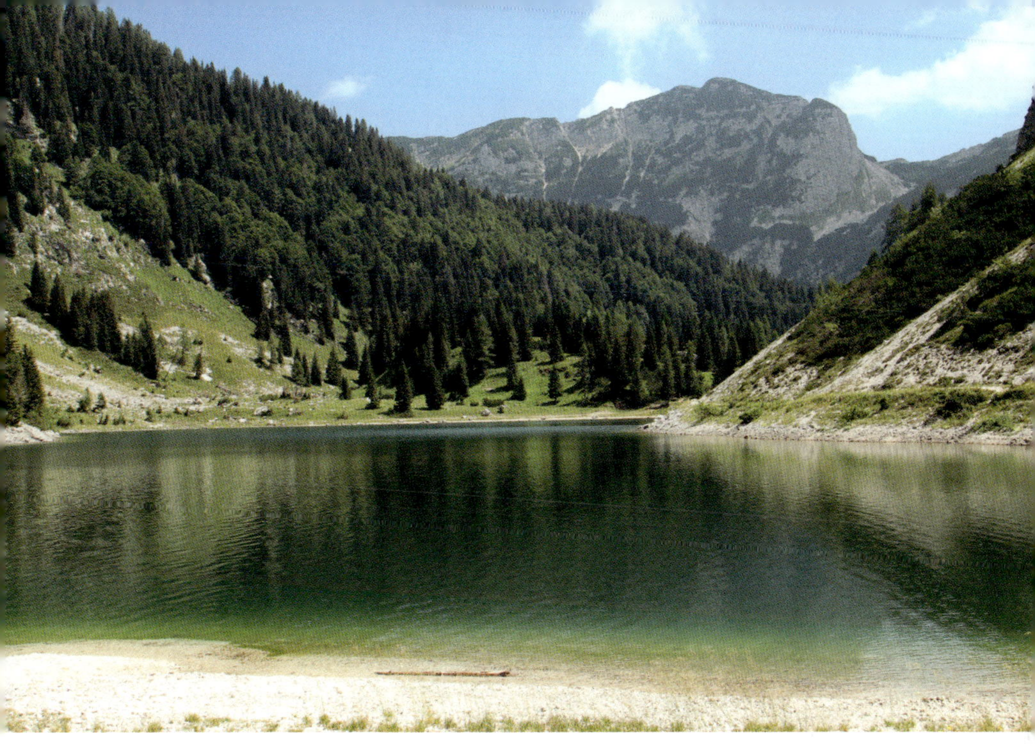

Krn-See, Blick nach Nordosten zur Velika Baba (2016 m)

Duplje (1370 m), die eine wechselhafte Geschichte hat. Von 1915 bis 1917 befand sich in der Nähe ein Offiziersclub und gleich daneben ein Friedhof mit Kapelle. Die nach dem Krieg wieder aufgenommene Almwirtschaft kam aber in den 1960er-Jahren zum Erliegen. Mitte der 1970er-Jahre gründeten mehrere Bauern aus dem oberen Soča-Tal eine Almgenossenschaft. Etwa 300 Schafe weideten dann hier in den Sommermonaten – bis 2001, als der Almbetrieb abermals aufgegeben wurde. Einige Jahre später wurde die Alm durch eine Privatinitiative reaktiviert. Nach dem plötzlichen Tod des Bewirtschafters 2022 liegt die Alm erneut brach. Eine Wiederaufnahme des Almbetriebs ist ungewiss.

Ungefähr 500 m noch und wir erreichen den Krn-See (**Krnsko jezero**, 1391 m), mit 380 m Länge, 120 bis 150 m Breite und 17 m Tiefe der größte slowenische Hochgebirgssee – und einer der freundlichsten, trotz der verfallenden Schützengräben, die nahe des Ostufers von düsteren Zeiten künden. Hier lässt es sich gut eine Stunde aushalten, zum Krn hinaufschauen, die zahlreichen Elritzen beobachten (die 1927 hier eingesetzt wurden).

Nun beginnt der „klassische" Aufstieg auf den Krn. Dafür sollte man 3 bis 4 Stunden einkalkulieren. Zunächst führt der Weg bequem entlang des linken Krn-See-Ufers nach Südwesten, doch er wird bald steil und steinig. Auf ca. 1550 m Höhe überschreiten

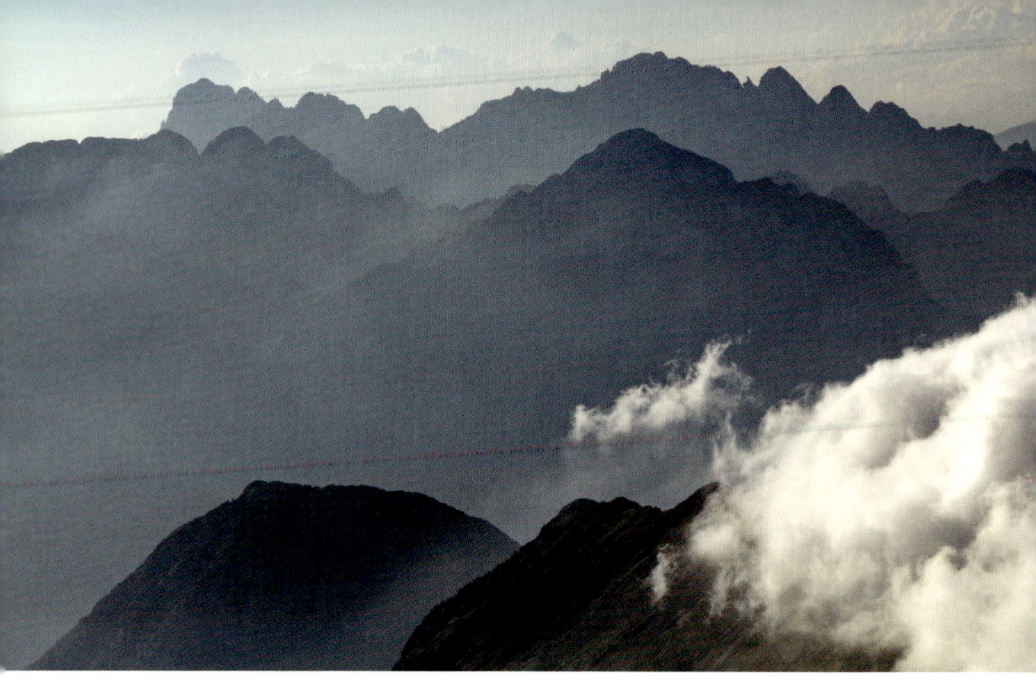

Blick vom Krn nach Nordwesten, am Horizont die italienischen Julier, links der Jôf di Montasio (2753 m)

wir eine Felsschwelle, das Gelände dahinter ist fast eben, ein trockenes Bachmäander – wir befinden uns im Bereich der längst aufgelassenen Alm **Planina Polju**. Heute steht hier nur noch eine Jagdhütte. Bald wird es wieder steiler und wir bewegen uns über Grobschutt und zwischen Felsblöcken bergauf. In dieser steinig-felsigen Wildnis fallen im Juli *Kerners Alpenmohn* und das *Obir-Steinkraut* mit ihren leuchtend gelben Blüten auf; beide kommen nur in den Südostalpen vor, hauptsächlich auf natürlichen Schutthalden aus Kalk oder Dolomit. Weiter oben bildet die Vegetation stellenweise wieder dichte Bestände und man fühlt sich in einen Alpengarten versetzt. *Alpenlein, Silberblättriger Storchschnabel, Sonnenröschen* und *Alpensüßklee* bieten hier im Sommer einen farbenfrohen Anblick.

Dann erreichen wir die Scharte **Krnska škrbina** (2058 m). Hier wurde von der Stiftung „Pot miru" ein kleines Freilichtmuseum mit Relikten aus unseliger Zeit errichtet: ein Unterstand, der heute noch Schutz vor einem plötzlichen Unwetter bietet, Artilleriegranaten des Kalibers 20 cm – und eine Kanonenlafette, gebaut im Jahr 1912 von Krupp, Träger einer 149-mm-Feldhaubitze, geliefert an die italienische Armee. 1912 waren Italien und Deutschland zwar formell noch im Dreibund vereint, aber nicht mehr ganz Freund. Doch Geschäfte dieser Art waren noch möglich. Wenige Jahre später wurde diese Tötungsmaschine gegen ehemalige Verbündete eingesetzt.

Wenige Meter nach der Scharte steigen wir rechts über die Südostflanke des Krn zum Gipfel hinauf.

Im Sommer erfreuen die unzähligen rosaroten Polster des *Stängellosen Leimkrauts*, aber auch *Enziane* und andere Alpenblumen das Auge. Mehrfach zweigen Pfadspuren links ab, die zur Hütte unter dem Gipfel des Krn führen. Wir gehen aber erst mal zum **Gipfel des Krn** (2244 m), der zwischen 1915 und 1917 etwas an Höhe verloren hat. Die Aussicht hat nicht darunter gelitten. Eine Panoramatafel aus Edelstahl, durch Blitzeinschläge schon etwas lädiert, weist auf die zahllosen Berge und Orte hin, die sich von dieser Warte aus erkennen lassen, vorausgesetzt, das Wetter erlaubt uns einen unbegrenzten Fernblick. Ganz weit aus Nordwesten grüßt der Großglockner, von Süden hingegen schimmert uns die Adria entgegen. Mit bloßem Auge sind die großen Schiffe zu sehen, die die Häfen von Triest und Koper ansteuern. Beeindruckend ist aber auch der Blick auf die näher liegenden Gipfel der Julischen Alpen. Im Sommer weiden hier oben zeitweise Schafe aus Drežnica, deren Hinterlassenschaften sich in Gipfelnähe auffallend anreichern.

Es lohnt sich, vom Gipfel zur Hütte **Gomiščkovo zavetišče na Krnu** (2182 m) abzusteigen. Von der Hüttenterrasse genießt man einen einzigartigen Blick hinab zur Soča und auf Drežnica mit seinen umliegenden Dörfern. Wer für eine Nacht einen sehr eingeschränkten Komfort in Kauf nehmen kann, sollte, sofern er im Sommer unterwegs ist, auf dieser Hütte übernachten und abends oder frühmorgens nochmals zum Gipfel aufsteigen, auch wenn keine allzu weite Fernsicht möglich ist – Momente, die man nicht so schnell vergisst.

Der Rückweg vom Gipfel zum Krn-See und hinab ins Lepena-Tal erfolgt auf derselben Route wie der Aufstieg. Die Tour lässt sich aber auch nach Drežnica oder in Richtung Komna fortsetzen (s. Tour 15).

VARIANTE 8A

Für den Rückweg von der Hütte „Dom dr. Klementa Juga" bis zur Soča bietet sich anstatt der 5 km langen Straße folgende Alternative an:

Wir gehen ca. 500 m auf der Straße talabwärts, biegen links ab auf einen Fahrweg, der nach weiteren 500 m in einen Forst- und Wanderweg überleitet. Wir folgen dem gelben Pfeil „Šunikov vodni gaj" (Šunik-Wasserhain) und gelangen schließlich im Wald zum Bach Šunik: ein verstecktes Kleinod der Natur, mit tiefen Gumpen und kleinen Wasserfällen. Ein Sturm hat hier jedoch im Sommer 2023 einige Bäume in das Bachbett geworfen. Nicht weit davon treten wir aus dem Wald heraus und wandern entlang des linken Ufers der Lepenjica über Wiesen und vorbei an einigen Bauernhöfen zum Talausgang. Dort überqueren wir die Lepenjica und gehen auf der Straße wieder zur Soča.

Roadtrip: Tarvisio – Predil-Pass – Koritnica-Tal

ÜBER EINEN GESCHICHTSTRÄCHTIGEN PASS VON ITALIEN NACH SLOWENIEN

30 km ab Autobahnausfahrt Tarvisio

Autobahnausfahrt Tarvisio (1)
Passo die Predil (2)
Štoln bei Log pod Mangartom (3)
Festung Kluže (4)
Bovec (5)

Die Tour beginnt im äußersten Nordosten Italiens, in einer Region, die im Einzugsgebiet von Drau und Donau liegt und einstmals zu Kärnten bzw. Österreich-Ungarn gehörte. Warum jene Gegend im Jahr 1919 zu Italien kam, wird im Spezialthema „Das Bergwerk von Raibl" erläutert. Über den einstmals bedeutenden Predil-Pass gelangen wir in das tief eingeschnittene Tal der Koritnica, die am Fuße des Mangart entspringt und nach ungefähr 10 km nahe Bovec in die Soča mündet. Lange

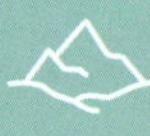

Autofahrt bis zum Predil-Pass auf zum Teil enger, kurvenreicher Straße. Die Abfahrt von der Passhöhe ins Koritnica-Tal hat ein durchschnittliches Gefälle von 8 %, ein kurzer Abschnitt mit 14 % Gefälle.

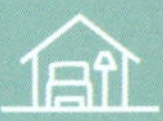

In Log pod Mangartom s. unter *http://www.logpodmangartom.si* sehr zu empfehlen: Touristischer Biobauernhof „Černuta".
In Bovec mehrere Hotels und zahlreiche Privatunterkünfte sowie Campingplätze nahe dem Zusammenfluss von Koritnica und Soča.

Prinzipiell ganzjährig. Passstraße zum Predil nach Schneefällen nicht immer sofort geräumt.

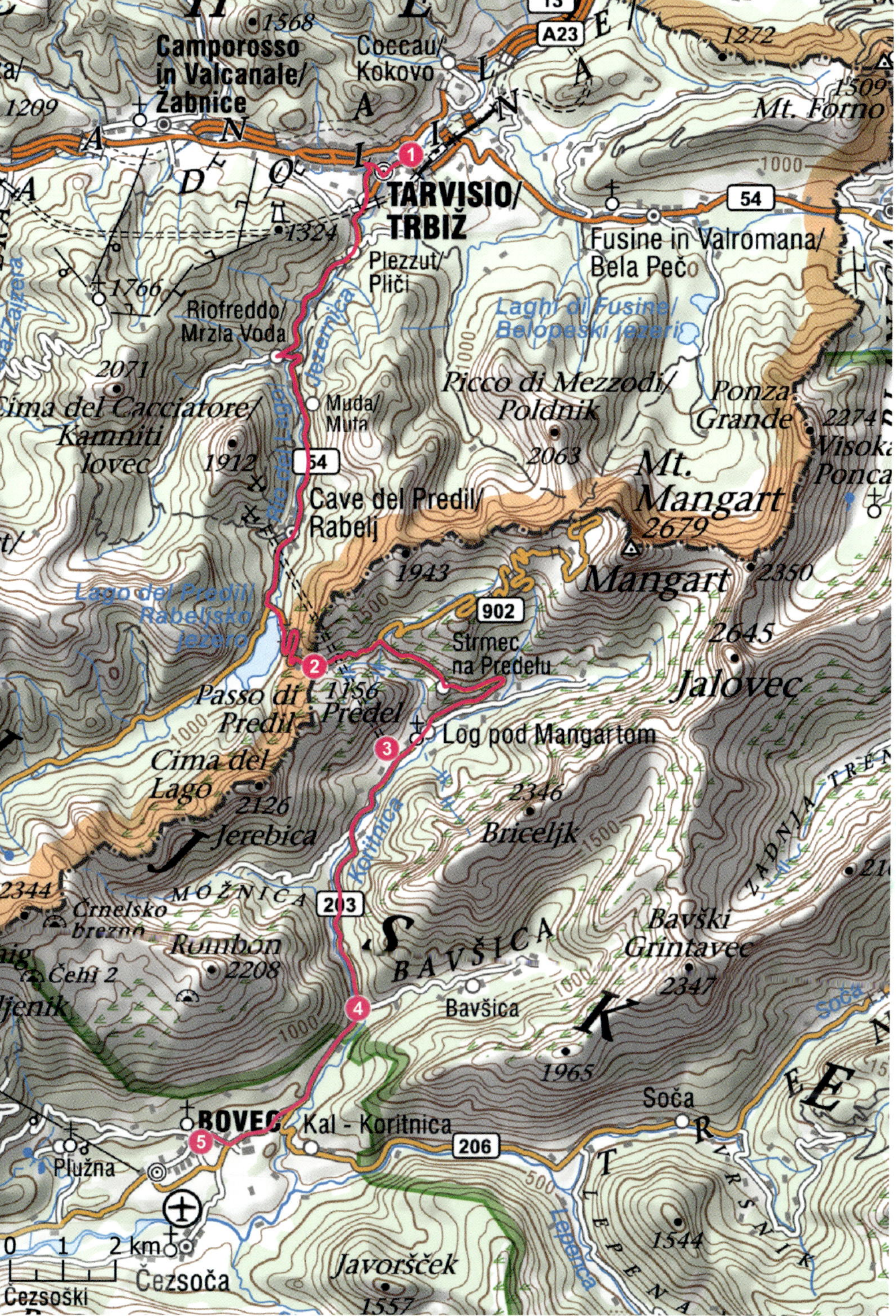

Camporosso in Valcanale/ Žabnice
Coccau/ Kokovo
TARVISIO/ TRBIŽ
Plezzut/ Pliči
Fusine in Valromana/ Bela Peč
Laghi di Fusine/ Belopeški jezeri
Mt. Forno
Riofreddo/ Mrzla Voda
Muda/ Muta
Cima del Cacciatore/ Kamniti lovec
Picco di Mezzodi/ Poldnik
Ponza Grande
Visoka Ponca
Mt. Mangart
Mangart
Cave del Predil/ Rabelj
Lago del Predil/ Rabeljsko jezero
Strmec na Predelu
Passo di Predil
Predel
Log pod Mangartom
Jalovec
Cima del Lago
Jerebica
Briceljk
Koritnica
MOŽNICA
Črnelsko brezno
Rombon
Čehi 2
BAVŠICA
Bavšica
Bavški Grintavec
BOVEC
Kal - Koritnica
Soča
Plužna
Čezsoča
Čezsoški
Javoršček
Lepenca
LEPENA
TRENTA
ZADNJA TRENTA
VRSNIK
13
A23
54
902
203
206
1568
1209
1272
1509
1324
1766
2071
1912
2063
2274
2679
2350
1943
2645
1156
2346
2126
2344
2208
2347
1965
1544
1557
1000
1500
500
0 1 2 km

Zeit war das Koritnica-Tal wirtschaftlich stark an die andere Seite des Passes gebunden. Heute liegt das gesamte Gebiet, das wir durchfahren, „im Abseits", sichtbar vor allem auf italienischer Seite. Cave del Predil hat seine wirtschaftliche Blüte längst hinter sich, das ganze Tal leidet unter Bevölkerungsschwund. Demgegenüber wirkt das Koritnica-Tal nicht so verlassen. Wegen seiner abseitigen Lage und der Grenznähe hat es allerdings nur wenig Anbindung an den öffentlichen Verkehr. Lediglich im Juli und im August verkehren Busse jeweils dreimal täglich von Bovec über Log pod Mangartom hinauf zum Mangart-Sattel und von Bovec über den Predil-Pass und Tarvisio nach Kranjska Gora. Wer hier aber ein paar Tage verbringt, wird nicht nur die unverfälschte Natur und die grandiose Bergkulisse, sondern auch die Ruhe zu schätzen wissen.

Koritnica-Klamm bei der Festung Kluže

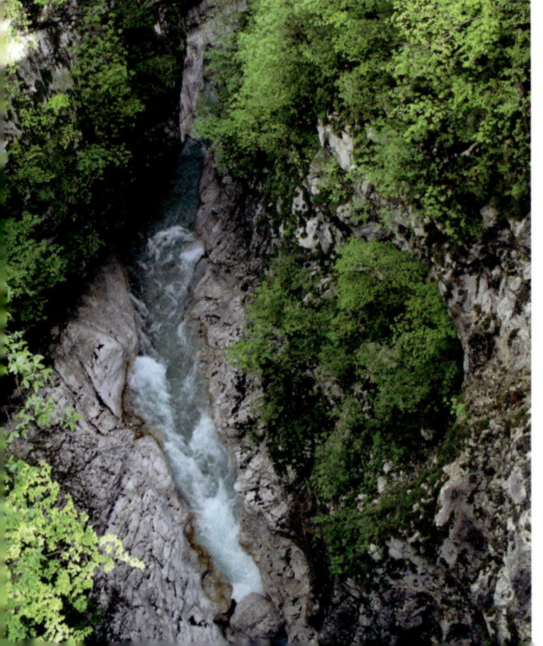

WEGBESCHREIBUNG

Vorausgesetzt, wir kommen aus Richtung Villach über die Autobahn, dann verlassen wir diese 5 km nach der italienischen Grenze an der **Ausfahrt Tarvisio**, unmittelbar nach einem Tunnel. Nach 500 m links auf die SS 54 (Wegweiser *Slovenia*), auf dieser nach 200 m rechts (Wegweiser *Bovec* 29 km). Einige Hundert Meter weiter nicht der Vorfahrtstraße folgen, sondern geradeaus (abermals Wegweiser *Bovec* 29 km). Nach einer S-Kurve links abbiegen. Auf kurvenreicher Strecke durch das immer einsamer werdende **Val Rio del Lago** (Seebachtal) talaufwärts. Nach ca. 10 km erreichen wir den nicht unbedingt einladenden ehemaligen Bergwerksort **Cave del Predil** (900 m, bis 1919 Raibl). *Vendesi*-Schilder („Zu verkaufen") an mehreren Häusern sind ein deutliches Indiz für die anhaltende Landflucht. Wer sich aber für die Geschichte des Blei- und Zinkabbaus interessiert, sollte das Bergbaumuseum in der Ortsmitte und den Internationalen Geopark besuchen. 2 km nach Cave del Predil teilt sich die Straße: rechts geht es zum Pass **Sella Nevea** (Skigebiet), wir fahren links Richtung Predil-Pass, halten aber erst einmal an dem zwischen steilen bewaldeten Bergflanken eingebetteten **Lago del Predil** (977 m, Raibler See). Sodann fahren wir durch einen unbeleuchteten Tunnel und über vier Kehren hinauf zum **Passo Predil** (1156 m,

Predil-Pass, slowenisch Predel) – Grenze zwischen Italien und Slowenien. Die Kontrollanlagen sind heute verwaist, auf slowenischer Seite gibt es eine Einkehrmöglichkeit („Hermanov hram", täglich bis 20 Uhr geöffnet).

Bereits im 14. Jahrhundert war der Predil-Pass ein bedeutender Handelsweg von Cividale über Karfreit (Kobarid) nach Norden zu den wohlhabenden Städten Kärntens. Nach Norden wurde unter anderem Wein transportiert, in die umgekehrte Richtung Eisen, Holz und Getreide. Während der Napoleonischen Kriege war dieser Pass mehrfach Schauplatz großer Truppenbewegungen. Im Mai 1809 belagerte eine französische Übermacht das österreichische *Fort Predel* ca. 700 m östlich der Passhöhe. Die Verteidiger unter ihrem Hauptmann Hermann von Hermannsdorf leisteten drei Tage erfolgreich Widerstand, bis das Fort in Brand geriet. Daraufhin versuchten die Verteidiger auszubrechen, was misslang – fast alle wurden getötet, unter ihnen auch der Hauptmann. Während des Ersten Weltkriegs wurden Truppen und Kriegsmaterial über diesen Pass an die österreichisch-ungarische Gebirgsfront transportiert, bis der italienische Artilleriebeschuss zu stark wurde und der Nachschub fast nur noch durch den Verbindungsstollen vom Bergwerk Raibl nach Mittelbreth (Log pod Mangartom) möglich war.

Die ins Koritnica-Tal hinabführende Straße ist nicht übermäßig steil, jedoch kurvenreich und teilweise recht schmal und holprig. Rund 300 m nach Passieren der Grenze halten wir an einer geräumigen Ausweichstelle und genießen einen überwältigenden Blick auf die Bergriesen **Mangart** und **Jalovec,** auf die mächtige **Loška stena** (Brether Wand) und in das tief eingeschnittene Koritnica-Tal. Auf der Weiterfahrt passieren wir die Ruine des österreichischen Forts Predel (siehe oben) mit dem Löwendenkmal zur Erinnerung an die im Jahr 1809 gefallenen Verteidiger. Etwa 1,5 km ab Passhöhe zweigt links die Straße zum Mangartsattel ab (s. Tour 10), während die Hauptstraße rechts abknickt und unmittelbar danach auf einer im Jahr 2008 erbauten Betonbogenbrücke die Schlucht des **Mangartski potok** (Mangartbach) überquert. Diese Brücke wurde gebaut, nachdem im November 2000 eine gewaltige Mure die Straße in jenem Be-

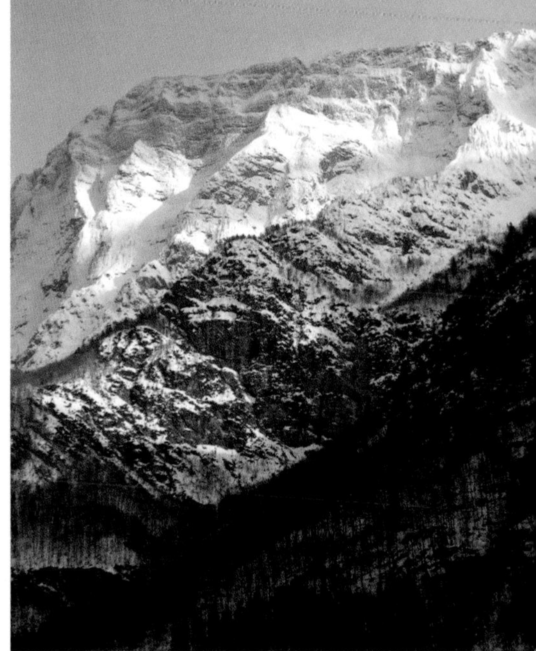

Loška Stena, gesehen von Log pod Mangartom

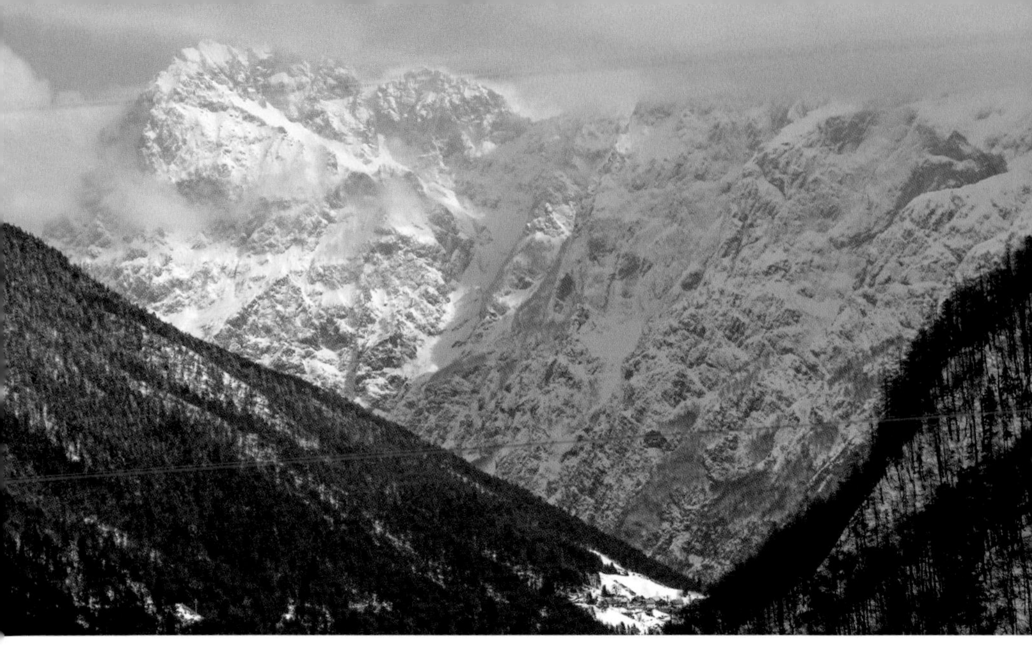

Blick vom Predil-Pass zum Jalovec und zur Loška Stena, unten das Dorf Strmec

reich zerstört und weiter unten im Tal schlimme Verwüstungen angerichtet hatte (s. unten).

Nach weiteren 1½ km erreichen wir das Straßendorf **Strmec na Predelu**, das die SS 1943 im Zuge eines Racheakts zerstörte und alle männlichen Bewohner ermordete. Zwar wurde das Dorf 1945/46 auf Veranlassung der angloamerikanischen Militäradministration wieder aufgebaut, doch nur wenige Menschen kehrten dauerhaft zurück. Heute dienen die meisten Häuser lediglich als Ferien- und Wochenendhäuser. Ein Denkmal und eine kleine Kapelle am Straßenrand erinnern an das tragische Ereignis.

4 km noch und wir erreichen im Tal **Log pod Mangartom**, zunächst den oberen Ortsteil (Gornji Log) auf ca. 650 m Höhe. Am Ortseingang überqueren wir den Bach *Predelica*, durch dessen Hangschlucht sich am 17. November 2000 eine gewaltige Mure mit einer Masse von mehr als 2 Millionen Kubikmetern bis zum Grund des Koritnica-Tals wälzte, wo er mehrere Häuser zerstörte und sieben Menschen das Leben kostete. Spuren dieser Naturkatastrophe sind noch heute unterhalb der Brücke zu sehen.

Gut 100 m nach den letzten Häusern von Gornji Log liegt rechts der Straße der Friedhof von Log pod Mangartom. Nur wenige Meter entfernt erinnert am Straßenrand ein Bildstock der heiligen Barbara an die Bergbautradition dieser Gegend. Hier biegen wir rechts ab auf einen asphaltierten Weg, parken nach ca. 300 m beim Feuerwehrhaus und besuchen in unmittelbarer Nähe den Eingang zum **Štoln** (s. „Das Bergwerk von Raibl"). Unbedingt besuchen sollte man auch den nahe gelegenen mittleren und oberen Teil des Friedhofs mit den Gräbern österreichisch-ungarischer Soldaten, die zwischen 1915 und 1917 bei den Kämpfen in diesem Frontabschnitt fielen. Auffallend sind die mit einem „nišan“ – einer kleinen Stele – versehenen Gräber bosnischer Muslime. In der Mitte des Friedhofs erinnert ein Denkmal des tschechischen Bildhauers Ladislav Kofránek an die Kämpfe, die unweit von hier stattfanden. Es wurde bereits Anfang 1918 errichtet und zeigt einen bosnischen Soldaten (mit Fez) und einen österreichischen Gebirgsschützen. Sie blicken hinauf zum Rombon, der aufgrund seiner strategisch bedeutsamen Lage besonders hart umkämpft war.

Wir kehren zur Hauptstraße zurück, biegen rechts ab in Richtung Bovec, fahren durch den Ortsteil Spodnji Log, sodann entlang der Koritnica und erreichen nach 5 km an der engsten Stelle des Tals die Festung **Kluže** (532 m). Sie befindet sich unmittelbar oberhalb der Koritnica-Klamm – mit 70 m Tiefe eine der tiefsten Schluchten Sloweniens. Schon allein wegen dieser Klamm lohnt sich hier ein Halt.

Der Ort, an dem die Festung steht, kann aufgrund seiner strategisch wichtigen Lage auf eine lange und wechselvolle Geschichte zurückblicken. 1472 bauten die Venezianer erstmals eine Festung, die aber ihren Zweck sechs Jahre später, als die Türken hier gen Norden zogen, nicht erfüllte. Im 17. Jahrhundert – unter der Herrschaft der Habsburger – wurde die Festung stark ausgebaut. 1797 gelang es jedoch einer drückenden französischen Übermacht, sie zu erobern und die Besatzung, etwa 500 Kroaten, gefangen zu nehmen. 1805 fand hier nochmals eine Schlacht zwischen Österreichern und Franzosen statt. 1882 wurde die Festung zu ihrer heutigen Form ausgebaut. Während des Ersten Weltkriegs lag sie im toten Winkel der italienischen Artillerie und überstand den Krieg im Gegensatz zum nahe gelegenen *Fort Hermann* unbeschadet. Heute beherbergt die Festung ein interessantes Museum über die wechselhafte Geschichte dieses Gebiets *(www.soca-valley.com/de/abenteuersuche/kultur)*.

Wir fahren weiter in Richtung Bovec. Nach 4 km zweigt links die Straße zum Vršič-Pass bzw. in die Trenta ab. In unmittelbarer Nähe befindet sich ein österreichisch-ungarischer Soldatenfriedhof mit Denkmal. Ein paar Hundert Meter danach weist links ein Schild auf das Freilichtmuseum am Ravelnik hin. Über den **Ravelnik**, eine kleine Anhöhe im Bovec-Becken, verlief die vorderste österreichisch-ungarische Verteidigungslinie. Lauf- und Schützengräben, Kavernen und eine rekonstruierte Baracke geben einen Eindruck von diesem Frontabschnitt. Wie trostlos es in Wirklichkeit aussah, lassen alte Fotos erahnen. Bäume und Sträucher zerschossen – das Soča-Tal glich hier einer Wüste. Einen Kilometer noch und wir erreichen den Kreisverkehr am Ortseingang von **Bovec**. Die erste Ausfahrt führt ins Zentrum.

Das Bergwerk von Raibl/Cave del Predil und der „Štoln"

Wer mit dem Auto von Tarvisio die Strada Statale 54 zum Predil-Pass wählt, um in das obere Soča-Gebiet zu gelangen, kommt in dem engen Tal des Rio del Lago unweigerlich durch den Ort Cave del Predil. Zum Verweilen lädt er auch heute nicht ein, obwohl er nicht mehr so trostlos wirkt wie noch vor wenigen Jahrzehnten. Graue Häuser im Italostil der 1930er-Jahre und eine kilometerlange Abraumhalde am Fuße des Monte Re an der westlichen Talseite veranlassten die Reisenden früher zur zügigen Weiterfahrt. Fast niemand interessierte sich für die Geschichte dieses Ortes, der im Einzugsgebiet von Drau bzw. Donau und somit des Schwarzen Meeres liegt, wirtschaftlich jedoch eng mit dem Koritnica-Tal und Bovec verbunden war. Inzwischen gibt es Ansätze, den Ort etwas zu verschönern, doch die riesige Abraumhalde existiert noch, sie lässt sich nicht so schnell aus der Welt schaffen.

Cave del Predil – bis 1919 hieß der Ort Raibl – ist bis heute geprägt durch den über Jahrhunderte währenden Bergbau. Raibl ist auch Namensgeber für eine geologische Formation, die *Raibler Schichten,* entstanden während der Trias vor ca. 230 Millionen Jahren. Raibler Schichten kommen sowohl in den Südlichen als auch in den Nördlichen Kalkalpen vor und sind gekennzeichnet durch eine relativ enge Abfolge harter und weicher Gesteinsschichten. Mancherorts führen schwefelhaltige Lösungsprodukte aus den weichen Schichten zu Erzbildungen in den Klüften der darunterliegenden Gesteinspakete. Eines der ergiebigsten Blei- und Zinkvorkommen der Alpen befand sich in Raibl/Cave del Predil.

Bereits zur Römerzeit wurde aus oberflächennahen Schichten am Fuße des Monte Re Erz abgebaut und verarbeitet. Im 14. Jahrhundert wurde der Ort Raibl gegründet und der Bergbau erfuhr einen ersten Aufschwung. Ende des 18. Jahrhunderts ging der Bergbau in habsburgischen Besitz über und es wurden erstmals Schächte für den Untertagebau errichtet. Im Jahr 1880 – Raibl gehörte von 1867 bis 1919 zusammen mit Tarvis zum österreichischen Kronland Kärnten – arbeiteten 400 Menschen im Bergwerk. Während des Ersten Weltkriegs blieb das Bergwerk in Betrieb, doch aufgrund seiner Nähe zur Gebirgs- und Isonzofront diente es noch anderen Zwecken.

1919 wurden im Rahmen des Friedensvertrags von Saint-Germain Raibl, Tarvis und einige andere Orte im äußersten Süden Kärntens Italien zugesprochen. Italien, dessen Begehrlichkeiten sich eigentlich auf das Einzugsgebiet zur Adria konzentrierten, erhielt somit auch ein Gebiet im Einzugsgebiet der Donau. Ein wesentlicher

Grund hierfür war das Bergwerk von Raibl, das nun zu Cave del Predil umbenannt wurde, denn Italien verfügte bis dato über keine nennenswerten Bleierzvorkommen. Blei war höchst begehrt für die Herstellung von (militärischer) Munition. So nahm v. a. während der faschistischen Ära die Erzförderung einen enormen Aufschwung, und es wurde eigens eine Siedlung für die Bergarbeiter errichtet. Die deutschsprachigen Arbeiter – sie stellten bis 1919 die Mehrheit – wurden durch Italiener ersetzt. Auch im Zweiten Weltkrieg ging die Produktion weiter.

Danach nahm die jährliche Menge des geförderten Erzes noch weiter zu. 1961 erreichte die Förderung von Galenit (Bleisulfid) mit mehr als 6000 t einen Höhepunkt. Der Abbau erreichte eine Tiefe von mehr als 500 m unter dem Ort Cave del Predil und eine Höhe von über 400 m über dem Ort am Hang des Monte Re. Doch dann ging es mit der Fördermenge und mit den Beschäftigtenzahlen abwärts. Arbeiteten 1970 noch 1100 Menschen im Bergwerk, so waren es 1991, dem Jahr der Minenschließung, nur noch 400. Der Blei- und Zinkgehalt der Erze nahm ab Mitte der 1970er-Jahre spürbar ab und ab Mitte der 1980er-Jahre war an einen rentablen Abbau nicht mehr zu denken. Im Juni 1991 kam dann das endgültige Aus für das Bergwerk. Mit dem Niedergang des Bergbaus sank auch die Einwohnerzahl des Ortes Cave del Predil von 2100 (1968) auf 450 (1998). Heute sind es weniger als 400.

DER „ŠTOLN"

Schon mit Beginn des Untertagebaus im Raibler Bergwerk Ende des 18. Jahrhunderts erwies sich die Ableitung des Grubenwassers als problematisch. Hierfür wurde jedoch erst Ende des 19. Jahrhunderts ein konkreter Plan ausgearbeitet: Ableitung des Grubenwassers durch einen Tunnel unter dem Predil-Pass in das Koritnica-Tal. Der Tunnelbau, an dem fast ausschließlich Männer aus Strmec und Log pod Mangartom beteiligt waren, wurde ab dem Jahr 1899 von Süden, vom Koritnica-Tal her, vorangetrieben und nach drei Jahren beendet. Der Tunnel hat eine Länge von 4844 m, ein Gefälle von einem Promille und endet im Bergwerk ca. 240 m unter der Siedlung Raibl/ Cave del Predil.

Zunächst diente der Tunnel nur dem ursprünglich zugedachten Zweck. Doch er wurde sehr bald vergrößert – für eine Schmalspurbahn zur Beförderung der Bergarbeiter aus dem Raum Log pod Mangartom. Um 1900 arbeiteten zahlreiche Männer aus Log pod Mangartom im Bergwerk von Raibl. Um zu ihrer Arbeit zu gelangen, mussten sie den langen Fußweg über den Predil-Pass in Kauf nehmen und während der Woche in Raibl übernachten. 1909 schließlich wurde der „Bahnverkehr" zwischen Log pod Mangartom und dem Bergwerk Raibl feierlich eröffnet. Gezogen wurden die zwei Waggons, in denen bis zu 16 Personen Platz fanden, von einer Siemens-Elektrolok. Den Strom lieferte ein eigens dafür errichtetes Kraftwerk an der Koritnica.

In den Kriegsjahren 1915 und 1916 bekam der Tunnel eine wichtige Funktion: Der Predil-Pass lag im Wirkungsbereich der italienischen Artillerie, eine Versorgung der österreichischen Front war auf diesem Weg kaum noch möglich. Nun bildete der Tunnel die wichtigste Verbindung zu diesem Frontabschnitt. In zwei Jahren fanden mehr als 30.000 Zugfahrten statt, in denen fast 450.000 Soldaten und 240.000 t Material befördert wurden. In Gegenrichtung wurden die Verwundeten transportiert. Etwas entlastet wurde der Tunnelbetrieb mit der Fertigstellung der Straße über den Vršič-Pass im Jahr 1916.

Auch in der Zwischenkriegszeit – das gesamte Gebiet gehörte nun zu Italien – sowie während des Zweiten Weltkriegs wurden Bergleute aus Log beschäftigt, wobei sie weiterhin mit der Grubenbahn in die Mine fahren konnten. 1943 und 1944 wurde der Bergwerksbetrieb mehrfach durch Partisanen gestört. So machten sie im Oktober 1943 die beiden E-Loks unbrauchbar, was schließlich zu dem grausamen Racheakt der SS im Dorf Strmec führte.

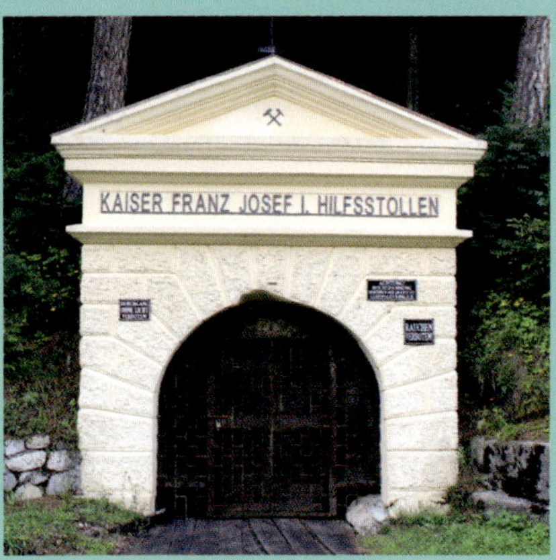

Ab 1947 – über dem Tunnel verlief die italienisch-jugoslawische Staatsgrenze – durften nur noch Bergleute aus Log im Bergwerk arbeiten, die bereits länger als zehn Jahre dort beschäftigt waren. Die verbliebenen Minenarbeiter fuhren noch bis 1970 mit der Grubenbahn regelmäßig zum Schacht auf italienischer Seite. Der Bahnbetrieb wurde jedoch immer kostspieliger, weshalb ab April 1970 ein Buspendelverkehr über den Predil-Pass eingerichtet wurde. 1991 verloren mit der Stilllegung des Raibler Bergwerks alle slowenischen Bergarbeiter ihre Arbeit und die Grubenbahn wurde endgültig funktionslos.

Der Tunnel dient jedoch bis heute als „Abwasserkanal". Der Bleigehalt der Grubenabwässer, die zu Zeiten des aktiven Bergbaus zu einer starken Belastung der Koritnica geführt hatten, ist aber seit Aufgabe des Minenbetriebs stark zurückgegangen und stellt keine Gesundheitsgefährdung mehr dar.

Vor 15 Jahren wurde der Eingang zum Tunnel – ursprünglich „Kaiser Franz Josef I. Hilfsstollen", von den Einheimischen jetzt „Štoln" genannt – liebevoll restauriert. An der Straße zwischen den beiden Ortsteilen Gorenji Log und Spodnji Log erinnert nahe der Friedhofskapelle ein Bildstock für die heilige Barbara an die Bergbautradition. Dort zweigt die Zufahrt zum Eingang des Štoln ab.

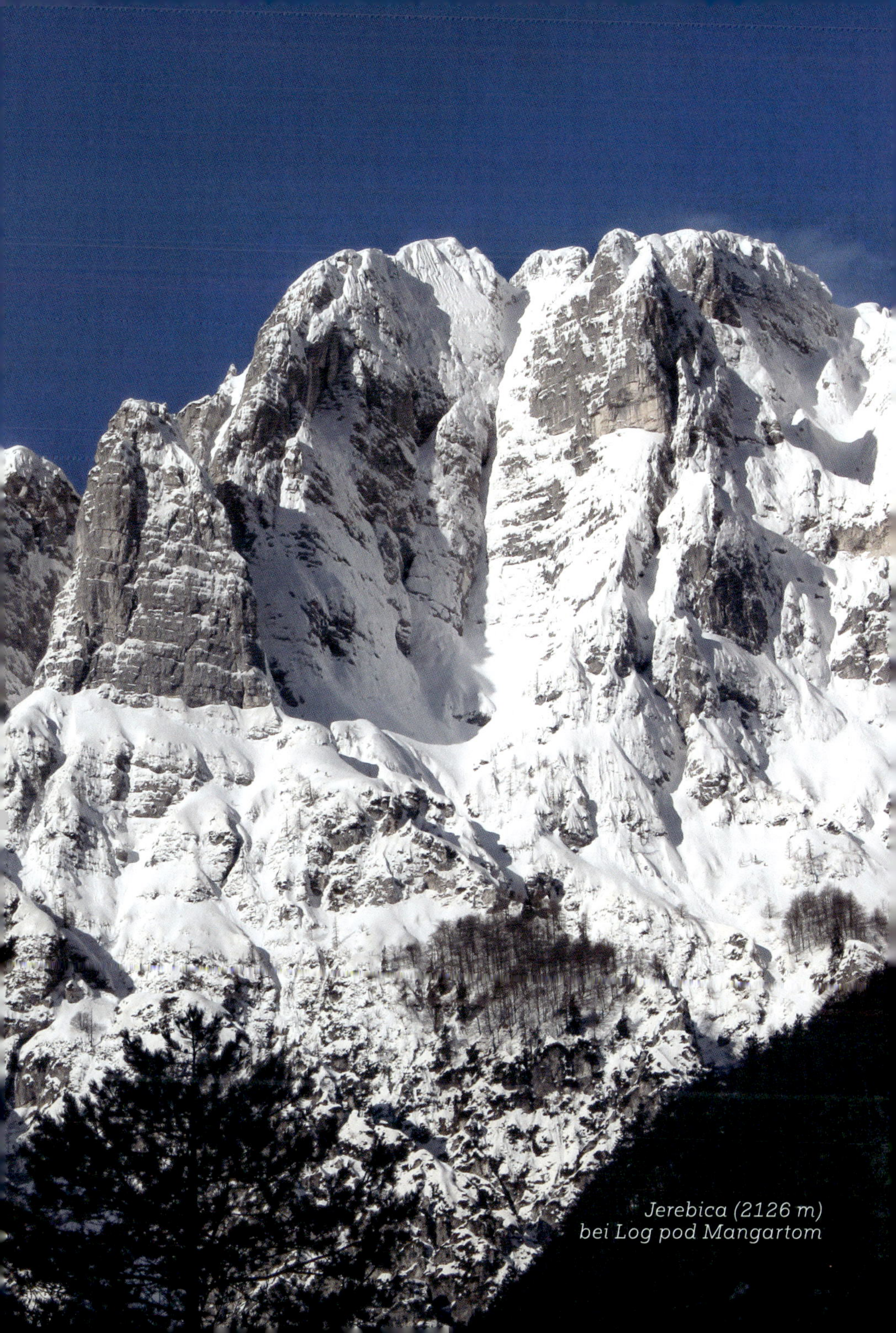

*Jerebica (2126 m)
bei Log pod Mangartom*

Mangart (2678 m)

AUF DEN VIERTHÖCHSTEN BERG DER JULISCHEN ALPEN

5 Std.

Start Mangartstraße (1) Koča na Mangrtskem sedlu (2) –Mangart (3) : je **2½ Std.** ↑↓

Der Mangart: Grenzberg zwischen Italien und Slowenien. Ein Berg, der nicht nur durch seine Höhe, sondern auch durch seine imposante Erscheinung beeindruckt, egal von welcher Seite man ihn betrachtet. Und ein Berg mit grenzenloser Aussicht, erstaunlich leicht zu besteigen, vorausgesetzt man reist mit dem Auto an. Eine auf slowenischer Seite bis auf über 1900 m Höhe führende Straße – es handelt sich um die höchste Straße des Landes – verkürzt den Anstieg enorm. An schönen Sommer- und Herbsttagen ist man deswegen selten alleine zum Gipfel unterwegs, was den Reiz dieser Tour aber nicht mindert.

WEGBESCHREIBUNG

Rund 1,5 km östlich der Passhöhe des Predil zweigt links auf knapp 1100 m Höhe die mautpflichtige **Mangartstraße** ab (2023: 10 €). Die Auffahrt zum Mangartsattel (Mangartsko sedlo) wurde 1940 von den Italienern zwecks Sicherung der nahe gelegenen Grenze

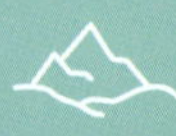

Die Mangartstraße ist meist nur einspurig, am Rand zum Teil wenig gesichert, Steigung durchschnittlich 10, max. 22 %; nur für Autofahrer mit genügend Fahrpraxis im Gebirge geeignet. Hohe Steinschlaggefahr, auch in den Tunnels!

Besteigung des Mangart: Halbtagestour, Trittsicherheit erforderlich

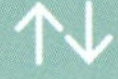

Koča na Mangrtskem sedlu–Mangart: knapp 800 m

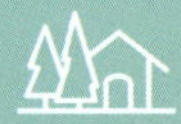

Koča na Mangrtskem sedlu (1906 m): 11 B., 23 L.; bew. Juli, August, Juni nur bei günstigen Verhältnissen (Schnee, Witterung).

Mangartstraße je nach Schneeverhältnissen Mai/Juni–Oktober, Besteigung des Mangart Juli–Oktober.

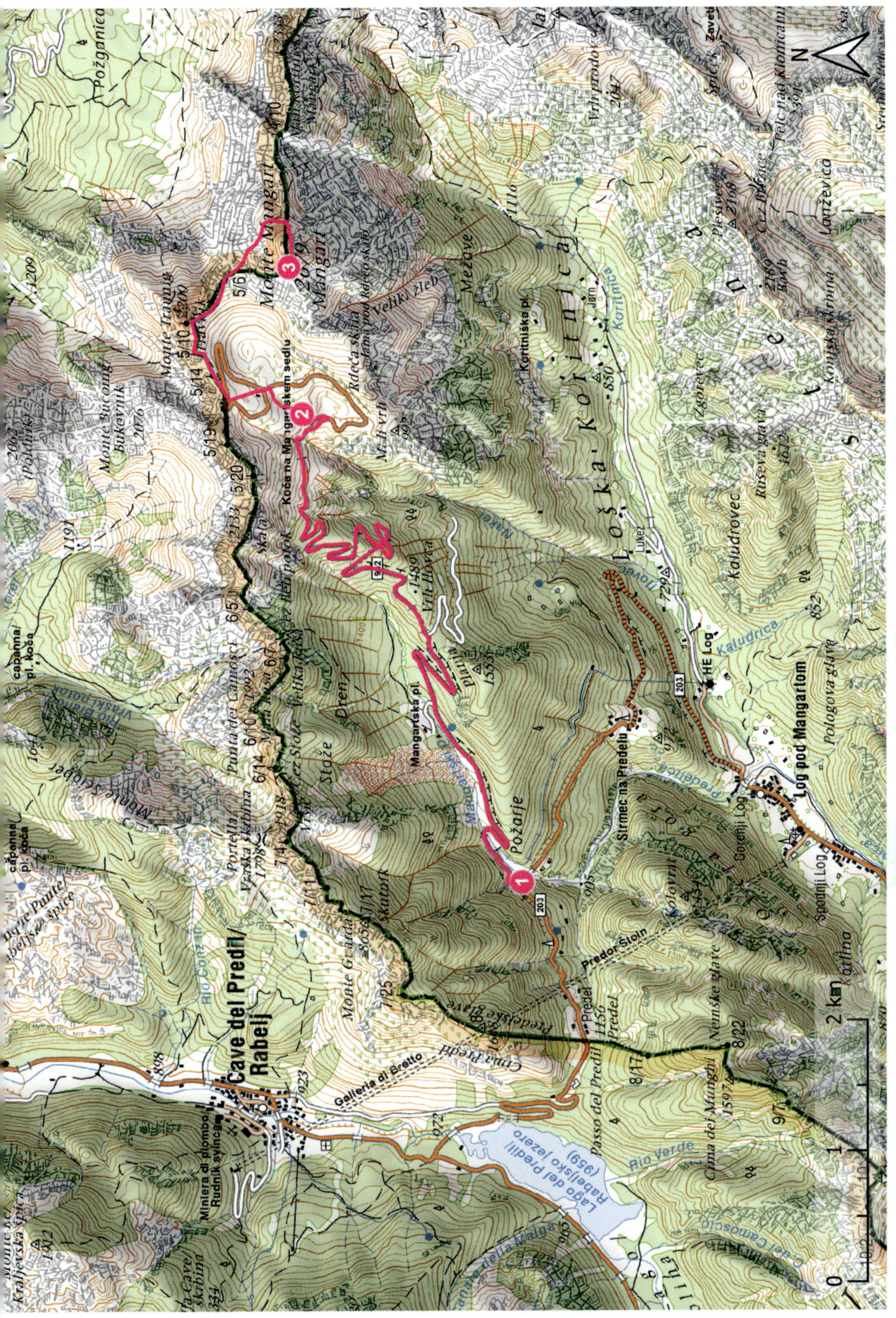

zu Jugoslawien erbaut. Auf 10 km Länge überwindet sie einen Höhenunterschied von über 900 m. Sie ist seit dem Jahr 2000 durchgehend asphaltiert, meist aber nur einspurig befahrbar. Ausweichstellen sind rar. Nach Regenfällen herrscht erhöhte Steinschlaggefahr. Recht abenteuerlich ist der obere Teil der Streckenführung mit zehn Spitzkehren und fünf unbeleuchteten, bis 300 m langen Tunnels. Die Straße „überwindet" da zwei Mal sich selbst.

Auf ca. 1250 m Höhe erblicken wir links einen riesigen vegetationsarmen Abhang, genannt „Stože". Dieser besteht aus Raibler Schichten (!) mit einem Wechsel aus Kalkstein, Mergel und Schieferton – ein instabiler Untergrund. Hier nahm die katastrophale Mure vom November 2000 ihren Anfang. Lang anhaltender Starkregen weichte den Untergrund auf, und die Schwerkraft setzte mehr als zwei Millionen Kubikmeter in Bewegung. Die Folgen sind unter Tour 9 beschrieben.

Mangart, gesehen vom Koritnica-Tal

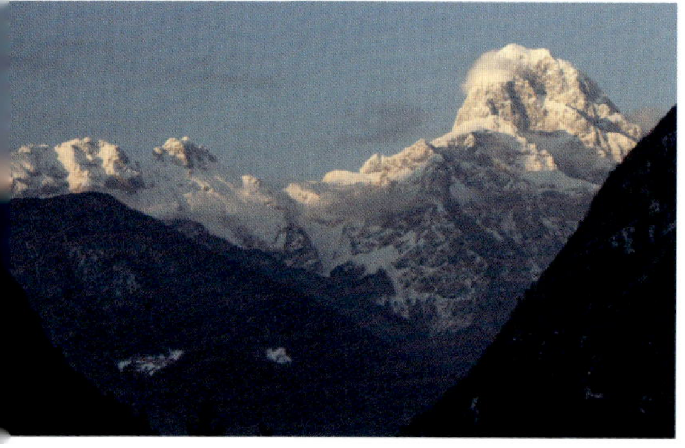

Heute lagert noch reichlich Lockermaterial auf dem Hang, das sich bei entsprechender Witterung in Bewegung setzen könnte. Etwas unterhalb wurde deshalb am Mangartbach ein Warnsystem aus quer gespannten Drähten errichtet.

Etwas weiter bergaufwärts befindet sich links die im Sommer bewirtschaftete Alm **Mangartska planina** (1300 m). Auf knapp 1900 m Höhe zweigt links die schmale und ziemlich holprige Zufahrt zur Hütte **Koča na Mangrtskem sedlu** (1906 m) ab. Wer den Mangart im Sommer besteigen will, sollte hier übernachten und von hier aus den Berg, wie unten beschrieben, am nächsten Morgen besteigen.

Hinweis: Nach einem Felssturz im Jahr 2019 ist es nicht mehr möglich, mit dem Auto ganz hinauf zum Mangartsattel zu fahren. Die Auffahrt endet an einem Parkplatz wenige Hundert Meter nach der Abzweigung zur Hütte.

Hinter der Hütte führt ein Weg links (Steinmann, Pfeil) durch blütenreiche Matten, auf denen im Sommer Schafe weiden, zur ca. 300 m entfernten, nicht mehr befahrbaren Straße. Hier links und weiter zum ehemaligen Parkplatz am **Mangartsko sedlo** (2055 m). Ein kurzer Pfad leitet zu einem Aussichtspunkt direkt über senkrechten Felswänden. Schöner Blick nach Norden zu den grünblauen „Augen" der beiden Weißenfelser Seen (Laghi di Fusine, s. Tour 1). Von hier geht es über Wiesengelände mit Borstgras nach Osten zum Fuß des markanten Travnik.

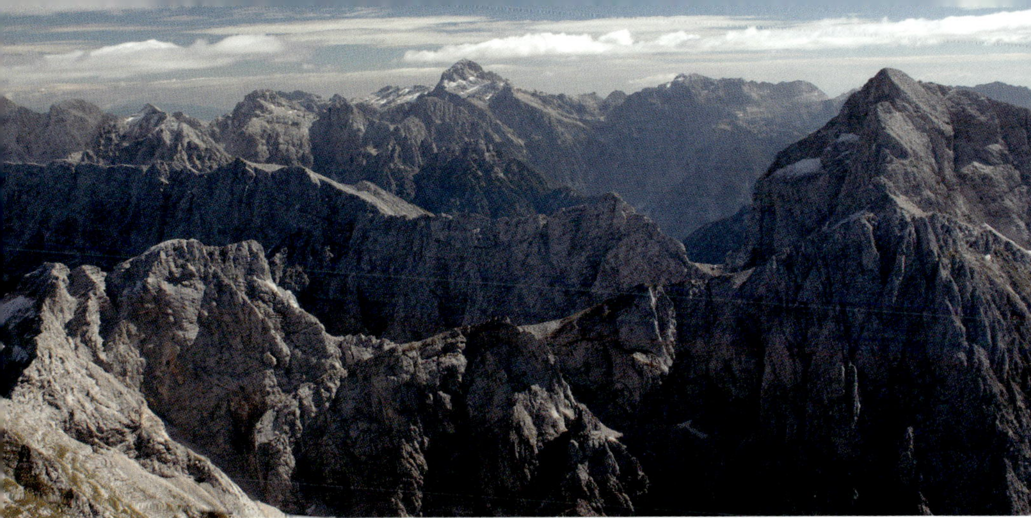

Blick vom Mangart nach Osten zum Jalovec (2643 m, rechts) und zum Triglav

Der Weg wird steiler und steiniger. Bald stehen wir vor einer Wegteilung: links *ITAL. SMER*, rechts *SLOV. SMER*. Beide Wege führen zum Gipfel des Mangart. Der slowenische Weg ist kürzer, steiler, schwieriger und führt durch eine steinschlaggefährdete Rinne. Wir wählen den italienischen Weg, der über die Nordflanke des Mangart schräg aufwärts zum Ostgrat führt. Ab hier bewegen wir uns nur noch auf felsigem Weg. Steile Passagen sind mit Drahtseilen gesichert, stellenweise sind Stufen in den Fels gehauen – der Weg erfordert hohe Konzentration. Atemberaubende Blicke in die Nordwände der Mangartgruppe und auf die Ponzakette. Auf über 2500 m Höhe treffen wir auf Jurakalk, der leichter verwittert als Dachsteinkalk, weshalb sich dann Böden mit erstaunlich dichtem Bewuchs bilden konnten, in dem *Läusekraut, Knöllchenknöterich* und verschiedene *Enziane* das Auge erfreuen.

Über die Ostseite des Mangart erreichen wir das Gipfelkreuz. Bei klarem Wetter fabelhafte Aussicht: vom Großglockner bis zur Adria, von den Dolomiten bis zu den Bergen im kärntnerisch-steirischen Grenzgebiet, besonders prächtig jedoch der Ausblick nach Osten zum Jalovec und über die schroffen Kalkwände bis zum Triglav.

Der Rückweg erfolgt auf dem Aufstiegsweg.

TIPP

HOP-ON-BUS

Wer im Juli und August in Bovec oder Log pod Mangartom Quartier hat, kann zur Besteigung des Mangart den „Hop-on – Hop-off"- Bus B1 Mangartsko sedlo benützen. Dieser verkehrt dreimal täglich von Bovec über Log pod Mangartom hinauf zum Parkplatz vor dem letzten Tunnel unterhalb des Mangartsattels. Von dort in 30–40 Minuten zum Mangartsattel.

Koritniška planina und Slap Parabola

DAS TAL DER 100 WASSERFÄLLE UND MIT DEM SCHÖNSTEN TALSCHLUSS

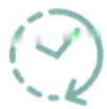

4 ½ Std. (inkl. Slap Parabola 6 Std.)

Restavracija Mangart ① –Koritniška planina ② **2½ Std.** ↑, **2 Std.**↓; Restavracija Mangart–Slap Parabola ③ **½ bis ¾ Std.** ↑ und ↓

Wer in Log pod Mangartom ein paar Tage verbringt, wird sich kaum sattsehen können an der großartigen Bergkulisse dieses Tals: im Westen die unnahbar wirkende Felsbastion der Jerebica, von Süden bis Osten die mächtige Loška stena – 5 km breit, bis zu 1000 m hoch –, im Nordosten als Talschluss jedoch die beiden Höhepunkte mit Jalovec und Mangart. Julius Kugy soll den Anblick dieser Bergriesen aus dieser Perspektive mehr geschätzt haben als den Anblick des Triglav. Ob es wirklich der schönste Talschluss in den slowenischen Juliern ist, bleibt Ansichtssache, aber vielleicht ist es der heiterste, zumal im Herbst oder im Winter, wenn es in anderen Tälern schon sehr schattig ist. Dorthin soll diese Wanderung führen.

Auf dem Rückweg wollen wir noch einen der zahlreichen Wasserfälle des

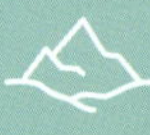

Halbtages- bis Tagestour, Trittsicherheit erforderlich. Weg im Aufstieg zur Alm stellenweise rutschig. Aufstieg zum Slap Parabola steil und weiter oben sehr steinig. Überquerung der Koritnica bei Hochwasser – und damit ein Besuch des Slap Parabola – nicht möglich.

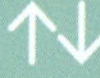

Restavracija Mangart–Koritniška planina: ca. 550 m ↑; Koritnica–Slap Parabola: ca. 150 m ↑

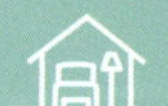

s. Tour 9

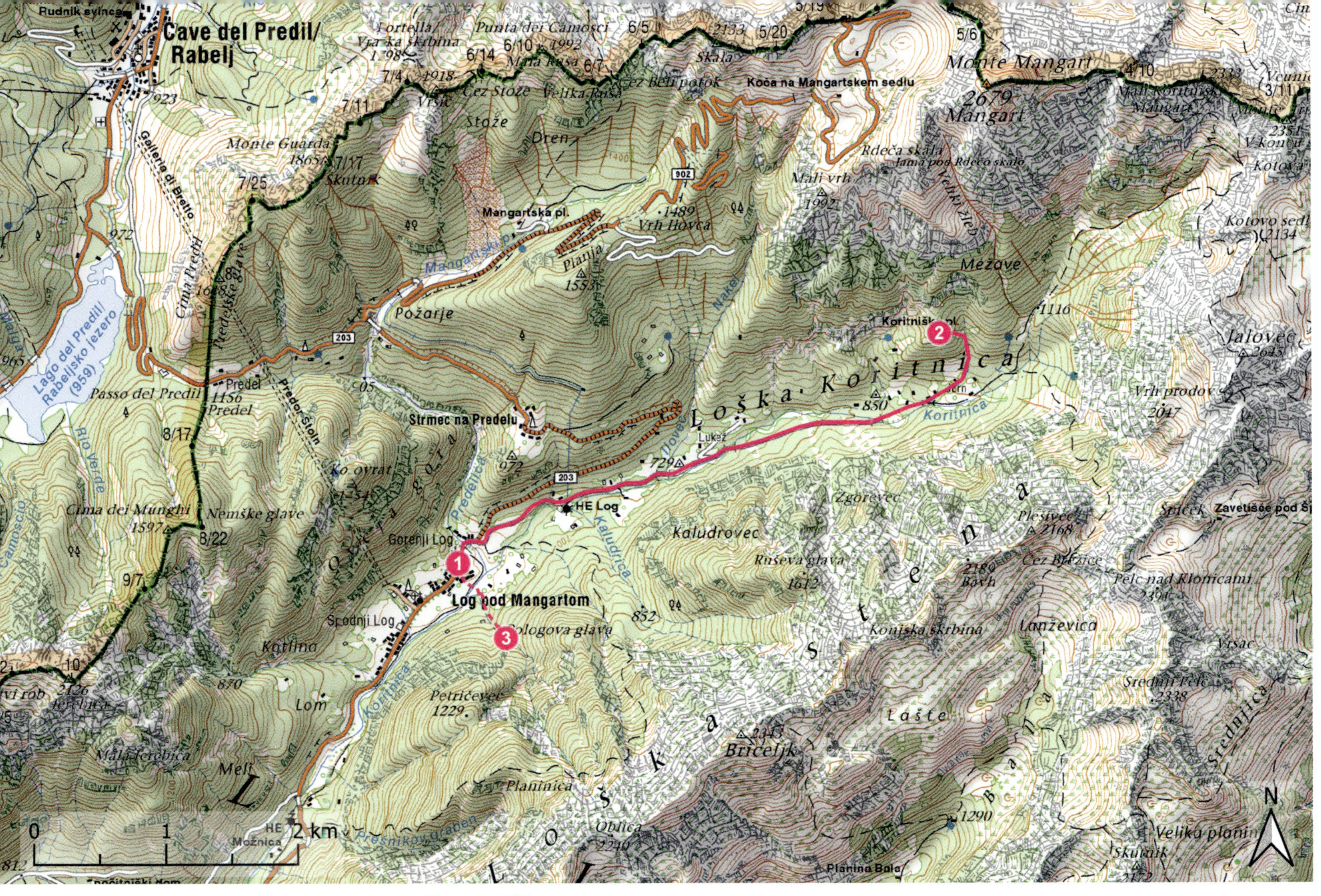

Cave del Predil/
Rabelj
Rudnik svinca
Lago del Predil/
Rabeljsko jezero
(959)
Rio Verde
Galleria di Brello
Passo del Predil
Predel
1156
Predor Štoln
Monte Guarda
Strmec na Predelu
Mangartska pl.
Koča na Mangartskem sedlu
Monte Mangart
2679
Mangart
Rdeča skala
Mali vrh
Vrh Hlovca
Požarje
Mežave
Koritniška pl.
Loška Koritnica
Koritnica
Lukež
HE Log
Kaludrica
Gorenji Log
Log pod Mangartom
Spodnji Log
Kaludrovec
Ruševa glava
Zgorevec
Pleševec
Jalovec
Vrh prodov
Koniska škrbina
Lanževica
Bričeljk
Lašte
Petričevec
1229
Planinica
Oblica
Planina Bala
Cima dei Monghi
Nemške glave
Kotlina
Lom
Meli
Loška stena
1
2
3
203
902
0
1
2 km

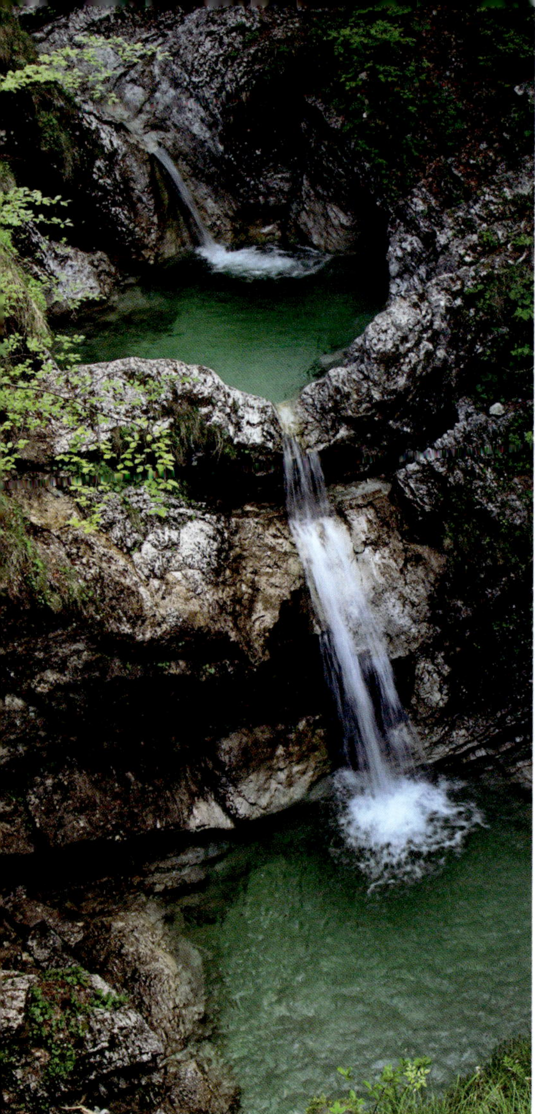

Gumpen am Bach Fratarica

Koritnica-Tals besuchen. Koritnica – das Tal der 100 Wasserfälle, und das ist nicht übertrieben. Zählt man alle Wasserfälle im Verlauf eines Bergbachs zusammen, sind es sogar mehr als hundert, sofern nicht gerade eine lang anhaltende Trockenheit herrscht. Viele befinden sich in unzugänglichen bzw. nur mit Spezialausrüstung begehbaren Schluchten. Hier soll jedoch ein leicht zu erwandernder Wasserfall vorgestellt werden – sofern die Koritnica gerade eine Überquerung erlaubt.

WEGBESCHREIBUNG

Als Startpunkt wählen wir die *Restavracija Mangart* (vor einigen Jahren noch ein Gostišče, jetzt gehobene Gastronomie). Von dort auf der Straße zum Predil-Pass bergauf und 100 m nach Überqueren der Brücke über die Predalica rechts auf eine kleine Straße zum Talgrund der Koritnica. Dieser folgen wir. Ab dem durch Wasserkraft betriebenen Elektrizitätswerk wird die Straße zur Schotterpiste und wir gehen teils durch Wald, teils über Schuttreisen am Fuß der Loška stena. Zwei Mal überqueren wir die noch sehr junge Koritnica – ein Bergbach wie aus dem Bilderbuch. Nach ca. 3 km Fußmarsch auf der Schotterpiste teilt sich der Weg auf etwa 860 m Höhe: halbrechts weist ein Schild zu Jalovec und Mangart, links zeigt ein Wegweiser zur Alm *Planina Brdo* (= Koritniška planina). Das ist unser Weg.

Durch Wald und nahe einem Bach führt der anfangs markierte Weg steil aufwärts. Die Markierung verliert sich bald und der Weg ist stellenweise vernässt. Nach einer Quelle schwenkt der Weg nach links. Noch gut 100 m und wir erreichen die freie Almfläche der **Koritniška planina** (ca. 1150 m) mit Stall und Nebengebäude. Hierbei handelt es sich um eine von zwei noch bewirtschafteten Schafalmen unterhalb des Mangart. Tagsüber werden die Schafe meist bergauf in Richtung Mangart getrieben, abends wieder zurück in den Stall. Falls die Schafe gerade hier weiden, verhalten wir uns rücksichtsvoll. Jedenfalls ist die Almfläche ein Ort zum Entspannen – und zum Genießen der Aussicht auf das **Koritnica-Tal**, auf die schroffe **Loška stena**, auf den **Mangart**. Besonders eindrucksvoll zeigt sich von hier der Jalovec mit seiner felsigen 1600 m hohen Westflanke. Im Sommer fliegt hier der *(Rote) Apollofalter,* der in jüngster Zeit auch in Slowenien stark zurückgegangen ist.

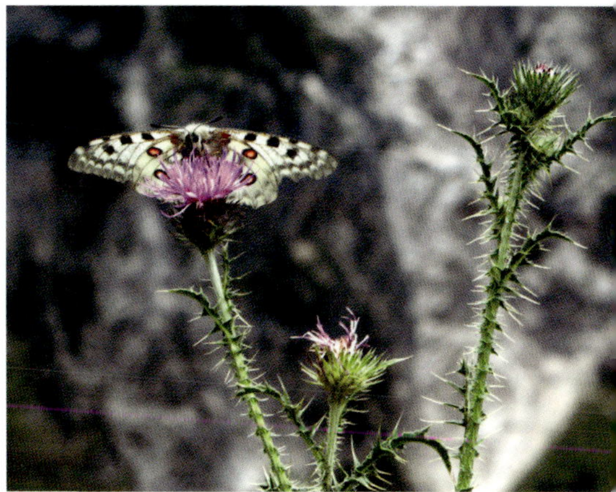

Apollofalter

Nach dieser Rast kehren wir auf demselben Weg wieder nach Log pod Mangartom zurück, begeben uns aber beim Restavracija Mangart links auf einen zunächst asphaltierten, später unbefestigten Weg hinab zur Koritnica (Wegweiser *L3 Fratarica* beachten). Nun gilt es, die Koritnica zu überqueren, was allerdings nur bei „normaler" Wasserführung möglich ist. Dabei ist Sprungkraft gefragt, oder man zieht gleich die Schuhe aus, denn eine Brücke gibt es nicht.

Wer es auf die andere Seite geschafft hat, geht von einer ebenen Wiesenterrasse in den Wald, wo ein markierter Pfad oberhalb des Bachs **Fratarica** steil aufwärts führt. Immer wieder bieten sich von Stichwegen schöne Blicke hinab zu den grünen Gumpen und kleinen Wasserfällen in der Schlucht, die sich die Fratarica geschaffen hat. Manchmal sind hier Canyoning-Gruppen unterwegs. Nach ungefähr 500 m stehen wir am oberen Rand eines Felsenkessels. Gegenüber erblicken wir den Wasserfall **Slap Parabola**, mit über 50 m Höhe einer der höchsten Wasserfälle im Koritnica-Tal. Er trägt seinen Namen zu Recht und wirkt im Frühjahr besonders eindrucksvoll, wenn die Sonne spätnachmittags in den Felsenkessel scheint und Regenbogenfarben in den Wasserstrahl zaubert. Auch der Blick hinauf zu der zerrissenen Wandflucht der Loška stena entschädigt die kleinen Aufstiegsmühen. Wer will, kann weiter aufsteigen bis zum Ende des markierten Wegs, wo sich der Wald lichtet und das Gelände immer felsiger wird. Hier lassen wir uns nieder, machen Pause und studieren die Flora. Vielleicht entdeckt jemand die *Schopfige Teufelskralle.*

Der Rückweg erfolgt auf demselben Weg wie der Aufstieg.

Slap Boka

ZUM GRÖSSTEN WASSERFALL SLOWENIENS

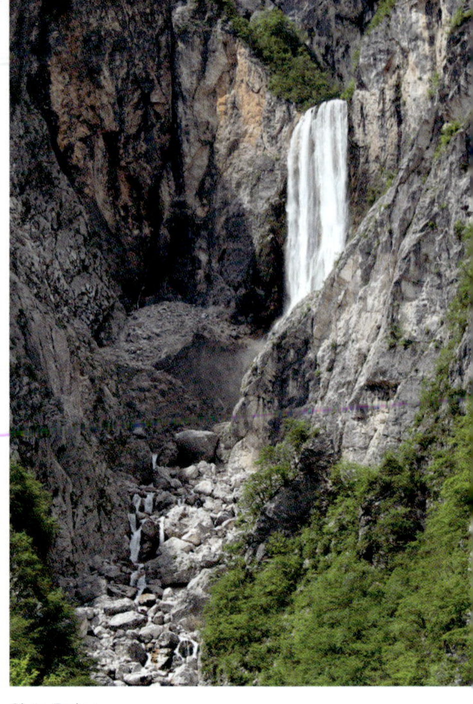

Slap Boka

Slap Boka: manchmal ein überwältigender Anblick, manchmal kaum wahrzunehmen. Solange im Winter Frost auf dem Kanin herrscht, fließt nur ein kleines Rinnsal aus dem Felsspalt über der Felswand. Doch sobald Tauwetter einsetzt und dann noch Regen hinzukommt, tritt ein mächtiger Wasserschwall aus dem Fels und stürzt weithin hörbar über 100 m in die Tiefe. Der Slap Boka ist eine typische Karsterscheinung, besonders sehenswert während der Schneeschmelze und bei Regenwetter.

2–2½ Std.

Penzion Boka (1) – höchster Punkt der Tour (2)

WEGBESCHREIBUNG

Wir starten diese Wanderung am Parkplatz bei der Penzion Boka zwischen Bovec und Žaga. Links der Pension

Bahnhof *Most na Soči*

Parkplatz bei der Penzion Boka (Buslinie Tolmin–Bovec)

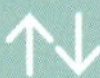

Penzion Boka–höchster Punkt: ca. 400 m/1¼ Std. ↑, 1 Std. ↓

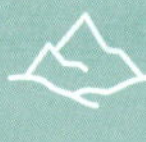

Kurze, aber etwas anstrengende Wanderung auf steinigem, teilweise felsigem Pfad; Trittsicherheit erforderlich.

Ganzjährig, bei Schnee im oberen Teil jedoch kritisch.

führt ein Pfad ca. 150 m nach Norden, wo wir die Hauptstraße überqueren. Von der nahe gelegenen Straßenbrücke über den Bach Boka bietet sich schon ein eindrucksvoller Blick hinauf zum Wasserfall. Wir setzen unseren Weg auf der linken Seite des Bachbetts fort (Markierung „B1 Boka" beachten). Nach 100 m links über einige Stufen hinauf zu einer kleinen Wiese, dort rechts und durch Hopfenbuchenbuschwald aufwärts. Der Weg wird steiniger und nach einer kurzen steilen Felspassage befindet sich rechts unterhalb eine hölzerne Aussichtsplattform, die einen Prachtblick auf den Wasserfall und die Schlucht mit dem Bach Boka bietet.

Wir gehen weiter nach oben und halten uns bald an einer Wegteilung rechts. Der Weg wird noch steiler und verläuft meist am Rand der Schlucht. Felsige Stellen ermöglichen immer wieder Ausblicke auf den Wasserfall. Nach über einer Stunde schweißtreibenden Aufstiegs – im oberen Teil ohne Markierungen – erreichen wir alte Terrassen und ein verfallenes Wirtschaftsgebäude. Nun verläuft der Weg weniger steil rechts zum Endpunkt der Tour. Von erhöhter Warte bestaunen wir nochmals den mächtigen Wasserfall und die abgrundtiefe Schlucht, in die er sich ergießt. Die Rückkehr erfolgt auf demselben Weg wie der Aufstieg.

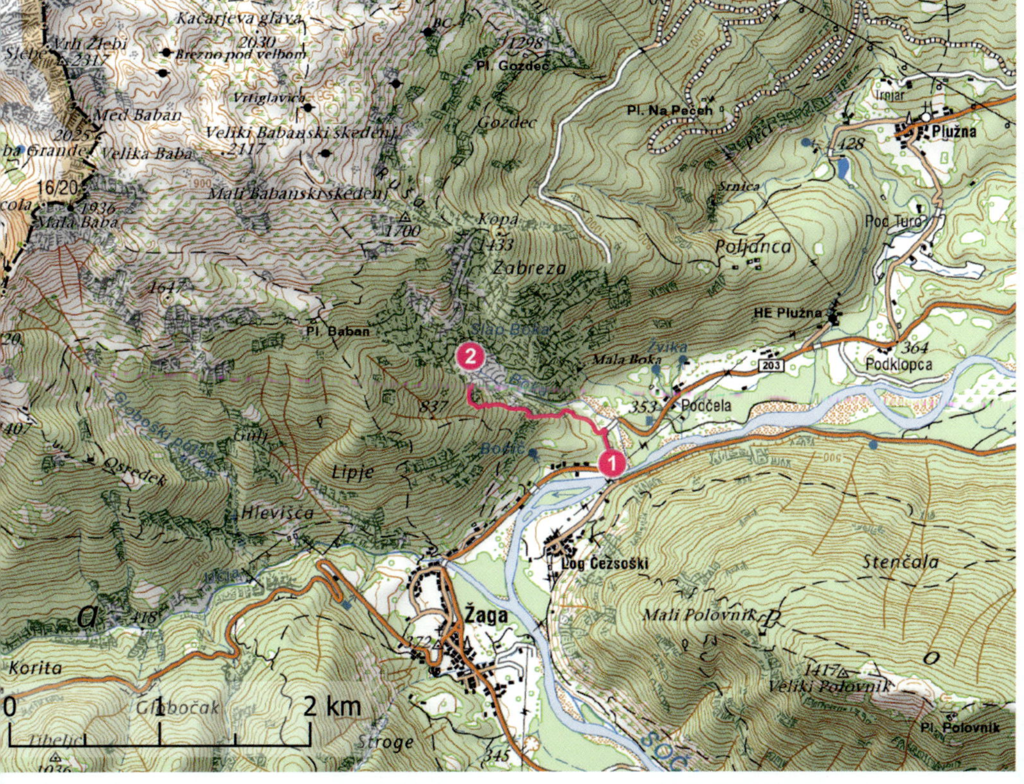

Bohinjsko jezero – Savica-Wasserfall – Mostnica-Klamm

DREI PERLEN DER NATUR AUF EINER WANDERUNG

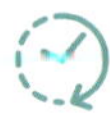

ca. 7 Std. gesamt (inkl. Bootsfahrt)

Schiffsanlegestelle Südwestufer Boh. Jezero (1) –Slap Savica (2) **1¼–1½ Std.** Slap Savica–Nordwestufer Boh. Jezero **1 Std.** Nordwestufer Boh. Jezero–Stara Fužina (5) **1–1¼ Std.** Stara Fužina–Mostnica-Klamm (3) –Planinska koča na Voja (4) **1–1½ Std.** (Planinska koča na Voja–Slap Mostnica **¾ Std.**)

Der Bohinjsko jezero wird von manchen als das südalpine Gegenstück zum Königssee angesehen. Er liegt genauso prächtig wie dieser, doch es hat lange gedauert, bis im Jahr 2000 auch hier die „Linienschifffahrt" Einzug gehalten hat. Inzwischen sind es zwei elektrisch betriebene Panoramaboote, die von Anfang April bis Ende Oktober mehrmals täglich in ca. 25 Minuten zwischen dem Ost- und dem Westufer des Wocheiner Sees verkehren. Eines der Boote wollen wir nutzen für eine

Lesce-Bled, Bohinjska Bistrica

Ribčev Laz, Ukanc (Endpunkt der Buslinie aus Ljubljana) Von Juni bis Ende September gibt es im Bereich Bohinj noch zahlreiche lokale Busverbindungen (Näheres s. *https://promet.bohinj.si/en/organised-transport*).

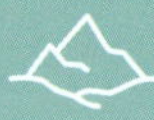

Nicht sehr anspruchsvolle Wanderung, im Bereich der Mostnica-Klamm Trittsicherheit erforderlich, keine großen Höhenunterschiede. Tagestour, kann aber auf zwei Tage aufgeteilt werden.

zahlreiche Unterkünfte unterschiedlicher Kategorien unter: *https://tdbohinj.si/en/accommodations-search*

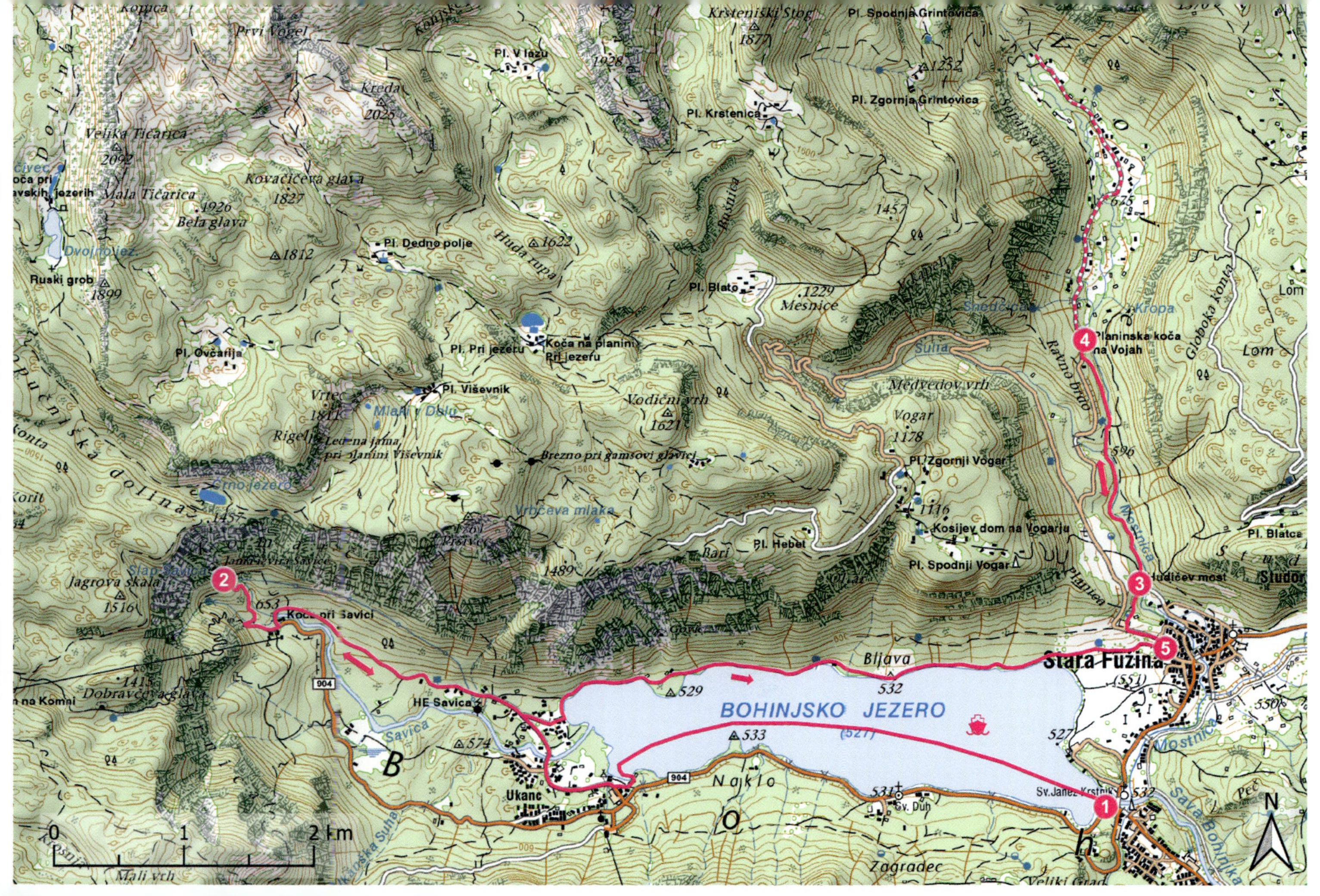

N
BOHINJSKO JEZERO
(527)
Stara Fužina
Studor
Mostnica
Sava Bohinjka
Sv. Janez Krstnik
Sv. Duh
Zagradec
Naklo
Bljava
Ukanc
HE Savica
Savica
Koča pri Savici
Dobravčeva glava
Jagrova skala
904
Planinska koča na Vojah
Ravno brdo
Medvedov vrh
Vogar
Pl. Zgornji Vogar
Kosijev dom na Vogarju
Pl. Spodnji Vogar
Pl. Hebet
Mesnice
Pl. Blato
Pl. Krstenica
Pl. Zgornja Grintovica
Pl. Spodnja Grintovica
Krsteniški Stog
Pl. V lazu
Kreda
Prvi Vogel
Velika Tičarica
Mala Tičarica
Kovačičeva glava
Bela glava
Ruski grob
Pl. Dedno polje
Huda rupa
Koča na planini Pri jezeru
Pl. Pri jezeru
Pl. Viševnik
Pl. Ovčarija
Vodični vrh
Brezno pri gamsovi glavici
Vrbčeva mlaka
Črno jezero
Kropa
Globoka konta
Lom
0
1
2 km
Mali vrh
1
2
3
4
5

Wanderung, die uns zum berühmten Savica-Wasserfall, zum Ufer des größten slowenischen Sees und schließlich noch zur Mostnica-Klamm führt. Falls wir zuvor schon müde geworden sind: Die Klamm und das Voje-Tal sind auch einen Extrabesuch wert! Trotzdem empfehle ich, die Tour, egal ob komplett oder verkürzt, schon mit dem ersten Schiff um 9.30 Uhr zu beginnen, denn vormittags zeigt sich, etwas Sonnenschein vorausgesetzt, der Savica-Wasserfall von seiner besten Seite.

WEGBESCHREIBUNG

Ausgangspunkt ist die **Bushaltestelle Ribčev Laz** (nahe dem Einkaufszentrum „Mercator"). Von hier aus gehen wir zur 150 m entfernten **Schiffsanlegestelle** am Südostufer des Bohinjsko jezero (525 m). Sanft bringt uns das Schiff nach Westen. Dabei genießen wir die Aussicht auf die Bergumrahmung des Sees, insbesondere auf die felsigen Südabstürze des Pršivec. Dort befindet sich auch eine Echowand. Trompetenklänge habe ich jedoch bei meinen Wanderungen am und über dem Wocheiner See noch nicht vernommen.

Von der Anlegestelle im Westen beim Campingplatz begeben wir uns nach Westen auf die Straße, die zur Endstation der Buslinie Ljubljana–Ukanc (das Hotel „Zlatorog" wurde vor einigen Jahren abgerissen) und weiter zur Brücke über die Savica führt. Ab hier Markierung Richtung *Koča pri Savici* bzw. *Slap Savica*. Dieser folgen wir auf zunächst asphaltiertem, später steinigem Weg leicht ansteigend nach Nordwesten, bis wir nach ca. 3 km im Wald die Savica überqueren und eventuell bei der Hütte **Koča pri Savici** (653 m) rasten. Die Umgebung wirkt schon wildromantisch: die rauschende Savica, der Laubwald und die felsigen Hänge der Komarča darüber.

Von hier aus steigen wir auf markiertem Weg Richtung Komna, doch schon bald geht es rechts auf teilweise gestuftem Weg hinauf zum Wasserfall. An einem Kiosk entrichten wir 4 € Eintrittsgeld. Nach ca. 20 Minuten Gehzeit ab der Savica-Hütte empfängt uns auf knapp 800 m Höhe eine hölzerne, überdachte Aussichtswarte, von der wir den über 70 m hohen „zweistrahligen" Wasserfall **Slap Savica** unter wilden Felswänden bewundern. Alleine sind wir hier allenfalls bei Regenwetter. Doch selbst da lohnt sich ein Besuch,

TIPP

SCHIFFFAHRT

Auf dem Bohinjsko jezero verkehren von Anfang April bis Ende Oktober zwei stromgetriebene Panoramaboote, „Zlatorog" und „Triglavska roža". Von Ende Juni bis Mitte September verkehren diese bis zu 15-mal am Tag in beide Richtungen, davor siebenmal, danach nur noch fünfmal (Stand 2023, *www.bohinj.si/en/panoramic-boat*).

es sei denn, man ist wasserscheu, denn dann driftet die Gischt des mächtigen Wasserstrahls bis zur Aussichtswarte empor. Die Staumauer unterhalb des Wasserfalls wurde 1916 während des Ersten Weltkriegs von der österreichisch-ungarischen Armee zum Zwecke der Stromerzeugung errichtet. Von hier wird das Wasser durch ein Rohr 2½ km hinab zu einem Kraftwerk an der Savica geleitet, das der Energieversorgung eines nahe gelegenen Militärlagers und dem Betrieb der aus Bohinjska Bistrica dorthin führenden Schmalspurbahn diente. Das Kraftwerk liefert heute noch Strom.

Auf denselben Wegen kehren wir wieder zum **Bohinjsko jezero** zurück, gehen aber schon vor Erreichen der Brücke über die Savica links über eine Wiese zum nordwestlichen Ufer des Sees mit freier Sicht nach Osten. Ab hier wandern wir gut 4 km an dem fast durchgehend bewaldeten Nordufer in Richtung Stara Fužina, hängen unterwegs mal die Füße ins Wasser, bis wenige Hundert Meter vor dem Nordostende des Sees links ein kleiner Weg abzweigt. Auf ihm gehen wir bis zum Ortsrand von **Stara Fužina** (546 m), biegen dort scharf links ab und gelangen auf asphaltierter Straße aufwärts zu einer Schranke, daneben ein Parkplatz. Hier begeben wir uns rechts auf den „Willomitzer Botanical Trail“, wo uns einige Infotafeln auf die dortige Flora aufmerksam machen. Durch Wald kommen wir nach ungefähr 500 m zur Teufelsbrücke **(Hudičev most)** am Eingang zum **Mostnica-Tal,** von der wir erstmals einen Blick hinab in die Mostnica-Klamm werfen können.

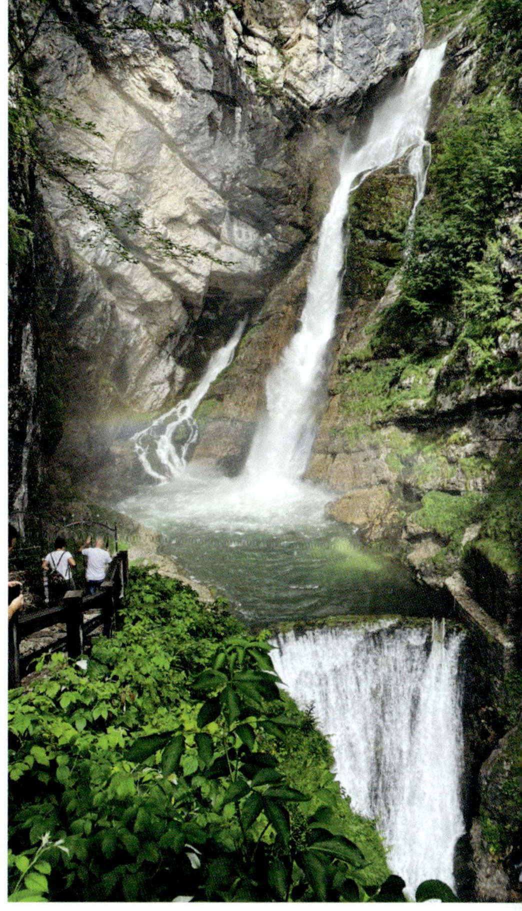

Slap Savica

Die Brücke überqueren wir nicht, sondern bleiben auf der westlichen Seite der Mostnica, wo auch der Weg beginnt, der uns am oberen Rand der **Mostnica-Klamm** entlangführt. Die nun folgende Wegstrecke zählt neben den beiden „Soška poti“ zu den schönsten Flusswanderungen in den Julischen Alpen: die Mostnica, mal durch

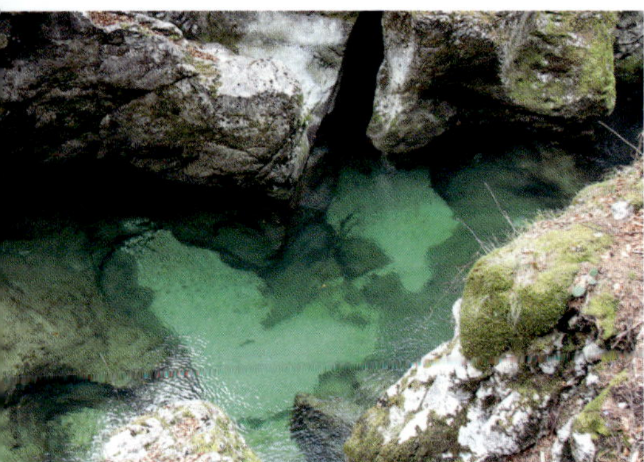

In der Mostnica-Klamm

enge, bis zu 20 m tiefe Canyons sich zwängend, mal durch fast ebenes Felsgelände fließend, vom Wasser modellierte Felsskulpturen, wie z. B. der „Elefant“ ... Dafür lassen wir uns Zeit und wechseln auch mal auf die andere Seite des Flusses.

Nach gut 2 km erreichen wir die Alpenvereinshütte **Planinska koča na Vojah** (690 m). Hier könnten wir uns auf den Fahrweg nach Stara Fužina begeben, um dort die Wanderung abzuschließen. Falls aber Zeit und Motivation noch ausreichen, setzen wir unsere Tour noch ins **Voje-Tal** fort: ein durch einen Eiszeitgletscher geformtes Tal mit steilen, dicht bewaldeten Hängen, breitem, lichtem Talboden, der bis vor einigen Jahrzehnten ausschließlich landwirtschaftlich genutzt wurde (als Weidegrund vor dem Auftrieb auf die höher gelegenen Almen und nach dem Almabtrieb, dazwischen Heumahd), seit den 1970er-Jahren jedoch dem Freizeittrend unterworfen ist. Aus vielen Hütten wurden Wochenendhäuser. Dennoch ist es hier immer noch recht idyllisch. Doch spätestens am *Slap Mostnica* am Ende des Tals sollten wir uns auf den Rückweg machen, um in Stara Fužina (oder in Ribčev Laz) die Wanderung ausklingen zu lassen.

Stara Fužina (Althammer) ist ein sympathisch ländlich wirkendes Dorf, das einen längeren Aufenthalt lohnt. Der deutsche Name erinnert an die Zeit, als hier Eisenerz gewonnen und verarbeitet wurde. Im 18. Jahrhundert kamen die Anlagen in den Besitz des Barons Zois. Ende des 19. Jahrhunderts wurde der letzte Schmelzofen stillgelegt und die Eisenverhüttung nach Jesenice verlagert. Heute erinnern nur die Mauerreste eines ehemaligen Hammerwerks an diese Zeit. Dafür ist die Landwirtschaft noch allgegenwärtig, und wer sich für die bis ins 13. Jahrhundert zurückreichende Geschichte der Almwirtschaft im Raum Bohinj und für traditionelle Gerätschaften interessiert, sollte einen Besuch des Sennereimuseums *Planšarski muzej* in Stara Fužina nicht versäumen. Bohinj hat übrigens die höchste „Almdichte“ der Julischen Alpen. Die meisten Almen liegen nordwestlich und nordöstlich von Stara Fužina. Milch wird heute aber hauptsächlich in einer modernen Molkerei im nahe gelegenen Srednja Vas verarbeitet. Sehr lohnend ist ein Abstecher in das 2 km östlich von Stara Fužina gelegene Dorf *Studor,* wo überdachte Doppelheuharfen und bis zu 200 Jahre alte Bauernhäuser, darunter das „Oplen-Haus“, das Bild prägen.

Die Sage vom Zlatorog

Zu den bekanntesten Sagengestalten des östlichen Alpenraums gehört zweifellos „Zlatorog“, der Gamsbock mit den goldenen Krickeln. Die Sage handelt, wie manch andere Alpensage auch, von Liebe und Eifersucht, aber ebenso von Habgier, und sie enthält eine durchaus aktuelle Warnung vor Respektlosigkeit gegenüber der Natur. Hier in Kurzform:

Zlatorog war der Wächter eines wunderbaren Gartens hoch über der Trenta, der von den Rojenice gepflegt wurde. Seine goldenen Krickeln waren aber auch der Schlüssel zu einem goldenen Schatz im Berg Bogatin. Zlatorog galt als unsterblich, wehe dem, der auf ihn schießt. Die Rojenice waren gütige Feen, die immer im Tal erschienen, wenn ein Kind krank war, das sie mit ihren Kräutern heilten. In der Trenta wohnte auch Janez, ein armer Bursch, der um die schöne Jerica warb. Doch eines Tages erschien ein reicher Kaufmann aus Venedig. Dieser warb ebenfalls um die schöne Jerica, und sie war ihm auch sehr zugetan. Da fasste Janez, rasend vor Eifersucht, einen tödlichen Plan. Er beschloss, Zlatorog zu erlegen, um an den Schatz im Bogatin zu gelangen und um damit die schöne Jerica wiederzugewinnen.

Janez ging hinauf ins Gebirge und legte sich auf die Lauer. Zlatorog erschien und Janez schoss. Zlatorog lag schwer verwundet am Boden. Aus jedem Tropfen Blut, der auf den Boden fiel, erwuchs jedoch eine Triglavrose

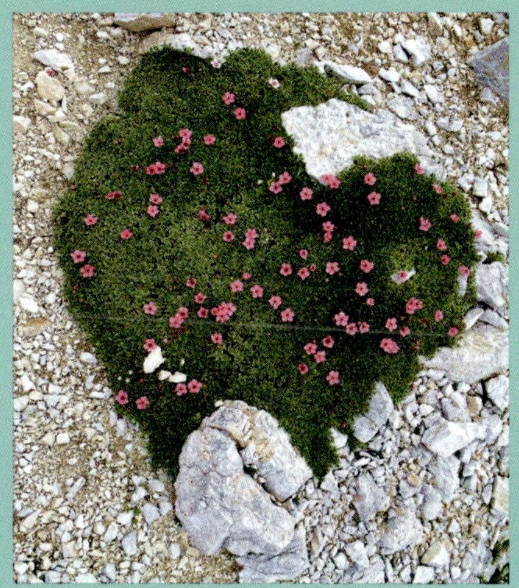

Triglavrose

(botan. Potentilla nitida), eine Blume mit Zauberkraft. Zlatorog gelang es mit letzter Kraft, diese zu verzehren. In Windeseile ward er dadurch genesen, er erhob sich, größer und stärker als je zuvor, rannte auf Janez zu und stieß ihn in den Abgrund. Daraufhin verwüstete er den Garten der Rojenice und verschwand mit ihnen auf Nimmerwiedersehen. Jerica hingegen findet Janez erst im darauffolgenden Frühjahr tot am Ufer der Soča.

Wo sich einstmals der Garten der Rojenice befand, erstrecken sich heute die Hribarice, eine der ödesten Karsthochflächen der Julischen Alpen (südlich des Triglav). Doch im Bogatin, am Südrand der Komna, schlummert noch immer ein Schatz …

Bohinj – Triglav (2864 m) – Sieben-Seen-Tal – Almen – Bohinj

ALMIDYLLE UND HÖCHSTES SLOWENISCHES GIPFELGLÜCK

3–4 Tage

Stara Fužina (546 m ①)–Voje (ca. 700 m ②)–Pl. Sp. Grintovica (ca. 1200 m)–Vodnikov dom na Velem polju (1817 m ③) **5–6 Std.**↑; Vodnikov dom–Triglavski dom na Kredarici (2515 m ④) **2 ½ Std.**↑; Triglavski dom–Triglav (2864 m ⑤) **1 ¼ Std.**↑; Triglav–Tržaška koča na Doliču (2151 m ⑥)–Kanjavec-Nordwestwandsteig–Zasavska koča na Prehodavcih (2071 m ⑦)–Koča pri Triglavskih jezerih (1685 m ⑧) **7-8 Std.**↓; Koča pri Trigl. Jezerih–Pl. Dedno polje–Koča na Pl. pri Jezeru (1453 m ⑨) **3 Std.**↑↓; Koča na Pl. pri Jezeru–Pršivec (1761 m ⑩)–Pl. Vogar (ca. 1050 m ⑪)–Stara Fužina **5–6 Std.**↑↓

Der Triglav ist der höchste und wohl bekannteste Berg Sloweniens. Von vielen Slowenen fast wie eine Gottheit verehrt, erfreut sich sein Gipfel an manchen Tagen großer Beliebtheit – auch bei Nichtslowenen, bietet er doch eine Aussicht, die in den Alpen ihresgleichen sucht. „Normalbergsteigern" bieten sich mehrere Möglichkeiten an, diesen Bergriesen zu besteigen. Die Wege aus dem Zadnjica-Tal im Westen und aus dem Vrata-Tal im Norden sind relativ kurz, aber steil. Der Weg aus dem Krma-Tal ist weniger steil, dafür aber sehr lang.

Lieblich und sonnig ist dagegen die Südseite des Triglav, die wir für den Anstieg wählen. Am schönsten ist dieser Anstieg vielleicht im Herbst: das Licht und unvergleichliche Farbenspiel der Julier – hier kann man nochmal auftanken, um den Winter besser zu überstehen. Ein weiterer Reiz des Südanstiegs ist der Szenenwechsel: uraltes Siedlungsland, ethnologisch einzigartige Almen, die ausgeprägte Höhenstufung der Wälder und schließlich schroffer Fels. Die Höhenunterschiede sind enorm: Vom Talkessel Bohinj bis zum Triglav-Gipfel sind es 2300 Höhenmeter und wer im goldenen Oktober ganz

→

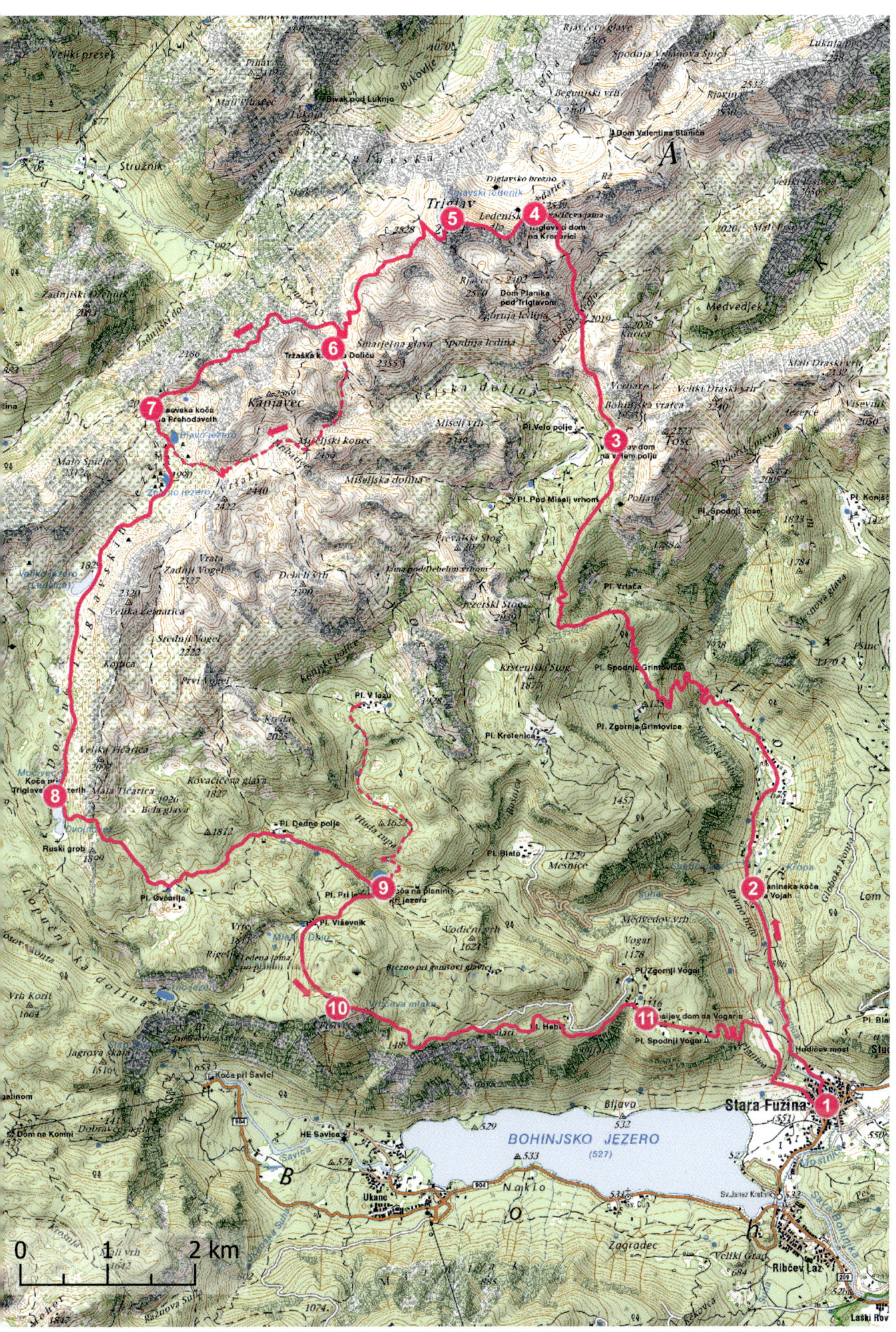

Triglav
Triglavski dom na Kredarici
Dom Planika pod Triglavom
Dom Valentina Staniča
Tržaška koča na Doliču
Kanjavec
Velska dolina
Mišeljska dolina
Pl. Velo polje
Pl. Pod Mišelj vrhom
Pl. Vrtača
Pl. Spodnja Grintovica
Pl. Zgornja Grintovica
Pl. Krstenica
Pl. Blato
Pl. Dedno polje
Pl. Ovčarija
Pl. Pri jezeru
Pl. Viševnik
Pl. Zgornji Vogar
Pl. Spodnji Vogar
Pl. Spodnji Tosc
Stara Fužina
Hudičev most
Bohinjsko jezero
(527)
Ukanc
HE Savica
Koča pri Savici
Dom na Komni
Ribčev Laz
Sv. Janez Krstnik
Zagradec
Stružnik
Medvedjek
Tosc
Debeli vrh
Ruski grob
Bivak pod Luknjo
Triglavsko brezno
1
2
3
4
5
6
7
8
9
10
11
0
1
2 km

hoch hinauf möchte, sollte – mit nicht ganz leichtem Rucksack – den 2000-m-Anstieg von Bohinj zur Kredarica auf 2500 m Höhe an einem Tag bewältigen können oder sich mit dem Winterraum beim Vodnikov dom auf 1800 m Höhe begnügen. Außerdem erfordert diese Tour von allen vorgestellten Touren das höchste Maß an Trittsicherheit und Schwindelfreiheit, trotz hervorragender Sicherung ausgesetzter Passagen. Wer jedoch den Anforderungen gewachsen ist und an einem klaren Tag auf dem Gipfel steht, wird sehr wahrscheinlich zum Wiederholungstäter!

WEGBESCHREIBUNG

Als Startpunkt wählen wir **Stara Fužina** (545 m, s. unter Tour 13), wo wir idealerweise übernachten, um am nächsten Morgen gut gestärkt zu dieser langen Tour aufzubrechen. Von der Bushaltestelle Ribčev Laz hierher sind es etwa 2 km.

Auf einem Sträßchen nahe der Mostnica marschieren wir nach Norden Richtung Voje und gelangen gut 500 m nach Verlassen des Dorfes zur Teufelsbrücke **(Hudičev most)**, die wir überqueren. Noch wenige Meter entlang der Straße und wir müssen uns entschei-

Lesce-Bled, Bohinjska Bistrica

Ribčev laz (nahe „Mercator")

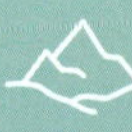

Anspruchsvolle mehrtägige Bergtour, die sehr gute Kondition (insbesondere außerhalb der Hüttensaison), Trittsicherheit und ein hohes Maß an Schwindelfreiheit verlangt, v. a. bei der Überschreitung des Triglav von Ost nach West und bei der Durchquerung der Nordwestwand des Kanjavec.

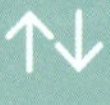

Höchster Punkt: *Triglav*, 2864 m, niedrigster Punkt: *Bohinjsko jezero*, 525 m

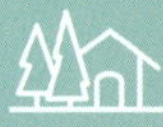

Zahlreiche Hotels, Pensionen, Privatzimmer und Bauernhöfe in den verschiedenen Ortsteilen von Bohinj.

Je nach Schneesituation auf dem Triglav von Juni/Juli bis Oktober. Im Juli und August sowie an schönen Wochenenden danach sind die Hütten nahe des Triglav und im Sieben-Seen-Tal bisweilen überfüllt. Rechtzeitige Reservierung wird empfohlen.

den, wie wir weitergehen wollen: Entweder auf dem Pfad entlang der Mostnica-Klamm – sehr lohnend (s. Tour 13), jedoch darauf achten, dass man nicht durch zu viel Schauen und Staunen wertvolle Zeit verliert, oder auf der Straße weitermarschieren. In beiden Fällen erreichen wir nach gut 2 km die Alpenvereinshütte **Planinska koča na Vojah** (690 m). Von hier aus durchwandern wir das Voje-Tal, wobei wir entweder auf der westlichen Talseite bleiben können (kürzer) oder die Mostnica überqueren, um östlich davon durch idyllisches Wiesengelände zu wandern. Nahe des Talschlusses vereinigen sich die Wege wieder. Sofern wir gut in der Zeit sind, lohnt sich noch ein Abstecher zum Wasserfall *Slap Mostnice*.

Nun steht uns ein ernster Konditionstest bevor: der Aufstieg von der Voje zur unteren Grintovica-Alm (**Pl. Sp. Grintovica**, 1180 m) – Höhenunterschied ca. 450 m, horizontale Distanz ca. 700 m. Der Weg führt aber durch schönen Buchenwald. Die Rast auf der Weidefläche haben wir uns trotzdem redlich verdient. Danach geht es weiter durch Wald, der zunehmend subalpin wirkt. Die Lärche dominiert und das Gelände wird felsiger. Noch ein steiler Anstieg in nördliche Richtung bis auf knapp 1700 m Höhe, dann wird der Weg angenehmer, der Lärchenwald wird lichter – und unser Ziel rückt ins Blickfeld: der Triglav mit seiner sonnendurchfluteten Südseite. Noch gut 1 km und wir erreichen die herrlich gelegene Alpenvereinshütte **Vodnikov dom na Velem polju** (1817 m). Während der Öffnungszeit lohnt sich ein ein- bis zweitägiger Hüttenaufenthalt, um die nähere Umgebung zu erkunden, z. B. die Südseite des Berges *Tosc* mit reichhaltiger Flora (Krainer Lilie, Edelweiß u. v. a.) oder die Senke *Malo Polje* mit interessanter Sumpfvegetation (Fieberklee, Scheuchzers Wollgras).

Den Triglav jetzt stets vor Augen, setzen wir unsere Tour nach Norden fort und kommen bald in ausgesprochen alpines Gelände. An der Westflanke des *Vernar* müssen wir zum ersten Mal Hand an die hier angebrachten Sicherungseinrichtungen legen. Nach einer knappen Stunde sind wir auf dem Sattel **Konjski preval** (2020 m). Eindrucksvoller Blick nach Osten zu den Gipfeln über dem Krma-Tal und zu den schon in der Ferne liegenden Steiner Alpen. Hier teilt sich der Weg. Wir entscheiden uns für den Weg zum Triglav-Haus auf der Kredarica, allerdings sind die 500 Höhenmeter, die es noch zu überwinden gilt, ziemlich kraftraubend und erfordern viel Konzentration an den gesicherten Kletterstellen. Doch dann, fast unvermittelt, stehen wir vor der Hütte **Triglavski dom na Kredarici** (Triglav-Haus, 2515 m).

Das Triglav-Haus ist die höchstgelegene bewirtschaftete Schutzhütte Sloweniens. Sie dient auch als Wetterwarte. Anfang der 1980er-Jahre wurde die einstmals bescheidene Hütte modernisiert und erheblich erweitert. Trotz der Vielzahl an Schlafplätzen kann es hier bisweilen eng werden, besonders im Hochsommer und an schönen Wochenenden im Herbst.

Nahe der Hütte befand sich einst der Triglav-Gletscher *Zeleni sneg* („Grünschnee"), der einzige Gletscher im Nationalpark Triglav. Von den 15 ha Gletscherfläche Anfang der 1950er-Jahre ist heute nichts mehr übrig. Bei schönem Wetter herrscht frühmorgens eine einzigartige Stimmung auf der Kredarica. Weit schweift der Blick nach Osten zu den Ausläufern der Alpen und in die von Morgennebeln verschleierte Mittelgebirgslandschaft Zentralsloweniens. Im Norden dagegen erstrahlen über den finsteren Abgründen des Vrata-Tals die Škrlatica und andere Kalkriesen in der Morgensonne. Blickfang ist jedoch der nahe Triglav, dessen Gipfelkuppel wir nun ins Visier nehmen.

Von der Hütte geht es leicht abfallend einige Hundert Meter in südwestliche Richtung. Dann beginnt der Steilaufstieg durch die Ostflanke des Mali (Kleinen) Triglav. Zunächst sind es Stufen, die unser Höherkommen erleichtern. Danach ist leichtes Klettern angesagt, wobei die zahlreichen Eisenstifte, die dem Triglav den hübschen Beinamen „Stachelschwein" eingebracht haben, eine wertvolle Hilfe sind. Mit der Höhe wird die Fernsicht immer umfassender. Lohnend ist aber auch ein Blick hinab in das 2000 m tiefer gelegene Voje-Tal und in den morgens oft im Nebel liegenden Talkessel von Bohinj. Nach einer Dreiviertelstunde stehen wir auf dem **Mali Triglav** (2735 m), wo wir uns aber nicht lange aufhalten, sondern gleich am Drahtseil-gesicherten Grat abwärts in die Scharte gehen, wo der letzte Steilaufstieg beginnt.

Schließlich erreichen wir den Höhepunkt unserer Tour und höchsten Punkt Sloweniens, den (Veliki) **Triglav** (2864 m) mit dem Gipfelwahrzeichen *Aljažev Stolp,* einem kleinen Blechturm, errichtet im Jahre 1895 auf Initiative des Pfarrers Jakob Aljaž aus Dovje. Die Lage am Alpenrand und die enorme Höhe machen den Triglav zu einem Aussichtspunkt ohnegleichen in den Alpen. Nicht nur die Weite, auch die Verschiedenartigkeit der Landschaften, die man überschaut, machen den Reiz des bei klarem Wetter grenzenlosen Panoramas aus: vom 130 km entfernten Dachstein in den Nördlichen Kalkalpen bis zu den Gestaden der Adria; von den Firngipfeln der Hohen Tauern bis zu den endlosen Wäldern im Grenzgebiet Slowenien/Kroatien; von den Gipfeln Friauls und der Dolomiten bis zu den steirischen Gebirgen und zu den Steiner Alpen. Sehr beeindruckend auch der Blick auf die Kalkgipfel der näheren Umgebung und in die tief eingeschnittenen Täler Vrata, Zadnjica und Trenta.

Der Abstieg erfolgt zunächst nach Süden durch Schrofengelände hinab zur Triglav-Scharte (**Triglavska Škrbina**, 2650 m). Dort teilt sich der Weg. Wir wählen den gesicherten Pfad nach rechts durch die Triglav-Westwand. Hier ist höchste Konzentration verlangt. Der Pfad führt schräg hinab zu einem ausgedehnten Schuttfeld. Hierauf geht es weiter nach Südwesten, bis welliges Felsgelände vorherrscht. Schließlich marschieren wir auf sehr gut ausgebautem Weg (einstmals der Zugang zur italienischen Morbegno-Kaserne, von

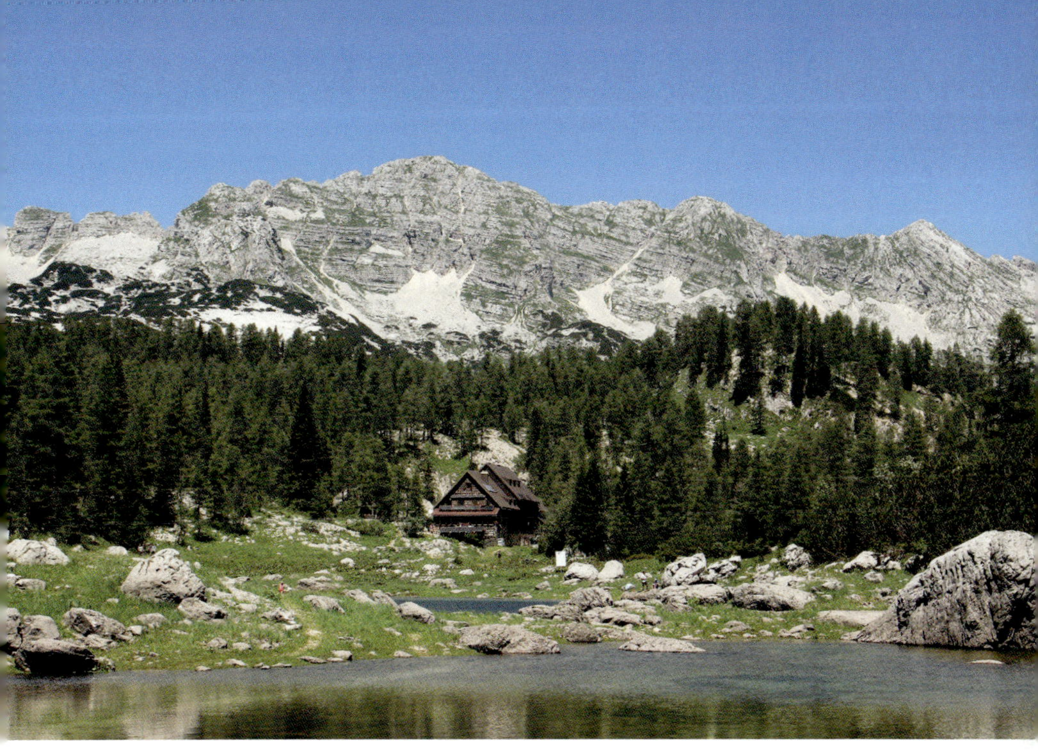

Dvojno jezero/„Doppelsee" im Sieben-Seen-Tal

der nur noch Ruinen stehen) hinunter zum Dolič-Sattel mit der Hütte **Tržaška koča na Doliču** (2151 m).

Unser nächstes Ziel ist das Sieben-Seen-Tal, bis 1981 „Herzstück" des bis dato viel kleineren Nationalparks Triglav. Es ist auf zwei Wegen zu erreichen: entweder über das *Hribarice*-Plateau östlich des Kanjavec – etwas mühsamer Schuttanstieg, sonst aber einfach, bei Nebel jedoch schwierige Orientierung – oder durch die **Nordwestwand des Kanjavec** – sehr ausgesetzt und darum nur schwindelfreien Bergwanderern anzuraten. Wer sich davon aber angesprochen fühlt, darf sich auf diesen Weg, wie nachfolgend beschrieben, begeben.

Von der Hütte geht es ca. 200 m abwärts in Richtung Zadnjica. Links zweigt ein markierter Weg in die Wand ab. Schon zu Beginn wartet die schwierigste Passage auf uns: ein in den senkrechten Fels gehauener Pfad, ziemlich kurz und ca. 1 m breit, aber kaum mehr als 1,20 m hoch und nicht gesichert. Mit äußerster Vorsicht passieren wir diese Stelle, mehr kriechend als gehend. Der weitere Weg verläuft überwiegend auf Bändern des mehr oder weniger waagerecht geschichteten Dachsteinkalks und ist meist mehr als 1 m breit. Ein Fehltritt wäre aber fatal, schließlich trennt uns fast 1000 m hoher Steilfels vom Talschluss der Zadnjica. Dennoch gibt es Stellen zum Rasten und Schauen: begeisternd der Blick in die Zadnjica mit ihrer imposanten Felsumrahmung; Rückblick zum Triglav; am meisten beeindruckend aber der Blick zum *Vršac* mit seinem riesigen Nordpfeiler – senkrechter, teilweise überhängender Fels, ein Dorado für Extremkletterer. Zuletzt geht es etwas anstrengend über Schutt hinauf zur Scharte zwischen Kanjavec und Vršac.

Von der Scharte führt der Weg in den nördlichsten Teil des Sieben-Seen-Tals hinab. Fast unvermittelt erscheint vor uns der blaugrüne **Jezero pod Vršacem** (1991 m), eine Wohltat fürs Auge in dieser kargen Felslandschaft. Er ist der erste der sieben Seen, die von Norden nach Süden gezählt werden und ist 90 m lang, 60 m breit und 5 m tief. Das Wasser fließt übrigens unterirdisch in Richtung Zadnjica und somit in die Soča bzw. in Richtung Adria, während die anderen Seen des Sieben-Seen-Tals nach Südosten zur Savica und somit zum Schwarzen Meer entwässern. Oberhalb des Sees führt der markierte Weg weiter zur Prehodavci-Scharte und zur Hütte **Zasavska koča na Prehodavcih** (2071 m), die sich in aussichtsreicher Lage hoch über der Trenta befindet. Die Hütte ist ein idealer Stützpunkt für Hochtouren, z. B. auf den *Kanjavec*, der eine ähnlich weite Aussicht bietet wie der Triglav.

Ab hier wandern wir weiter durch felsiges Gelände nach Süden. Wenn wir uns etwas links halten, erblicken wir in einer Mulde den zweiten See im Sieben-Seen-Tal, den **Rjavo jezero** („Brauner See"), dessen Wasserspiegel bis zu 5 m schwankt. Nach knapp 1 km erreichen wir auf 2000 m Höhe den dritten See, den **Zeleno jezero** („Grüner See"), in dem sich, sofern Windstille herrscht, die markante *Zelnarica* spiegelt. Er ist maximal 2 m tief und durch Algen grünlich gefärbt. Als einzige höhere Pflanze kommt darin der Schlaffe Hahnenfuß vor. Und mit etwas Glück entdecken wir einen Bergmolch.

Der weitere Weg führt jetzt noch durch felsiges Gelände bergab, dann quer durch den riesigen Schutthang unter den Wänden von *Velika* und *Mala Zelnarica*, bis wir nach 2 km den **Veliko jezero** („Großer See", 1830 m), den vierten See, erreichen. Mit 300 m Länge, über 100 m Breite und 15 m Tiefe ist er der größte und tiefste See im Sieben-Seen-Tal – und ein Glanzpunkt der gesamten Tour. Unmittelbar nordwestlich erhebt sich der Felsrücken *Ledvica* („Niere"), auf dem – in fast 1900 m Höhe – uralte, knorrige Lärchen stehen. Besonders stimmungsvoll ist es hier an einem sonnigen Spätnachmittag im Oktober: das tiefblaue Wasser des Sees, darüber der helle, von zahlreichen Rinnen zerfurchte Kalkfels der Ledvica, die goldgelb leuchtenden Lärchen vor den bereits im Schatten liegenden Felsabstürzen der *Lepo Špičje*. Das Wasser des Veliko jezero gilt Studien zufolge als „ultraoligotroph", d. h. als extrem nährstoffarm (jedoch kalkreich). Jedenfalls ist er der sauberste See in den slowenischen Juliern – und das soll durch das Badeverbot in den Bergseen auch so bleiben.

Wir setzen unsere Wanderung nach Süden fort. Von einer felsigen Schwelle unweit des Veliko jezero überblicken wir die weite Hochfläche des mittleren Sieben-Seen-Tals (auch als *Zgornja Komna* bezeichnet) mit seinen lichten Lärchenwäldern und der *Komna* mit den sehr ausgedehnten Legföhrenbeständen. Immer wieder treten wir auf rötlich gefärbten Jura-Kalkstein, dem bisweilen dunkle Eisen-Mangan-Knollen beigemengt sind. Fossilienfreunde entdecken vielleicht einige Kopffüßer und Ammoniten.

Nach 3 km kommen wir zum **Dvojno jezero**, dem „Doppelsee", denn meistens sind es zwei Seen: der fünfte und der sechste See. Nur bei hohem Wasserstand – der Wasserspiegel schwankt bis zu 5 m – bildet sich eine zusammenhängende Wasserfläche. Aufgrund seiner sehr malerischen Umgebung und der in unmittelbarer Nähe gelegenen Hütte **Koča pri Triglavskih jezerih** (Sieben-Seen-Hütte, 1685 m) gehört er zu den meistbesuchten Ausflugszielen der Julischen Alpen. Der See, einstmals ein Landschaftsjuwel, ist allerdings nicht mehr der Bergsee mit glasklarem Wasser, der er mal war. Primäre Ursache dafür war das Einbringen von Seesaiblingen und Elritzen im Jahr 1991 in den bis dato fischfreien See. Diese ernährten sich dort sogleich von zwei Krebsarten, die dadurch drastisch dezimiert wurden mit der Folge, dass Algen überhandnahmen, welche bislang von den Krebsen „abgeweidet" wurden. Das fragile ökologische Gleichgewicht dieses von Natur aus artenarmen Sees ist seither empfindlich gestört. Sobald im Sommer der Wasserspiegel sinkt, bleibt an den Ufern des Doppelsees ein bisweilen unangenehm riechender Algenteppich zurück. Seit einigen Jahren wird vom Frühjahr bis in den Herbst mithilfe von Netzen und Reusen der See regelmäßig abgefischt, wodurch der Fischbestand stark reduziert werden konnte. Das Algenwachstum konnte aber noch nicht eingedämmt werden. Zwar wird die Aktion fortgesetzt, doch ob sich der See jemals wieder erholt, ist ungewiss.

Wir verlassen den Dvojno jezero nach Osten und steigen auf steilem Pfad, teilweise über Geröll, hinauf zur Scharte **Štapce** (1851 m) zwischen der schroff aufragenden *Mala Tičarica* (2071 m) und der *Rušnata glava*. Von dort genießen wir noch mal einen Blick über das Sieben-Seen-Tal und seine Bergumrahmung. Nun betreten wir das Gebiet der *Fužinarske planine*, der Gemeinschaftsalmen von Studor und Stara Fužina mit insgesamt neun „Almdörfern". Durch Latschengebüsche, später dann durch lichte Lärchenwälder wandern wir nach Südosten und entdecken nach gut 1 km in einer Karstsenke die **Alm Pl. Ovčarija** (1660 m). Wir gehen weiter nach Nordosten, wo wir nach knapp 2 km die von Fichten und Lärchen umgebene Alm **Dedno polje** (1660 m) erreichen. Dedno polje ist eine typische Hochalm im nordwestlichen Gebiet von Bohinj: baumfreie Weideflächen in einer abflusslosen Mulde (Polje); das Almdorf, bestehend aus zehn Holzhütten, die auf halber Höhe

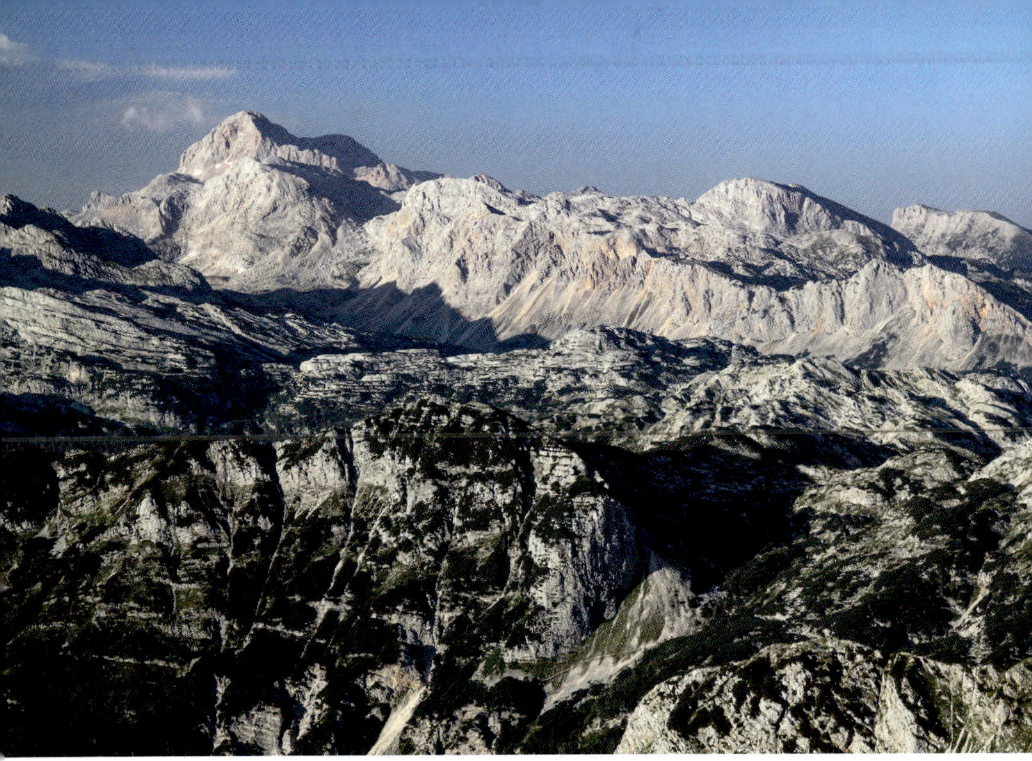

Triglav, gesehen vom Krn

kreisförmig angeordnet sind; fließender Übergang von der Weide zum Wald – Natur und menschliche Nutzung in seltener Harmonie.

Wir verlassen die Alm auf einem Wirtschaftsweg in südöstliche Richtung und erreichen nach etwa 1½ km die Alpenvereinshütte **Koča na Planini pri Jezeru** (1453 m). Sie liegt unweit südlich eines 150 m großen Sees, der von dunklen Fichtenwäldern und von der Alm *Planina pri Jezeru* umgeben ist. Wer sich mit den Hochalmen nordwestlich von Stara Fužina näher befassen möchte, sollte hier mindestens einmal übernachten. Eine der schönsten Almen ist **Planina v Lazu** (1560 m), ca. 1 Stunde nördlich der Hütte gelegen vor einem eindrucksvollen Halbrund schroffer Felswände mit dem mächtigen *Debeli Vrh* (2390 m). Ein Bächlein fließt durch den Weidegrund, versickert aber im porösen Kalkgestein. Beweidet wird diese Hochalm (wie auch die Almen Dedno polje, Pri Jezeru, Viševnik) in der Regel von Mitte Juni bis Anfang September. Wer von hier direkt ins Tal hinabsteigen möchte, wählt den Weg über die Almen Pl. Blato und Pl. Vogar. Besser ist es aber, zur *Koča na Planini pri Jezeru* zurückzukehren.

Von dieser Hütte steigen wir zur Hochalm **Planina Viševnik** (1615 m) hinauf. Auch dieses „Almdorf" fügt sich wunderbar in die Landschaft ein. Hier besteht Übernachtungsmöglichkeit in der kleinen Hütte **Bregarjevo zavetišče na planini Viševnik**. Nun folgen wir dem Pfeil nach Süden zum Berg **Pršivec** (1761 m). Bei klarem Wetter bietet der Gipfel eine prächtige Aussicht auf den Triglav im Norden sowie auf den mehr als 1200 m unter uns liegenden Seespiegel des Bohinjsko jezero. Von hier aus geht es auf markiertem Weg nach Osten, zunächst durch lichte Lärchenbestände, dann steil abwärts durch Fichtenwald, unterhalb 1400 m durch buchenreichen Mischwald. Der Weg führt teilweise am oberen Rand der Felsabbrüche entlang und erlaubt fantastische Ausblicke. Schließlich erreichen wir die Alm **Planina Vogar** (ca. 1000–1100 m). Das weite Almgelände ist durch Baum- und Gebüschgruppen gegliedert. Berg- und Spitzahorn sorgen im Herbst für eine besondere Farbenpracht. Stellenweise gibt es hier Buckelwiesen, deren sanft gewellte Konturen im weichen Nachmittagslicht schön hervortreten. Die Almhütten – viele davon wurden zu Ferienhäusern oder Jagdhütten umgestaltet – liegen sehr zerstreut. Inmitten der Alm liegt die Alpenvereinshütte **Kosijev dom na Vogarju** (1054 m).

Nach gut 1 km Almwanderung nimmt uns ein schattiger Laubwald auf. Ein in den Fels gehauener, recht steiler Weg führt uns die letzten 400 Höhenmeter ins Tal der Mostnica und nach **Stara Fužina** hinab. Wer noch etwas Energie hat, unternimmt einen Spaziergang am Ostufer des Bohinjsko jezero – ein glanzvoller Abschluss dieser großartigen Bergtour!

Planinska koča na Vojah (690 m): 16 B., 24 L., bew. April–Oktober
Vodnikov dom na Velem polju (1817 m): 46 B., 24 L., WR (8 L.), bew. Juni–September
Triglavski dom na Kredarici (2515 m): 140 B., 200 L., voll bew. Juni–September, in der übrigen Zeit einfach bew. (Wetterstation)
Dom Valentina Staniča pod Triglavom (2332 m): 35 B., 62 L., WR (2 L.), bew. Juli–September
Dom Planika pod Triglavom (2401 m): 49 B., 94 L., bew. Juli–September
Koča na Doliču (2151 m): 59 B., 15 L., bew. Juli–September
Zasavska koča na Prehodavcih (2071 m): 39 L., 25 Notl., WR (24 L.), bew. Juni–Sept.
Koča pri Triglavskih jezerih (1685 m): 79 B., 7 L., bew. Juni–September, Zugang zum WR bei Sektion erfragen
Koča na Planini pri Jezeru (1455 m): 79 B., 7 L., WR (9 L.), bew. Juni–August
Bregarjevo zavetišče na planini Viševnik (1620 m): 5 B., 10 L., bew. Juni–September
Kosijev dom na Vogarju (1054 m): 45 B., 18 L., bew. Mai–September

Ukanc/Zlatorog – Komna – Krn (2244 m) – Drežnica (– Kobarid)

AUF EHEMALIGEN KRIEGSPFADEN DURCH EINE STILLE BERGWELT

Zwischen Bovec und Tolmin ist der Krn nicht nur der höchste, sondern auch markanteste Berg. Seine Schauseite ist die Westseite mit der bis zu 800 m hohen Felswand. Diese bleibt Kletterern und Klettersteiggehern vorbehalten. Berggeher ohne Kletterambitionen können zwischen drei Anstiegen wählen: der „klassische“ von Norden über den Krn-See (s. Tour 8), der kürzeste von der Planina Kuhinja im Süden – oder der weniger bekannte von Osten über die Komna und den Berg Batognica.

Letzterer soll hier beschrieben werden. Er verläuft teilweise auf Wegen, die in der finstersten Epoche dieser Gegend angelegt wurden, heute aber dem

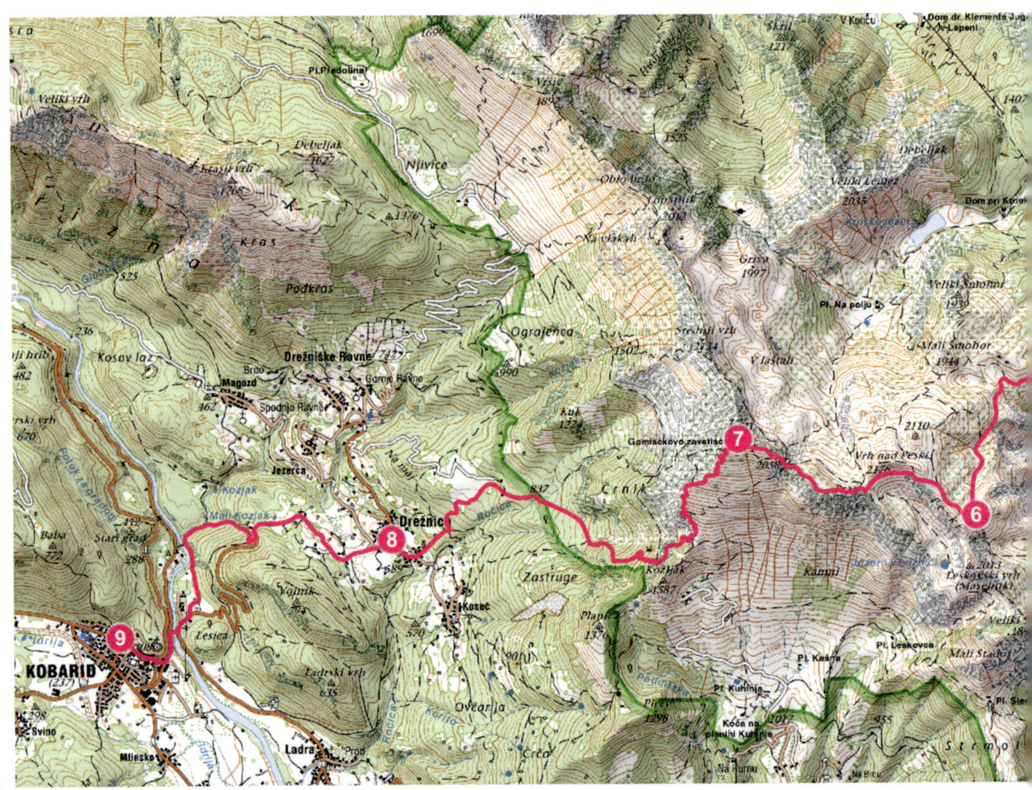

Wanderer den Zugang in eine Bergwelt erleichtern, die neben Relikten aus dieser Zeit eine vielfältige Flora und fast grenzenlose Aussichten zu bieten hat. Der Abstieg vom Krn führt uns nach Drežnica, dem laut Eigenwerbung „schönsten Dorf Sloweniens". Zumindest ist es das schönstgelegene Dorf. Es lohnt sich, hier oder in einem der Nachbardörfer einige Tage zu verweilen.

3 Tage

Ukanc (1) – Koča pri Savici (2) – Dom na Komni (3) **3½–4 Std.**
Dom na Komni – Vratca (4) **1½ Std.**
Vratca – Prehodci (5) – Piramida na Peskih (6) – Batognica – Krn (7) **5–6 Std.** Krn – Drežnica (8) **5–6 Std.**
Drežnica – Kobarid (9) **2–2½ Std.**

WEGBESCHREIBUNG

Ausgangspunkt ist die Endstation der Buslinie Ljubljana–Bohinj–**Ukanc** (beim inzwischen abgerissenen Hotel Zlatorog, 540 m) westlich des Bohinjsko jezero (Wocheiner See). Schon nach 100 m überqueren wir die *Savica* und setzen, wie unter Tour 13 beschrieben, die Wanderung bis zur Hütte **Koča pri Savici** (653 m) fort. Im Sommer herrscht hier reger Betrieb, zumal der nur unweit entfernte Wasserfall *Slap*

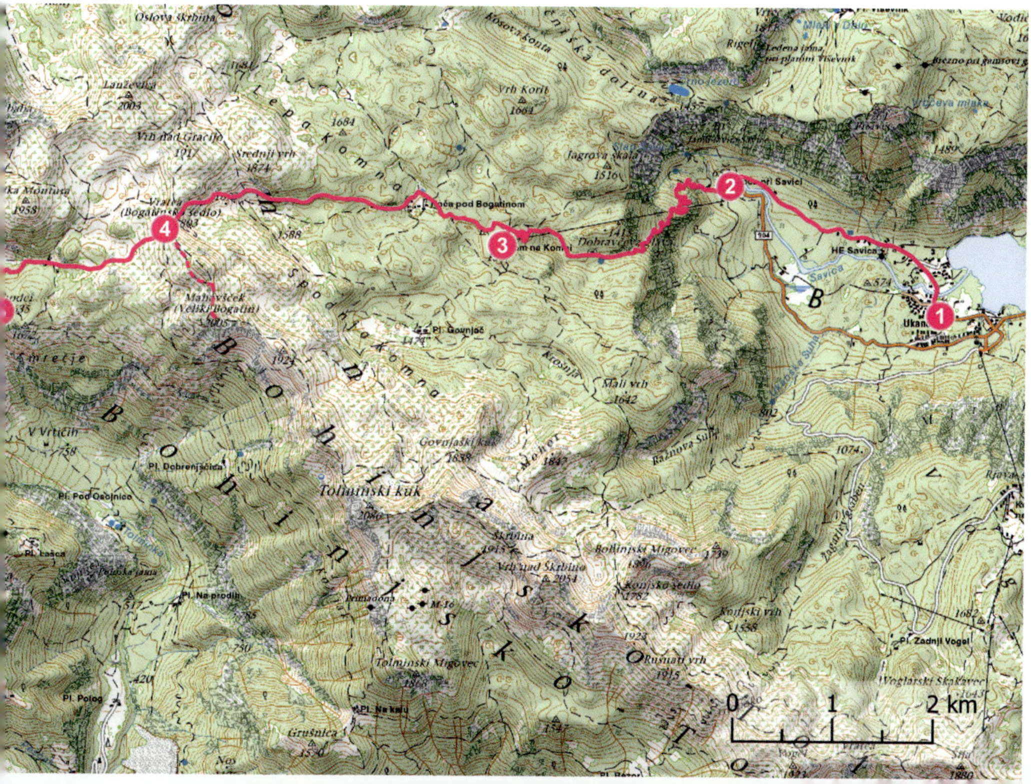

Savica eine Menge Besucher anlockt. Wir folgen aber dem Wegweiser Dom na Komni. Ab hier wandern wir über weite Strecken auf Wegen, die während des Ersten Weltkriegs von russischen Kriegsgefangenen erbaut wurden.

Nun steht uns ein Anstieg von 900 Höhenmetern durch sehr urwüchsigen Buchenwald bevor. Nach 2½-stündigem Aufstieg erreichen wir die ganzjährig geöffnete Hütte **Dom na Komni** (1520 m), wo wir nächtigen oder zumindest eine Rast einlegen.

Von dort setzen wir die Wanderung über die Komna fort. Nach einer Viertelstunde sehen wir links des Wegs die Hütte **Koča pod Bogatinom** (1515 m). Hier befand sich während des Ersten Weltkriegs das größte österreichisch-ungarische Feldlager im Bereich des Frontabschnitts zwischen Tolmin und Flitsch/Bovec, bestehend aus mehr als 20 Gebäuden. Die größeren dienten als Feldspital. Die heutige Hütte stellt das einzige übrig gebliebene Bauwerk aus jener Zeit dar. In einer Steinpyramide

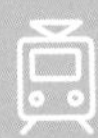

Lesce-Bled, Most na Soči

Ukanc (Endstation der Buslinie von Lesce-Bled), Kobarid (nach Most na Soči über Tolmin sowie nach Bovec)

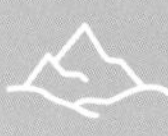

Lange Bergtour, am besten auf 3–4 Tage aufteilen. Tour durch teilweise alpines Gelände, Trittsicherheit erforderlich.

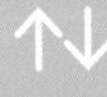

Ukanc (550 m)–Komna–Vratca–Krn (2244 m): ca. 2000 m↑ (mit Gegenanstiegen). Krn–Drežnica–Kobarid: 2000 m↓

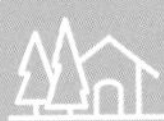

Dom na Komni (1520 m):
74 B., 34 L., ganzj. bew.
Koča pod Bogatinom (1513 m):
38 B., 14 L., bew. Juni–Sept.
Gomiščkovo zavetišče na Krnu (2182 m): 42 L. WR (6 L.), einfach bew. Juni–September (anrufen!)
Koča na planini Kuhinja (991 m): 24 L., bew. Juni–September, jedoch nur von Freitag bis Sonntag
Planinski dom pri Krnskih jezerih (1385 m): 53 B., 57 L., 36 Notl., WR (18 L.), bew. Juni–September
In Drežnica und in den umliegenden Dörfern zahlreiche Privatunterkünfte.

Beste Jahreszeit: je nach Schneelage Mitte/Ende Juni bis Ende Juli (Öffnungszeiten der Hütte unter dem Krn-Gipfel, Bergblüte!)

wenige Meter links des Wanderweges befinden sich die sterblichen Überreste namenloser Gefallener.

Bei der Hütte Koča pod Bogatinom teilen sich die Wege. Wir wählen jenen in Richtung *„Vratca", „Krnsko jezero"*, der durch die **Komna** mit ihren ausgedehnten Latschenfeldern und zahlreichen Dolinen führt. Wer im Juni oder Juli hier wandert, wird erstaunt sein über die bunte Blumenpracht am Wegrand und die Komna gar nicht eintönig finden. Besonders auffällig sind die *Krainer Lilie* und der *Merkblättrige Bärenklau*, der ausschließlich in den Julischen und Steiner Alpen sowie in den Karawanken vorkommt. Wir wandern auf breitem (Kriegs)Weg mäßig steil bergauf. Wir passieren die Überreste einer „Fassungsstelle" aus dem Ersten Weltkrieg. Von hier aus wurden die Soldaten versorgt, die an vorderster Front kämpfen mussten. Die Latschenkiefern werden spärlicher und schließlich erreichen wir den Sattel **Vratca** (1803 m), Wasserscheide zwischen Save und Soča bzw. Schwarzem Meer und Mittelmeer sowie „Rapallo-Grenze" zwischen dem Königreich Italien und dem Königreich Jugoslawien von 1919 bis 1941. Einige Mauerreste zeugen noch von den Grenzanlagen. Uns beeindruckt aber viel mehr die Aussicht auf das Krn-Massiv.

Vom Sattel Vratca wandern wir abwärts in Richtung Krnsko jezero. Nach ca. 2 km entdecken wir im Bereich **Za Lepočami** (ca. 1550 m) die großen Ruinen einer ehemaligen italienischen Kaserne. Hier teilt sich der Weg. Geradeaus geht es zum Krnsko jezero. Wir wählen aber den Weg links zum Sattel **Prehodci** (1639 m), den wir nach einer knappen halben Stunde erreichen. Ab hier sind wir abermals auf einem alten Kriegsweg, wobei wir stets den Wegweisern Richtung „Krn" folgen. Selbst im Sommer begegnen wir hier nur wenigen Wanderern. Legföhren und blumenreiche Wegränder – stellenweise mit *Edelweiß* und *Kohlröschen* – begleiten uns nach oben. Links erblicken wir die bizarren Felsabbrüche des *Veliki* und *Mali Kuntar* über dem tief eingeschnittenen Tolminka-Tal – eine unwirkliche Kulisse. Bald wird auch unser Weg steiniger und steiler, das Gelände ringsum felsiger, unwirtlicher, doch auch hier erfreuen noch manche Bergblumen unsere Augen, vor allem *Kerners Alpenmohn*, das *Obir-Stein-*

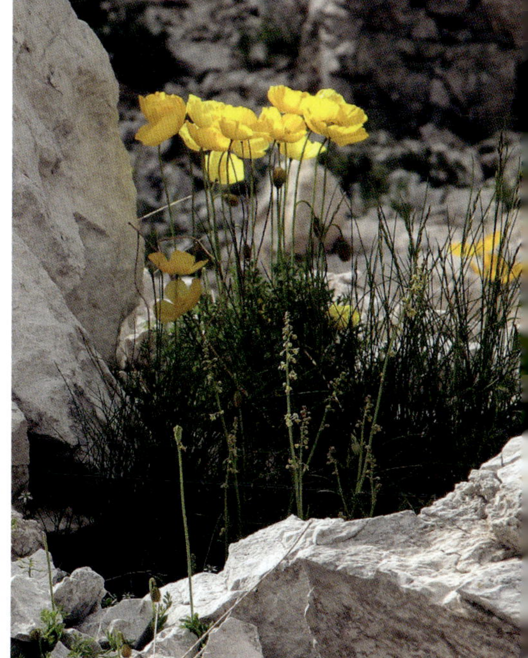

Kerners Alpenmohn

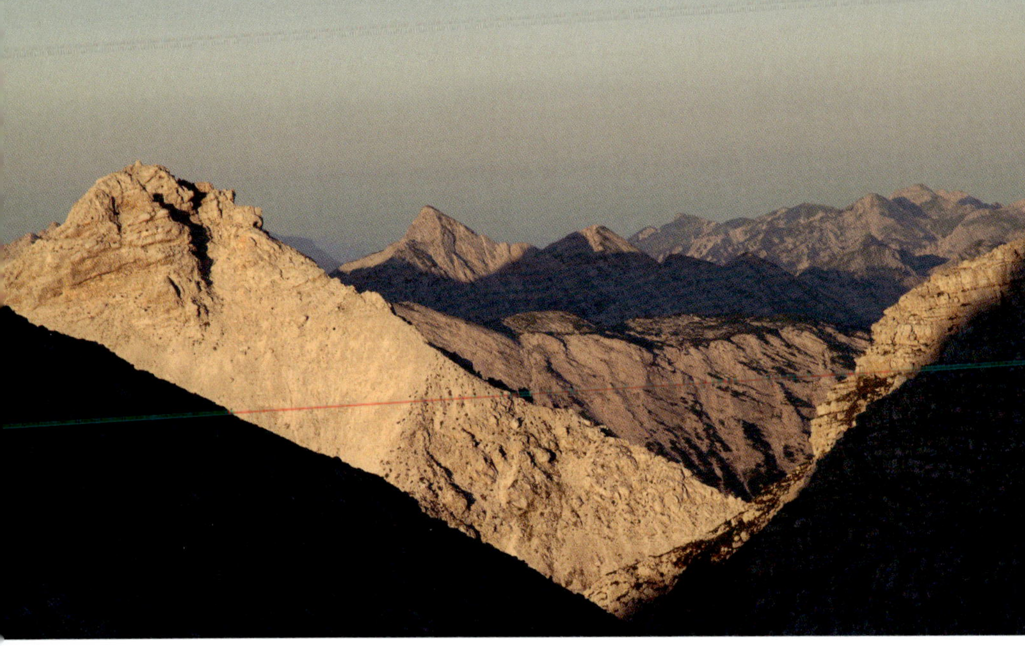

Vrh nad Peski (2176 m), gesehen vom Krn

kraut und auch das *Dolomiten-Fingerkraut,* hier bekannt als „Triglavrose" bzw. „Triglavska roža".

Etwa 4 km nach dem Sattel Prehodci erreichen wir das Denkmal **Piramida na Peskih** (1975 m), gewidmet den auf österreichischer Seite des Krn gefallenen Soldaten. Vor uns der einem Vulkankegel gleichende *Vrh nad Peski* (2176 m). Auf dem Weiterweg zum Krn begegnen wir zahlreichen Kriegsrelikten. Einige Kavernen sind zugänglich – wir bleiben lieber draußen.

An einer Wegteilung beim Sattel **Prag** (2068 m) halten wir uns rechts (Aufschrift auf einem Stein: *Krn* rechts, *Tolmin* links) und steigen hoch zum Gipfelplateau der **Batognica** (2165 m), einem ab 1915 heiß umkämpften Berg, nachdem der Krn von den Italienern eingenommen wurde. Am 26. September 1917 sprengten die Österreicher mittels vier Tonnen erbeuteten Nitroglycerins den Gipfel in die Luft. Ein chaotisches Felstrümmerfeld zeugt noch heute von diesem grausamen Ereignis. Heute wird der Gipfelbereich im Sommer von Schafen bevölkert. Deren Nähe suchen inzwischen Jahr für Jahr *Gänsegeier* aus dem Balkan.

Von der Batognica geht es steil, teilweise auf mehr oder weniger verwitterten Stufen hinab zur **Krnska škrbina** (Krn-Scharte, 2058 m), vorbei an den Resten einer Kapelle mit Kruzifix. Nun steigen wir direkt zum Gipfel des **Krn** (2244 m, s. Tour 8) hinauf. Nach ausgiebiger Gipfelrast mit schier grenzenloser Aussicht steigen wir in 10 Minuten zur Hütte **Gomiščkovo zavetišče na Krnu** (2182 m) südwestlich des Gipfels hinab. Um die Tour nach Drežnica fortzusetzen, empfiehlt sich dort eine Übernachtung.

Am nächsten Morgen geht es im Zickzack etwas monoton nach Süden hinab zu einem Grat zwischen *Krn* und *Kozljak* (1587 m). Entschädigt werden wir durch die Aussicht auf die weite Almfläche auf der Südseite des Krn-Massivs und durch die Blumenpracht. Neben *Enzianen* und *Sonnenröschen* blüht hier der *Silberblättrige Storchschnabel,* der nur in den Südlichen Kalkalpen und im Apennin oberhalb der Baumgrenze vorkommt. Vom Grat dann wunderbarer Blick auf Drežnica und seine Bergkulisse.

Rechts zweigt ein Weg Richtung *Drežnica* ab. Unter den Felshängen des Kozljak geht es abwärts durch üppig blühende Hochstaudenfluren und lichte Lärchenbestände, die allmählich in einen dichten Buchenbestand übergehen. Dort tauchen bald dunkle Gestalten auf: abgestorbene „Schneitelbuchen" mit bis zu 2 m dicken Stämmen, aber meist nicht mehr als 5 m hoch, mit Pilzen und Waldpflanzen, die das abgestorbene Holz langsam zersetzen – Gestalten, die zu allerlei Fantasien anregen.

Nach einer Wegteilung (den Wegweiser *Bivak* ignorieren wir) und Überquerung des Bachs *Ročica* gelangen wir bald auf eine Freifläche. Vielleicht haben wir Glück und bekommen dort eine Herde der *Drežnica-Ziege* zu sehen, einer autochthonen Rasse; besonders auffallend die ausgewachsenen Böcke mit ihren ausladenden Hörnern. Bald gelangen wir wieder in den Wald, wo der Weg schließlich hinab nach **Drežnica** (540 m) führt, das wir beim Denkmal der Stiftung „**Pot miru**" in unmittelbarer Nähe des Sportplatzes erreichen.

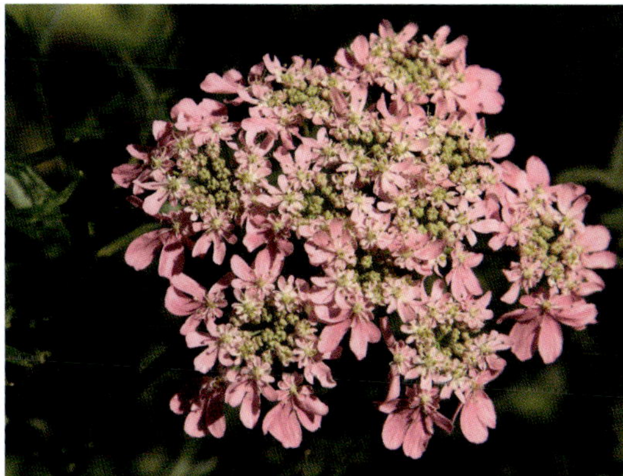
Merkblättriger Bärenklau

In Drežnica bleiben wir am besten ein paar Tage, wandern zu den Wasserfällen in der Umgebung, aber auch auf der Kunstmeile nach *Koseč* mit Skulpturen einheimischer und ausländischer Künstler. Drežnica hat in den letzten hundert Jahren ungefähr die Hälfte seiner Einwohner verloren. Die meisten Menschen arbeiten heute unten im Soča-Tal. Landwirtschaft – hauptsächlich Schaf- und Ziegenzucht, aber auch der Anbau von Kartoffeln und Gemüse – wird überwiegend im Nebenerwerb betrieben. Durch den Tourismus konnte der Rückgang der Bevölkerung aber etwas aufgehalten werden. Bekannt ist der traditionelle *Fasching von Drežnica:* junge unverheiratete Männer ziehen mit selbst geschnitzten Masken durch das Dorf, sie tanzen, erschrecken aber auch Kinder und junge Frauen.

Wer mit öffentlichen Verkehrsmitteln unterwegs ist – und das empfiehlt sich für diese Tour –, kann zu Fuß von Drežnica nach **Kobarid** absteigen, ohne den gesamten Weg auf der Straße zurücklegen zu müssen. Man verlässt Drežnica auf der nach Kobarid hinunterführenden Straße, verlässt diese aber ca. 150 m vor dem *Partisanendenkmal* links auf einem Karrenweg in den Wald, wo sich nach 50 m der Weg teilt. Wir gehen rechts abwärts, bis wir wieder auf die Straße gelangen, auf der wir links hinabgehen. Nach einigen Hundert Metern, am Ende einer Leitplanke, zweigt rechts der „Pot miru" ab (Richtungsweiser *Kobarid,* weiter unten mit Bezeichnung *Huljeva pot),* der durch Wald abwärts führt. Oberhalb einer mit Maschendraht abgesicherten, zum Ufer abfallenden Felswand besonders schöner Blick auf die Soča. Nahe des Baches **Kozjak** treffen wir auf den Weg, der zum Wasserfall Kozjak führt. Wir gehen links und sind bald an der Soča. Über die Hängebrücke gelangen wir auf die andere Seite beim Campingplatz „Koren", gehen links ca. 1 km zur **Napoleonbrücke** und weiter nach Kobarid (s. Tour 17.)

Krainer Lilie

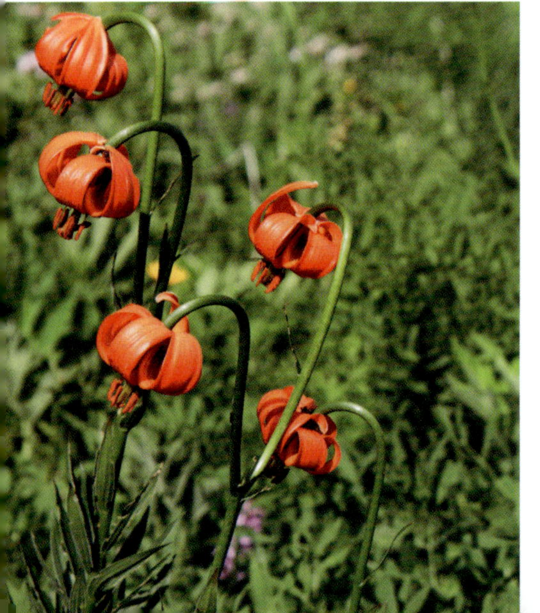

VARIANTE 15A:

Wer sich vom Sattel Prag den Aufstieg auf das Gipfelplateau der Batognica und den Abstieg zur Krn-Scharte ersparen möchte, dem sei diese Variante empfohlen, sofern dort kein oder nur wenig Schnee liegt. Eine etwas verwitterte Aufschrift „Sever pot" weist darauf hin: Auf dem vom Sattel **Prag** zum Krn-See hinabführenden Weg gehen wir ca. 50 m und biegen scharf links auf den markierten Weg, der durch die Nordflanke der Batognica führt. Auch dieser Weg wurde während des Ersten Weltkriegs angelegt und ist relativ einfach zu begehen. Im Sommer erfreuen auch hier, in jener scheinbar kargen Felslandschaft, zahlreiche Alpenblumen unser Auge. Besonders auffällig ist die *Großblütige Gemswurz* mit ihren bis zu 6 cm großen, leuchtend gelben Blütenkörben. Ohne große Anstrengung gelangen wir nach ca. 800 m zur **Krnska škrbina** (Krn-Scharte).

Hinweis: Wer vom Krn nicht nach Drežnica bzw. Kobarid, sondern nach Norden zum Krn-See und ins Lepena-Tal absteigen möchte: s. Tour 8.

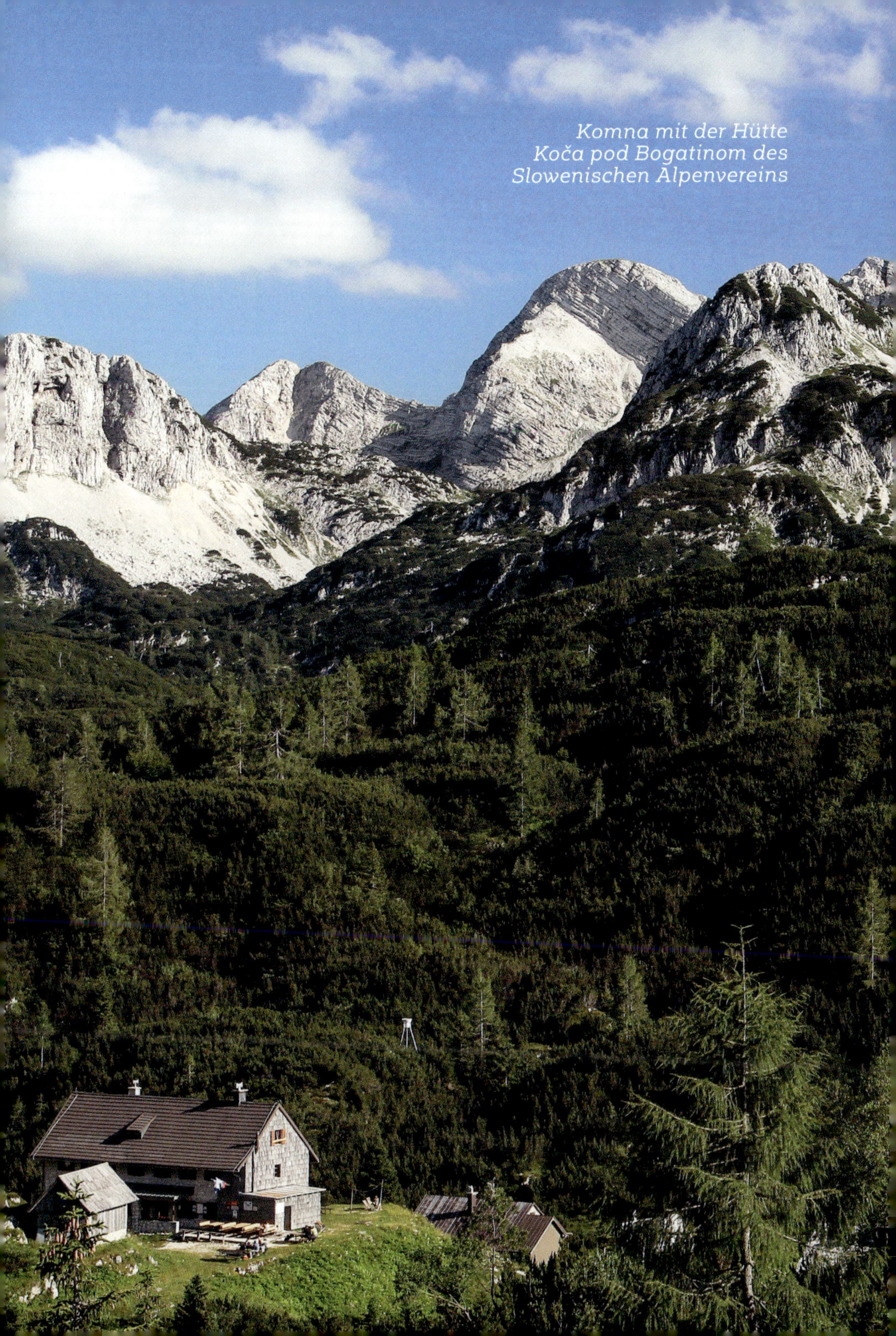

Komna mit der Hütte Koča pod Bogatinom des Slowenischen Alpenvereins

Der Erste Weltkrieg in den Julischen Alpen und am Isonzo 1915–1917

Bis heute ist der Name „Isonzo" mit einem der schrecklichsten und folgenreichsten Ereignissen des 20. Jahrhunderts eng verbunden. Für die Julischen Alpen und das Soča-Isonzo-Gebiet waren die Jahre 1915 bis 1917 die schlimmsten seit Menschengedenken. „Isonzo" und „Verdun" wurden zum Synonym für eine industrielle Kriegsführung mit einem nie für möglich gehaltenen Materialeinsatz. Viele Spuren dieses Grauens sind noch heute zu sehen, v. a. in den Julischen Alpen, auf dem Karst und rings um Gorizia/Nova Gorica: Schützengräben, Granattrichter, Stacheldraht, Kavernen, hier und da sogar Kanonenlafetten. Zwar ist vielerorts Gras und Gebüsch über die blutgetränkten Kampfstätten gewachsen, doch ganz verschwinden werden die Narben dieser Tragödie noch lange nicht.

Fund an der Soca. Italienische Handgranate aus dem Ersten Weltkrieg

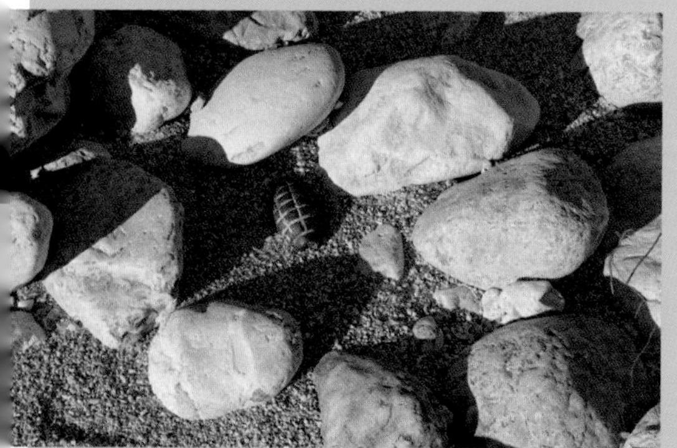

Frühjahr 1915: Der Weltkrieg ist bereits in vollem Gange. Österreich-Ungarn ist durch den Verlust von 40 % seiner Soldaten an der Ostfront stark geschwächt. Ermutigt durch das Londoner Abkommen mit der Entente sieht Italien die Chance gekommen, seine Gebietsansprüche an Österreich mit Gewalt einzufordern. Nach Kündigung des Dreibunds erklärt Italien am 23. Mai seinem nordöstlichen Nachbarn den Krieg. Schon tags darauf überschreiten italienische Truppen die österreichische Grenze nördlich von Cividale, besetzen die Dörfer zwischen Karfreit/Kobarid (das zu „Caporetto" wird) und Flitsch/Bovec (fortan „Plezzo"). Die Einwohner von Drežnica und weiterer Dörfer oberhalb von Kobarid werden teils in die Beneška Slovenija, teils sogar nach Neapel deportiert. Zuvor schon mussten die Bewohner von Bovec und Tolmin auf österreichischen Befehl ihre Heimat verlassen, meist zu Fuß. Viele kommen in Kranjska Gora und anderen, nicht weit entfernten Orten unter. Für die weniger Glücklichen werden Sammellager in Österreich, weitab ihrer Heimatorte errichtet.

Krieg im Hochgebirge: Die zahlenmäßig weit unterlegenen österreichisch-ungarischen Truppen ziehen sich nach Norden zurück, um im Gebirge eine besser zu sichernde Verteidigungslinie aufzubauen. Diese erstreckt sich vom Rombon im Kanin-Massiv hinab durch das Talbecken von Bovec und über das Krn-Massiv bis zur Soča unweit westlich von Tolmin. Bis Oktober 1917 kämpfen in jenem Gebirgsabschnitt italienische und österreichisch-ungarische Einheiten um die strategisch günstigsten Punkte, v. a. am Rombon bei Bovec und am Mrzli vrh bei Tolmin. Die erbittertsten Kämpfe finden dort gleich zu Kriegsbeginn statt: Innerhalb weniger Monate fallen hier so viele Soldaten wie in den folgenden zwei Jahren bis Oktober 1917.

Am Verlauf dieses Frontabschnitts ändert sich aber bis zum 24. Oktober 1917 fast nichts – mit einer spektakulären, letztlich aber folgenlosen Ausnahme: am 15. Juni 1915, wenige Wochen nach Beginn der Auseinandersetzungen, stürmen italienische Alpini (Gebirgsjäger) im Morgengrauen den Gipfel des Krn (2244 m), überraschen die völlig unerfahrene ungarische Gipfelbesatzung und nehmen sie widerstandslos gefangen. Fortan gehört jener strategisch wichtige Gipfel den Italienern, die zum Zeitpunkt der Eroberung allerdings nicht ahnen, wie schwach die dahinterliegenden österreichischen Verteidigungslinien besetzt sind. So unterbleibt ein weitergehender Angriff, der zu einem massiven Durchbruch durch die österreichisch-ungarische Front hätte führen können und den Kriegsverlauf möglicherweise entscheidend beeinflusst hätte.

Juni 1915 bis September 1917, elf Isonzoschlachten: Die schlimmsten und verlustreichsten Kämpfe der gesamten Südfront finden jedoch entlang des Isonzo zwischen Tolmin und der Adria statt – Schauplatz der elf Isonzoschlachten, die erste beginnt am 23. Juni 1915. Hier sucht die italienische Militärführung die Entscheidung. Deren wichtigstes Nahziel ist die Eroberung von Triest. Trotz stets doppelter bis dreifacher Überlegenheit an Mensch und Kriegsmaterial erreicht Italien selbst nach elf massiven Angriffen keines ihrer Nahziele, geschweige denn einen Durchbruch bis Wien. Von Mal zu Mal steigt beiderseits die Zahl der eingesetzten Waffen, v. a. der Artilleriegeschütze. Besonders grausam ist die Wirkung der Artillerie in Karstgebieten: Unzählige, durch Granatexplosionen aus dem Felsboden gesprengte messerscharfe Kalksteinsplitter potenzieren die Geschosswirkung.

Österreich-Ungarn setzt 1916 auf dem Karst Phosgen ein, ein Giftgas, dem die italienischen Soldaten völlig schutzlos ausgeliefert sind. Mehrere Tausend sterben während eines einzigen Gasangriffs. Die auf österreichisch-ungarischer Seite kämpfenden Bosniaken schlagen noch mit steinzeitlich anmutenden, Stahldornen-bewehrten Keulen auf ihre Gegner ein, die sich in den Stacheldrahthindernissen verfangen haben. Am Monte Sabotino halten sich während der sechsten Isonzoschlacht noch österreichisch-ungarische Soldaten in den Kavernen auf, die sich den heranstürmenden Italienern nicht ergeben wollen. Daraufhin lassen diese Benzin und Petroleum durch die Felsspalten in die Kavernen einsickern und zünden es an. Erstmalig werden in diesem Krieg militärische, aber auch zivile Ziele aus der Luft bombardiert. Besonders gefürchtet sind die italienischen „Caproni"-Bomber.

Die Zahl der Getöteten, Verwundeten und Vermissten beträgt nach fast jeder Schlacht mehrere Zehntausend. Angesichts der unverhältnismäßig hohen Verluste und der nur marginalen Erfolge sinkt auf italienischer Seite die Kampfmoral. Der einzige nennenswerte Erfolg der italienischen Armee ist die Eroberung der Stadt Görz und des Bergs Monte Sabotino während der sechsten Isonzoschlacht im August 1916.

Die für beide Seiten verlustreichsten Schlachten sind die zehnte und elfte Isonzoschlacht im Jahr 1917. Brennpunkt der Kämpfe während der elften Isonzoschlacht ist der Monte San Gabriele (heute Škabrijel) östlich von Görz. Dieser für die K.-u.-k.-Armee strategisch wichtige Punkt versperrt den Zugang zum Wippach-(Vipava-)Tal, durch das die italienische Armeeführung den Durchbruch nach Triest plant. Wieder und wieder stürmen italienische Infanteristen den Gipfelbereich, der letztendlich aber von den K.-u.-k.-Truppen gehalten wird. Die Bilanz nach vier Wochen sinnlosen Gemetzels: Auf 2 km² sind 40.000 Soldaten gefallen – 25.000 Italiener und 15.000 Soldaten der österreichisch-ungarischen Armee. Zu den Widerwärtigkeiten dieses Kriegsschauplatzes gehören der unerträgliche Leichengeruch und Ratten, die sich explosionsartig vermehren.

Die Bilanz nach elf Isonzoschlachten: mehr als eine Million Tote, Verletzte, Vermisste. Auf italienischer Seite sind deutlich mehr Opfer zu beklagen als auf österreichisch-ungarischer Seite. Die österreichisch-ungarische Armee konnte bis zuletzt einen entscheidenden Durchbruch italienischer Streitkräfte abwenden, doch einer weiteren Offensive Italiens hätte die ausgezehrte Front nicht mehr standhalten können – nicht zuletzt aufgrund der unzulänglichen Ernährung der Truppen.

September/Oktober 1917: An der Ostfront zeichnet sich aufgrund der Umwälzungen in Russland ein Ende der Kämpfe und somit eine Entlastung der Mittelmächte ab. In dieser Situation wendet sich der österreichische Kaiser Karl I. an seinen deutschen Verbündeten Wilhelm II. mit der Bitte um Unterstützung Österreich-Ungarns an der Südfront. Die Oberbefehlshaber des deutschen Heeres, die Generäle von Hindenburg und Ludendorf, sagen Österreich-Ungarn eine zeitlich begrenzte Hilfe zu. Nun werden deutsche Truppen, von den Italienern weitgehend unbemerkt, an die Gebirgsfront zwischen Flitsch/Bovec und Tolmein/Tolmin entsandt. In ihrem Gepäck ist auch eine ungeheure Menge an Gasgranaten: „Blaukreuz", gefüllt mit einem Reizgas, sowie „Grünkreuz", gefüllt mit Phosgen, einem die Lungenbläschen zerstörenden Gas.

Ende Oktober/Anfang November 1917, die zwölfte Isonzoschlacht

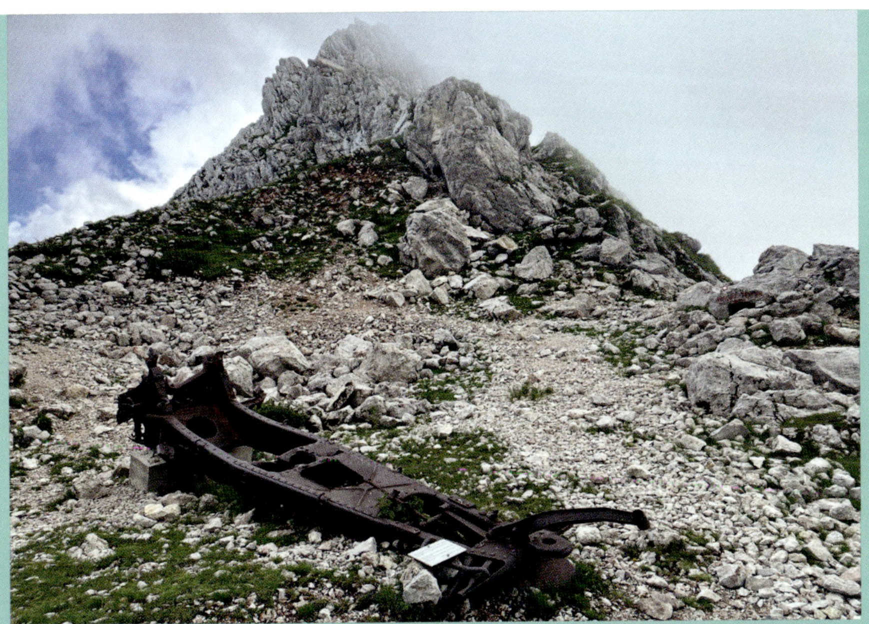

Kanonenlafette an der Krn-Scharte

(„Schlacht von Karfreit") – die Nacht von 23. auf 24. Oktober 1917: An der Gebirgsfront hat sich das Wetter verschlechtert, die Berge sind bis weit hinab in Wolken gehüllt. Punkt zwei Uhr beginnt der österreichisch-ungarisch-deutsche Angriff. Zeitgleich werden vom Talkessel bei Flitsch/Bovec und vom 40 km entfernten Tolminer Becken gegnerische Stellungen massiv unter Artilleriebeschuss genommen, zunächst mit Gasgranaten, später mit Sprengkörpern. Unter deutschem Kommando kommen „Blaukreuz" und „Grünkreuz" zum Einsatz – gegen das todbringende Phosgen sind die Schutzmasken des Gegners wirkungslos. Im Naklo-Graben bei Bovec, durch den heute die Straße nach Čezsoča verläuft, sterben innerhalb weniger Minuten über 600 italienische Soldaten. Bis neun Uhr dauert der Artilleriebeschuss. Daraufhin erfolgen von beiden Flanken Angriffe der Infanterie.

Die Italiener sind geschockt. Eine Offensive an diesem Frontabschnitt hatten sie nicht vermutet – und schon gar nicht Angriffe aus dem Talbereich. Den Angreifern kommt allerdings die Witterung mit tief hängenden Wolken zugute. Italienische Einheiten auf den Bergen können nicht in das Kampfgeschehen im Soča-Tal eingreifen. Im Tal ist die italienische Artillerie praktisch ausgeschaltet, Telefon- und Telegrafenverbindungen sind zerstört, Kommunikation ist nur noch leidlich über Funk und Kuriere möglich. Die italienischen Militärführer verlieren jeglichen Überblick. Unter den Soldaten verbreiten sich Nachrichten über die mörderischen Gasangriffe. Chaos bricht aus. Die meisten italienischen Einheiten ziehen sich an jenem und an den folgenden Tagen überstürzt zurück. Auf den Straßen stauen sich die Fahrzeuge, die Straßenränder sind übersät mit zurückgelassenen Waffen. Die Truppen der Mittelmächte folgen den Italienern rasch nach. Ganze Einheiten ergeben sich kampflos. Schon nach drei Tagen befinden sich 200.000 italienische Soldaten in österreichischer Gefangenschaft.

Auch südlich des Gebirgsabschnitts gerät die Front in Bewegung. Am 27. Oktober wird Görz zurückerobert. Die Soldaten der K.-u.-k.-Armee plündern nach Wochen und Monaten der Entbehrung die reichlich zurückgelassenen Lebensmittelvorräte und leeren die Weinkeller, bevor es weiter nach Westen geht. Am 28. Oktober wird Udine besetzt. Erst am 10. November kommt die Front am Piave, gut 100 km südwestlich der Ausgangsposition vom 24. Oktober, zum Stehen. In dieser Zeitspanne sind ungefähr 300.000 italienische Soldaten in österreichische Gefangenschaft geraten. Doch der Krieg an der Südfront geht weiter.

Dem Kriegsende entgegen: Munitionsmangel und erstarkender Widerstand der Italiener, die nun von britischer und französischer Seite unterstützt werden, halten die Mittelmächte von einem weiteren Vordringen nach Westen ab. Der Krieg wird wieder zum Stellungskrieg. Entsprechend der ursprünglichen Vereinbarung ziehen die Deutschen ihre Truppen ab, um sie an der für sie wichtigeren Westfront einzusetzen. Die ohnehin prekäre Versorgung der K.-u.-k.-Truppen mit Nahrung, Kleidung und Kriegsmaterial verschärft sich dramatisch. Das Durchschnittsgewicht der Soldaten beträgt im letzten Kriegsjahr nur noch 50 kg. Schuhe sind Mangelware, viele Soldaten gehen nur noch barfuß.

Der ungemein ressourcenverschlingende Angriff der Mittelmächte im Zuge der zwölften Isonzoschlacht, von manchen Militärnostalgikern noch heute als „Wunder von Karfreit" sowie als erster erfolgreicher „Blitzkrieg" verherrlicht, rächt sich nun. Mehrere Versuche, die italienische Front zu durchbrechen, scheitern. Verzweiflung und Kampfmüdigkeit machen sich unter den völlig ausgezehrten Soldaten der K.-u.-k.-Armee breit. Ganze Truppenteile verlassen die Front. Der Vielvölkerstaat Österreich-Ungarn befindet sich ohnehin in Auflösung. Die ungarische Regierung ruft am 24. Oktober 2018 ihre Truppen zurück. Am selben Tag, genau ein Jahr nach „Karfreit", starten die Italiener eine Offensive auf dem Monte Grappa. Das österreichische Armeeoberkommando (AOK) ersucht um einen Waffenstillstand, der von den Italienern für den 4. November zugesagt wird. Infolge eines fatalen Befehls des AOK legen die österreichischen Soldaten in der Nacht vom 3. auf den 4. November die Waffen nieder. Die italienische Armeeführung sieht jedoch zu diesem Zeitpunkt den Waffenstillstand noch nicht gekommen und lässt einen Großteil der österreichischen Armee – mehr als 350.000 Soldaten – von ihren Truppen einkreisen und gefangen nehmen. Dieses Ereignis wird fortan als „Sieg von Vittorio Veneto" gefeiert. Der Krieg ist an diesem Frontabschnitt zu Ende. Wenige Tage später ist k. u. k. Geschichte und es entstehen neue Nationalstaaten auf dem Gebiet des einstmals zweitgrößten Staates Europas.

Und am Isonzo? Zwar bleibt das gesamte Soča-Isonzo-Gebiet von November 1917 bis Kriegsende von weiteren Kampfhandlungen verschont und die vertriebenen Menschen kehren in ihre Siedlungen zurück, doch an eine Rückkehr in den Alltag ist nicht zu denken. Die im Frontgebiet gelegenen Dörfer und Städte sind zerstört, die Landschaft verwüstet und voller Minen. Wo einstmals Wald war, ragen allenfalls ein paar Baumgerippe empor und der Isonzo ist jahrelang durch Kampfstoffe aller Art verseucht. Viele Menschen kehren ihrer Heimat den Rücken, ein Prozess, der sich an der oberen Soča nach der Machtübernahme durch Italien noch beschleunigt.

Nachwirkungen: Bis heute feiern nicht wenige Italiener alljährlich am 15. Juni auf dem Gipfel des Krn eine Messe zum Gedenken an die militärstrategisch letztlich bedeutungslose Eroberung durch die Alpini.

Zur Zeit des italienischen Faschismus in den 1930er-Jahren wurden im Bereich Gorizia einige Gedenkstätten errichtet zur Erinnerung an die „Grande Guerra", wie der Erste Weltkrieg in Italien heute noch bezeichnet wird. Besonders ins Auge fällt die riesige Gedenkstätte in Redipuglia zwischen Monfalcone und Gradisca d'Isonzo die als größte ihrer Art in Italien gilt. 40.000 im Kampf gefallene italienische Soldaten haben hier, alphabetisch aufgereiht, ihre letzte Ruhe gefunden. Davor das überdimensionierte Grabmal des Oberbefehlshabers der 3. Armee, General Duca d'Aosta, der allerdings nicht auf dem Schlachtfeld starb. Über den Gräbern der Gefallenen steht tausendfach „Presente" („Hier") – eine letzte Ehrerbietung an den Oberbefehlshaber. Alljährlich wird dort am 4. November der „Sieg von Vittorio Veneto" groß gefeiert. In fast jeder italienischen Gemeinde gibt es eine Straße „Via Vittorio Veneto".

Einen Ruhmesplatz in der Geschichte verdienen jedoch weder der „Sieg von Vittorio Veneto" noch das von manchen Zeitgenossen nach wie vor verklärte „Wunder von Karfreit" (völkerrechtswidriger Einsatz von Giftgas!).

Übrigens: Der inzwischen über 100 Jahre zurückliegende Krieg fordert bis heute seine Opfer. Seit 1918 wurden im Soča-Isonzo-Gebiet ca. 5000 Menschen durch Blindgänger und verborgene Minen getötet. Immer noch werden offiziellen Angaben zufolge jährlich mehrere Tonnen Munition geborgen. Die Dunkelziffer dürfte um einiges höher sein, denn das Sammeln von Militaria hat sich hier zu einer beliebten (und nicht ganz ungefährlichen) Freizeitbeschäftigung entwickelt. Neben staatlichen Museen, wie beispielsweise in Kobarid oder in Gorizia, gibt es rund 200 private Museen mit Exponaten aus dem Ersten Weltkrieg – und eine unbekannte Zahl von Hobbysammlern.

Slap Curk – Slap Krampež – Slap Sopot

WASSERFÄLLE UND BUNTE WIESEN BEI DREŽNICA

5 Std.

Drežnica ① –Brunnen Pri koritu **1 Std.** Brunnen–Slap Curk ② **1½ Std.** Abstieg über die Wasserfälle Krampež ③ und Sopota bis zur Straße Drežnica–Koseč ④ **2½ Std.**

An der Südseite des Krn-Massivs herrscht an Sonnenschein kein Mangel. Kein Mangel herrscht aber auch an Niederschlägen, bedingt durch feuchte Mittelmeerluft, die sich hier, am Alpensüdrand, häufig in Form von kräftigen Gewittern und Schauern ihrer überschüssigen „Ladung" entledigt. Die Folge sind zahlreiche Bäche an den Hängen – und ebenso zahlreiche Schluchten und Wasserfälle.

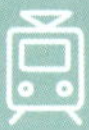

Most na Soči

Kobarid (nach Most na Soči über Tolmin sowie nach Bovec)

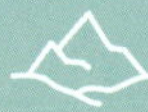

Halbtagestour, Trittsicherheit und etwas Orientierungssinn erforderlich.

Drežnica–Slap Curk: ca. 650 m

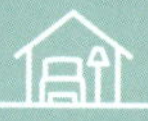

In Drežnica und in den umliegenden Dörfern zahlreiche Privatunterkünfte.

April–Oktober

Im Juli und August existiert Busverkehr zwischen Kobarid und Drežnica einschließlich der umliegenden Dörfer („Hop on – hop off"-Linie K4, Stand 2023), *www.soca-valley.com/de/soca-tal/nachhaltige-mobilitat/#Kobarid*

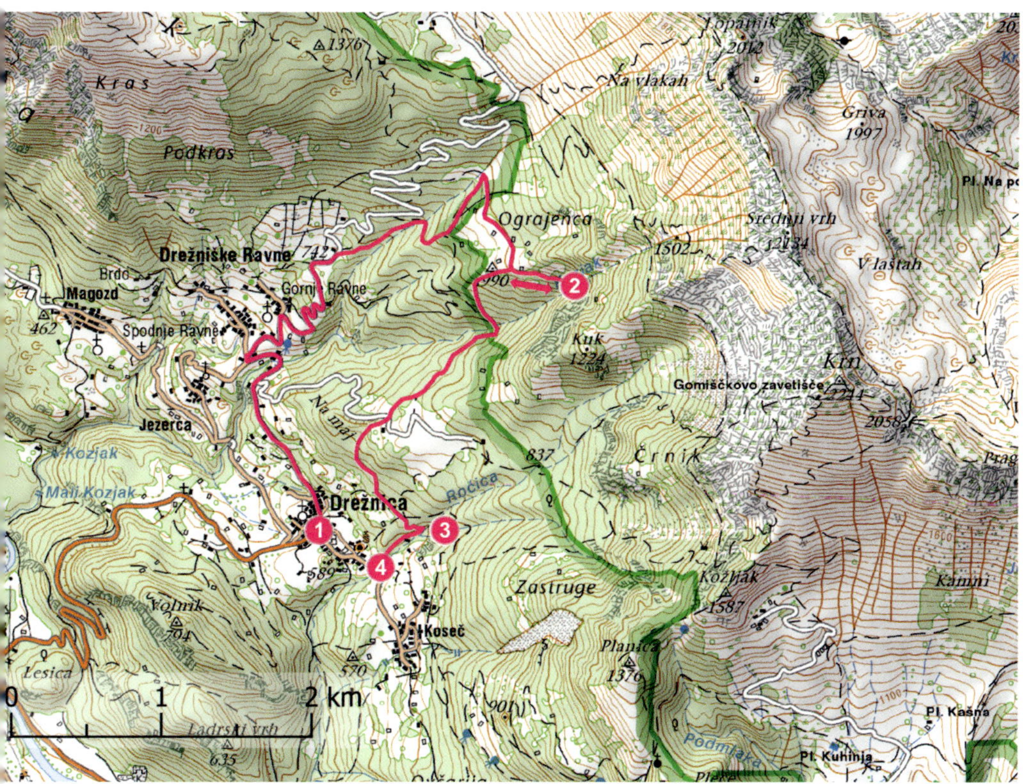

Einige sind nur schwer zugänglich, beispielsweise die Schluchten und Wasserfälle bei Vrsno. Im Rahmen dieser und der folgenden Tour besuchen wir jedoch leicht zugängliche Wasserfälle und wandern über bunte Wiesen, die einen Mitteleuropäer in Erstaunen versetzen können.

WEGBESCHREIBUNG

Startpunkt ist in **Drežnica**. Von hier gehen wir auf der Straße etwa 1½ km in Richtung *Drežniške Ravne.* An einer **Infotafel** biegen wir rechts auf eine kleine Straße (mehrere Pfeile, u. a. zur *Pl. Zaprikraj, Pot miru),* die sich in mehreren Kehren durch bunt blühende Wiesen aufwärts windet. Beeindruckender Blick auf die imposante Westflanke des Krn.

Nach ungefähr 2 km kommen wir zum **Brunnen Pri koritu**. Wenig später zweigt rechts ein schmaler Pfad ab (hier mehrere Wegweiser, wir beachten *Slap Curk 45 Min.* – Normalgeher brauchen dafür aber länger). Ohne Markierung führt dieser Weg durch Wald bis zum Wegweiser *Slap Curk/Planine.* Ihm folgen wir links, gelangen in offenes Gelände, wo etwas später zwei Pfeile *(Slap Curk, Drežnica)* den Weg rechts weisen. Wir passieren ein Tor und gehen über Wiesen, die zu den schönsten oberhalb von Drežnica gehören – nicht nur wegen der Blumenpracht, sondern auch wegen der zahlreichen Schmetterlinge, die in diesem Gebiet noch einen intakten Lebensraum finden. Im Frühsommer fliegt hier der *Schwarze Apollo.* Abermals geht es durch Wald, sodann über eine kleine Wiese, danach in einen Buchenwald. Das Schild *Enter at your own risk* mahnt zu erhöhter Vorsicht bei der Begehung des nun folgenden steilen Geländes, doch bald erreichen wir in einer schluchtartigen Verengung den Wasserfall **Slap Curk** auf ca. 1100 m Höhe. Sein „Lieferant" ist der Bach **Kozjak**, der nach längeren Trockenperioden hier oben nur wenig Wasser führt. Doch ob mit viel oder mit nur wenig Wasser, eindrucksvoll ist die Szenerie immer. Im Frühsommer blüht an den Hängen die prächtige *Illyrische Schwertlilie.*

Wir kehren durch den Buchenwald zu der kleinen Wiese zurück, begeben uns dort aber auf einen schmalen Pfad links abwärts (rote Markierung vor einer rostenden Blechhütte), der in einen schönen Buchenaltbestand hineinführt. An einer Wegteilung folgen wir dem Richtungsweiser *Drežnica* abwärts. Nach wenigen Hundert Metern wieder eine Wegteilung: rechts *Ravne,* links *Drežnica.* Wir gehen links, überqueren bald den Bach Kozjak, entdecken in dessen Nähe vielleicht die seltene *Gestreifte Quelljungfer.* Ein paar Hundert Meter weiter betreten wir offenes Weideland. Wir überqueren einen Fahrweg und wandern durch Wald abwärts bis zum Rand eines Felsabbruchs, der einen schönen Ausblick auf Drežnica mit der auffallend großen Herz-Jesu-Kirche bietet.

Hier halten wir uns links, überqueren den vom Krn herabführenden Weg (s. Tour 15) und gehen auf breitem Weg abwärts. Im Tälchen, nahe dem Bach **Ročica**, weist der Holzpfeil *Krampež* links zu den nur eine Minute entfernten Wasserfällen. Egal welchen wir zuerst besuchen, ob den **Slap Krampež**, der sich in ein grünblau schimmerndes Bassin ergießt, oder den **Slap Sopota** – beide sind gleichermaßen sehenswert.

Wir kehren um und gehen hinab zur Straße Drežnica–Koseč. Dort links oder rechts, je nachdem wohin wir zurückkehren müssen.

TIPP

WEGVERLAUF

Der dargestellte Wegverlauf ist nur auf wenigen Wanderkarten komplett nachvollziehbar. Empfehlenswert ist der Faltprospekt „Drežnica und seine Umgebung" mit einer genauen Darstellung des Wegverlaufs, erhältlich im Tourismusbüro in Kobarid und in einigen Privatunterkünften in Drežnica; oder unter *www.soca-valley.com/de/soca-tal/publikationen* aufrufen und – auf Anforderung – als PDF herunterladen.

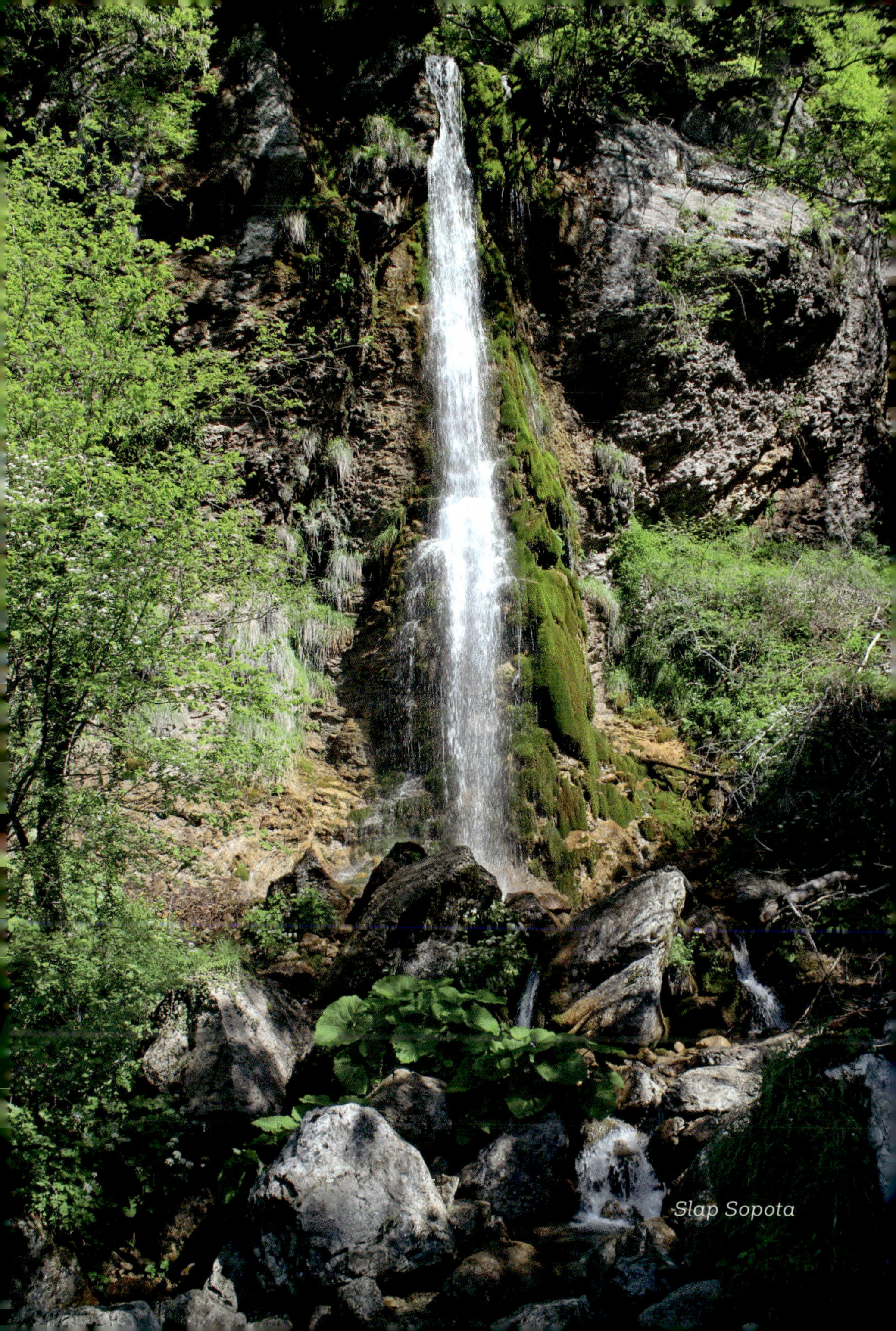
Slap Sopota

Soška pot bei Kobarid – Magozd – Slap Kozjak

EINE DER SCHÖNSTEN FLUSSWANDERUNGEN DER ALPEN

Wichtige Wegpunkte

Napoleonbrücke (1)
Kamp Lazar (2)
Tolmun Otona (3)
Magozd (4)
Slap Kozjak (5)

„Ein flüssiger Strom aus Smaragd und Aquamarin“ – hier, im Fließabschnitt zwischen Trnovo und Kobarid, trifft Julius Kugys Hymne an die Soča nochmals ganz besonders zu. Vor zehn Jahren wurde dort ein Weg geschaffen, der uns den Zauber jener Flusslandschaft erschließt. Auch dieser Weg nennt sich *Soška pot*. Er ist Teil des hier beschriebenen Rundwegs.

WEGBESCHREIBUNG

Startpunkt ist die bekannte **Napoleonbrücke**, die unterhalb von Kobarid an einer besonders engen Stelle über

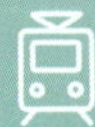

Bahnhof *Most na Soči*

Most na Soči–Tolmin–Kobarid, Bovec–Kobarid

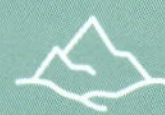

Je nach Gehtempo und (Foto)-Pausen Halbtages- bis Tagestour, Trittsicherheit erforderlich.

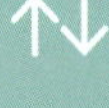

Napoleonbrücke–Magozd: 300 m (inkl. Gegenanstiege im Verlauf des „Soška pot“)

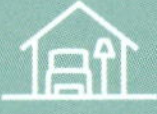

In Kobarid Hotels der gehobenen Klasse, Privatunterkünfte. In Drežnica und in den umliegenden Dörfern zahlreiche Privatunterkünfte.

April–Oktober

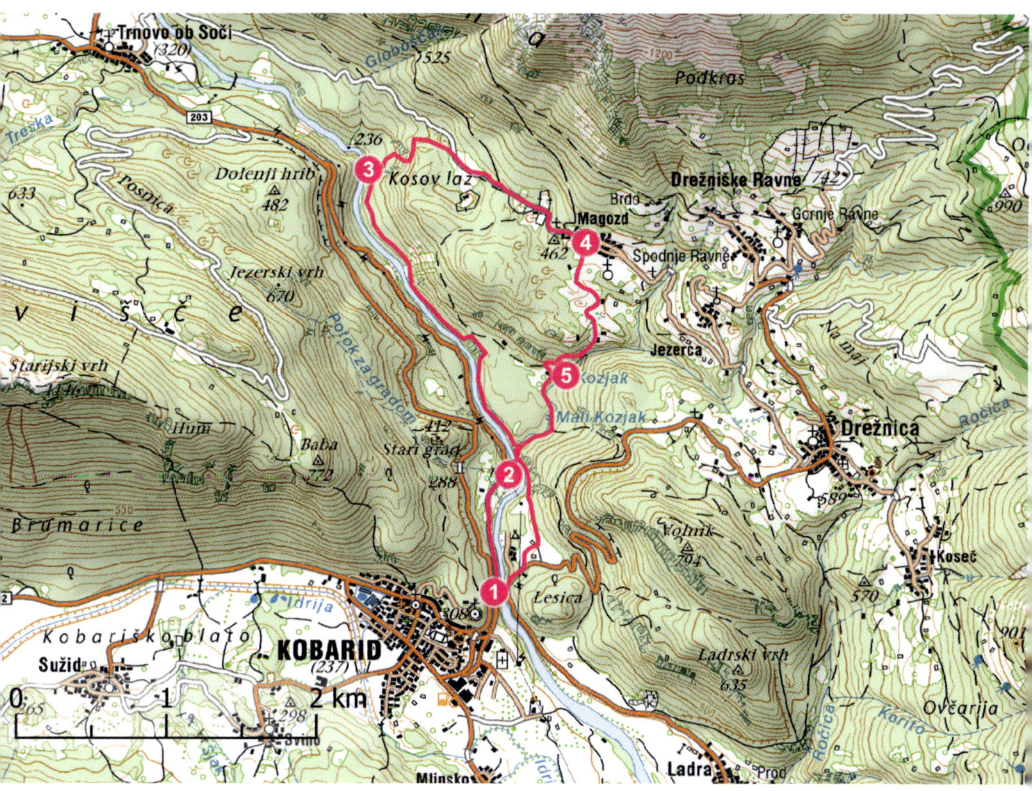

die Soča führt. Hierher entweder zu Fuß von der Bushaltestelle in Kobarid (Wegweiser *Drežnica* beachten) oder mit dem Pkw (Parkmöglichkeit an der Straße nach Drežnica, etwa 100 m oberhalb der Napoleonbrücke). Seit 1750 existiert hier eine steinerne Brücke. Ob Napoleon persönlich einmal darübergeschritten ist, ist nicht bekannt, seine Truppen jedenfalls zogen mehrmals hier durch. 1915 zerstörten die Österreicher die Brücke während ihres Rückzugs auf die Höhenstellungen. Nach dem Krieg bauten sie die Italiener wieder auf. Und genau hier, an dieser engen Stelle des Tals, wurde wiederholt ein bis zu 60 m hoher Staudamm zum Zwecke der Stromgewinnung geplant; erstmals vor fast 100 Jahren, ein weiteres Mal in den 1970er-Jahren und schließlich noch einmal in jüngster Zeit. Doch schon in den 1970ern regte sich vor Ort derart starker Widerstand, dass die Pläne fallengelassen wurden. Jahrzehnte später wurden die Pläne wieder neu aufgelegt, doch auch diesmal gab es breiten Widerstand. Würden die Pläne eines Tages doch noch umgesetzt, ginge eine der schönsten Flussstrecken der Soča für immer verloren.

Von der Brücke genießen wir einen einzigartigen Blick auf die Soča: flussaufwärts in eine große Klamm, aber auch flussabwärts, wo der Fluss all-

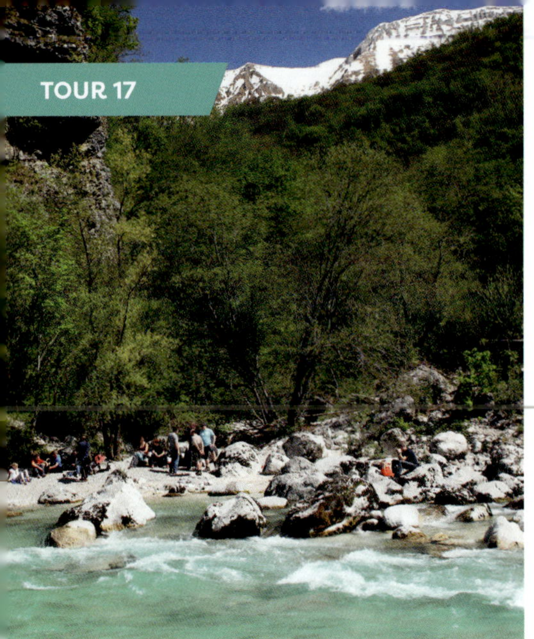

Soča bei Kobarid

mählich ruhiger wird. Sodann begeben wir uns auf den asphaltierten Fahrweg auf der westlichen Seite des Flusses und wandern flussaufwärts. Immer wieder zieht die Soča unsere Blicke wie magisch an. Nach 800 m erreichen wir den Eingang zum **Campingplatz „Lazar"** (Einkehrmöglichkeit). 100 m weiter biegen wir rechts ab, überqueren die Soča auf einer **Hängebrücke** und halten uns dann links. Nach knapp 100 m ein Wegweiser: rechts zum *Kozjak* – ein sehenswerter Wasserfall, den wir auf dem Rückweg besuchen werden –, links zum **Soška pot**.

Wir gehen links hinab, überqueren den Bach *Kozjak* und begeben uns auf einen schmalen Pfad. In stetem Auf und Ab führt er uns entlang der Soča ca. 2½ km flussaufwärts. Aussichtspunkte laden zu längerem Verweilen ein. Ein Glanzpunkt ist **Tolmun Otona**, eine breite, vertiefte und von Felsen umrahmte Stelle der Soča (*tolmun* = Gumpe). Zwar ist diese Stelle nur von der gegenüberliegenden Seite zugänglich, doch von hier bietet sie einen besonders malerischen Anblick.

Der Pfad mündet schließlich in einen Fahrweg, der durch Wald in Kehren aufwärts Richtung Osten führt. Auf einer Lichtung mit Nussbäumen treffen wir auf den breiten Verbindungsweg Trnovo–Magozd. Wir gehen rechts durch Wiesen und Viehweiden nach **Magozd**. Dort achten wir auf den Wegweiser *Kozjak*. Ein streckenweise steiler und steiniger Weg führt hinab zum Bach Kozjak. Unten scharf links und nach ca. 10 Minuten, zuletzt über einen Holzsteg, erreichen wir den **Slap Kozjak** – ein wahres Naturwunder. Durch einen Spalt in einer Felsenhalle stürzt dieser Wasserfall etwa 15 m in eine türkis schimmernde Gumpe. Meist herrscht hier nur schwaches Tageslicht, lediglich nachmittags zwischen 15 und 16 Uhr dringen, gutes Wetter vorausgesetzt, ein paar Sonnenstrahlen durch den Spalt auf den Wasserfall und auf die Gumpe und erzeugen eine zauberhafte Stimmung.

Wir kehren um, gehen bis zur Soča und halten uns dort links. Wer nicht noch einmal die Hängebrücke queren will, wandert geradeaus weiter und gelangt nach gut 100 m auf einen Fahrweg, der durch Wiesen (rechts der Campingplatz „Kamp Koren") zum Parkplatz an der Straße nach Drežnica führt. An der Napoleonbrücke lassen wir die Tour ausklingen.

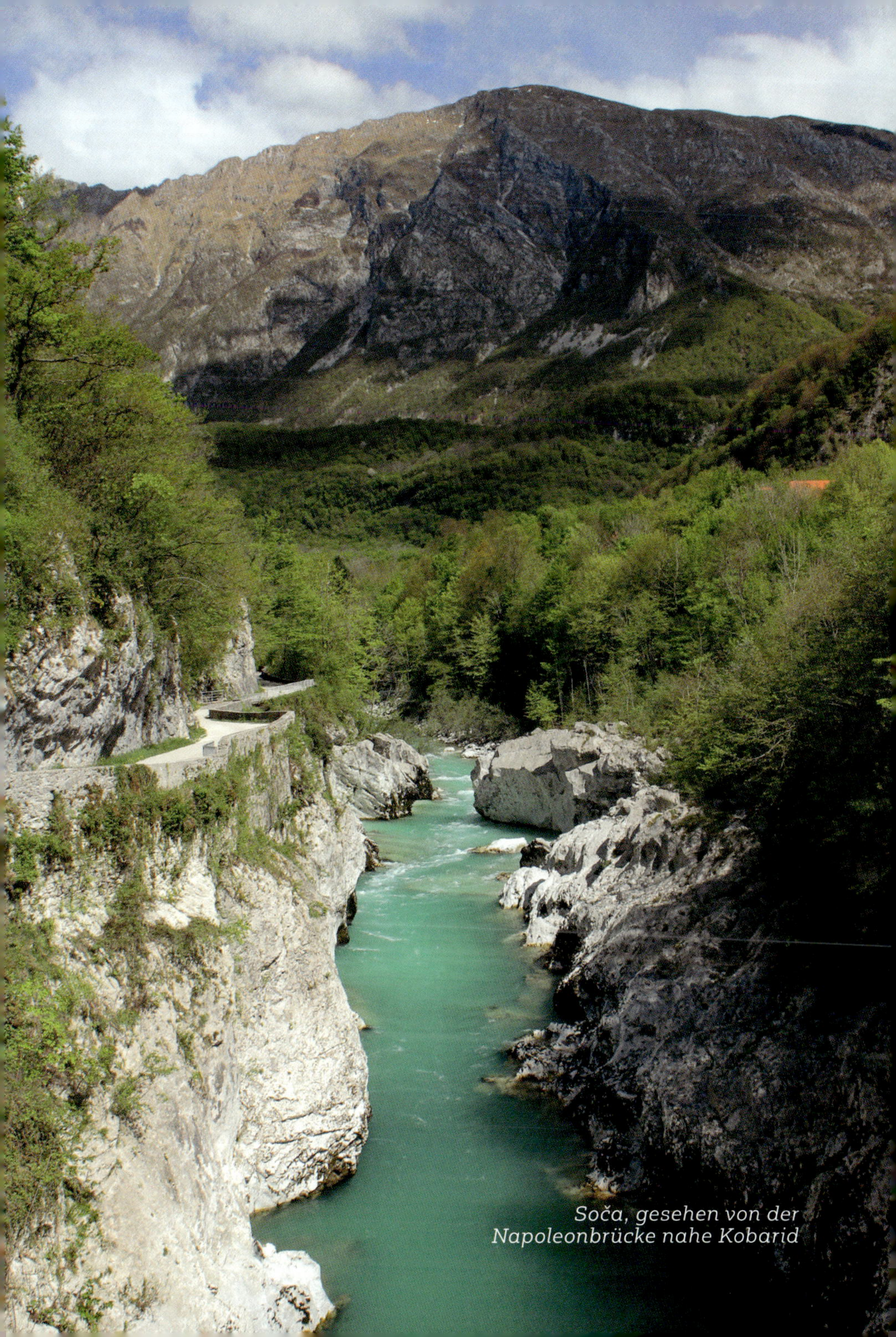

Soča, gesehen von der Napoleonbrücke nahe Kobarid

Tolminka-Tal – Javorca-Kirche – Quellen der Tolminka

UNZÄHMBARE NATUR UND EIN ARCHITEKTONISCHES JUWEL

12 km (Rad)

Radstrecke: Tolmin (1) –Zatolmin (2) ob. Tolminka-Tal ca. **12 km** Fußweg zu den Tolminka-Quellen (4) **1½ km** Auffahrt zur Javorca-Kirche (3) **1 km** (Weglängen einfach)

Zu Tour 19: Tolminka-Klamm (T) Zadlaščica-Klamm (Z)

Das Tolminka-Tal ist ein tief eingeschnittenes Tal am Südrand der Alpen mit mildem Klima, zugleich jedoch ein Tal, das uns die Urgewalten der Bergnatur drastisch vor Augen führt. Es hat aber auch schöne Seiten und ein einzigartiges architektonisches Juwel zu bieten. Wegen der Länge des Tals empfehle ich, einen Großteil dieser Tour mit dem Mountainbike zurückzulegen. →

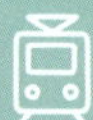

Most na Soči (Bushaltestelle direkt beim Bahnhof)

Tolmin

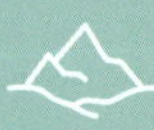

Mäßig anstrengende Mountainbike-Tour, ergänzt durch eine kurze Wanderung.

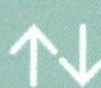

Tolmin (194 m)–Železje (Moränenriegel, 709 m): 550 m (mit Gegenanstieg); Talboden Tolminka–Javorca-Kirche: 170 m

mehrere Sportagenturen in Tolmin, s. auch unter *www.soca-valley.com/de/abenteuersuche/aktivitaten/20210113102147 25/fahrradverleih-und-service/*

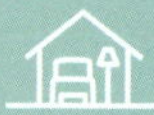

Hotel, Pension und einige Privatabieter in Tolmin. In der Umgebung von Tolmin ein paar touristische Bauernhöfe.

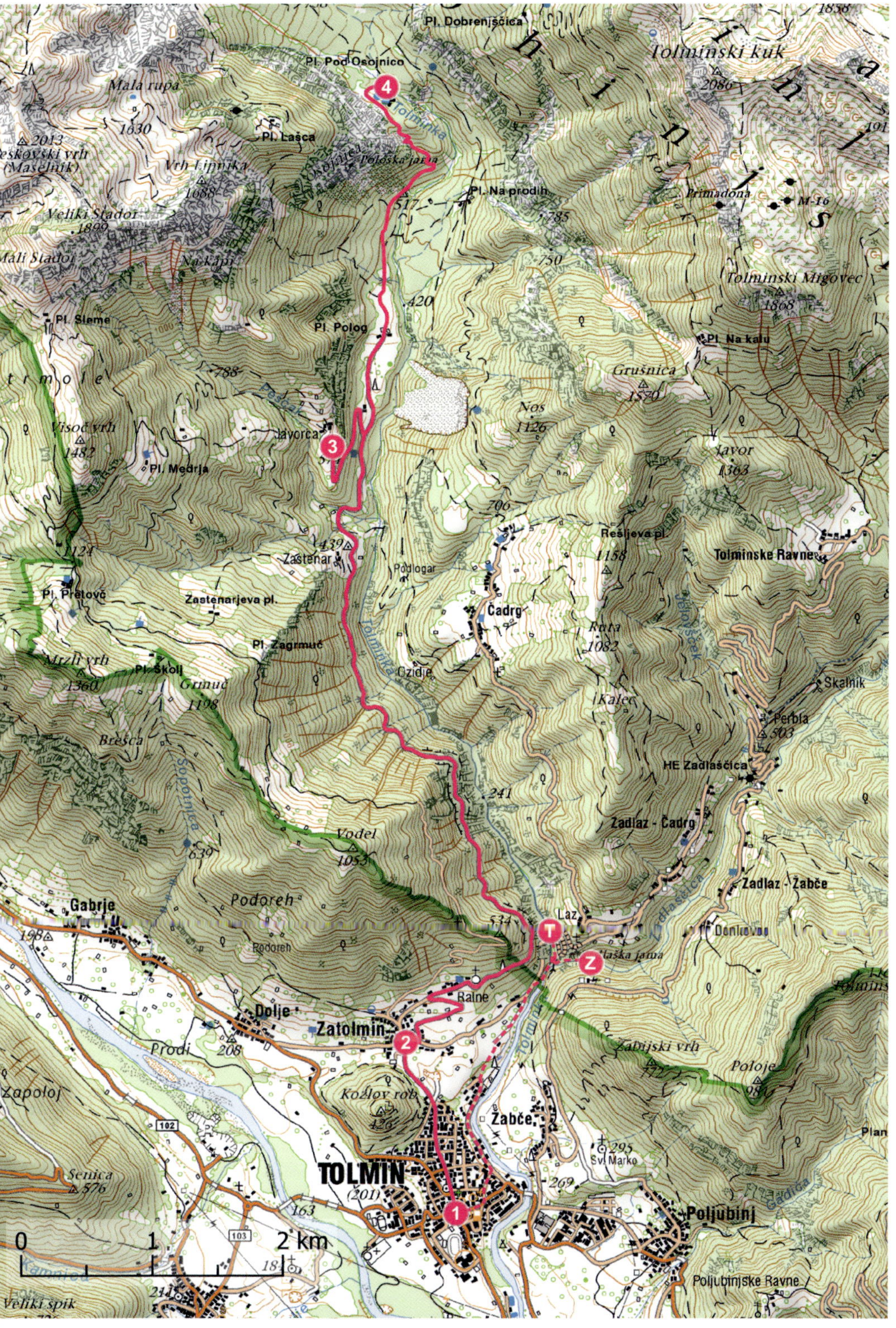

Pl. Dobrenjščica
Pl. Pod Osojnico
Tolminski kuk
2086
Mala rupa
1630
Pl. Lašca
2013
Tolminka
Vrh Lipnika
1688
Pološka jama
Veliki Stador
1899
Mali Stador
Na kapi
517
Pl. Na prodih
785
Primadona
750
420
Tolminski Migovec
1868
Pl. Sleme
Pl. Polog
Pl. Na kalu
788
Grušnica
1570
Visoč vrh
1482
Javorca
Nos
1126
Pl. Medrja
Javor
1363
706
1124
439
Zastenar
Rešljeva pl.
1158
Tolminske Ravne
Podlogar
Pl. Pretovč
Zastenarjeva pl.
Čadrg
Ruta
1082
Pl. Zagrmuč
Mrzli vrh
1360
Pl. Škol
Grmuč
1198
Čzidje
Skalnik
Kalec
Perbla
503
Brešča
Sopotnica
HE Zadlaščica
241
Zadlaz - Čadrg
Vodel
1053
639
Zadlaz - Žabče
Gabrje
Podoreh
534
Laz
198
Podoreh
Donlevne
Ralne
Dolje
Zatolmin
Zalajski vrh
772
Poloje
980
Prodi
208
Kozlov rob
426
Zapoloj
Žabče
102
Plan
295
Sv. Marko
Senica
576
TOLMIN
(201)
269
Poljubinj
163
103
0
1
2 km
181
214
Veliki špik
Poljubinjske Ravne

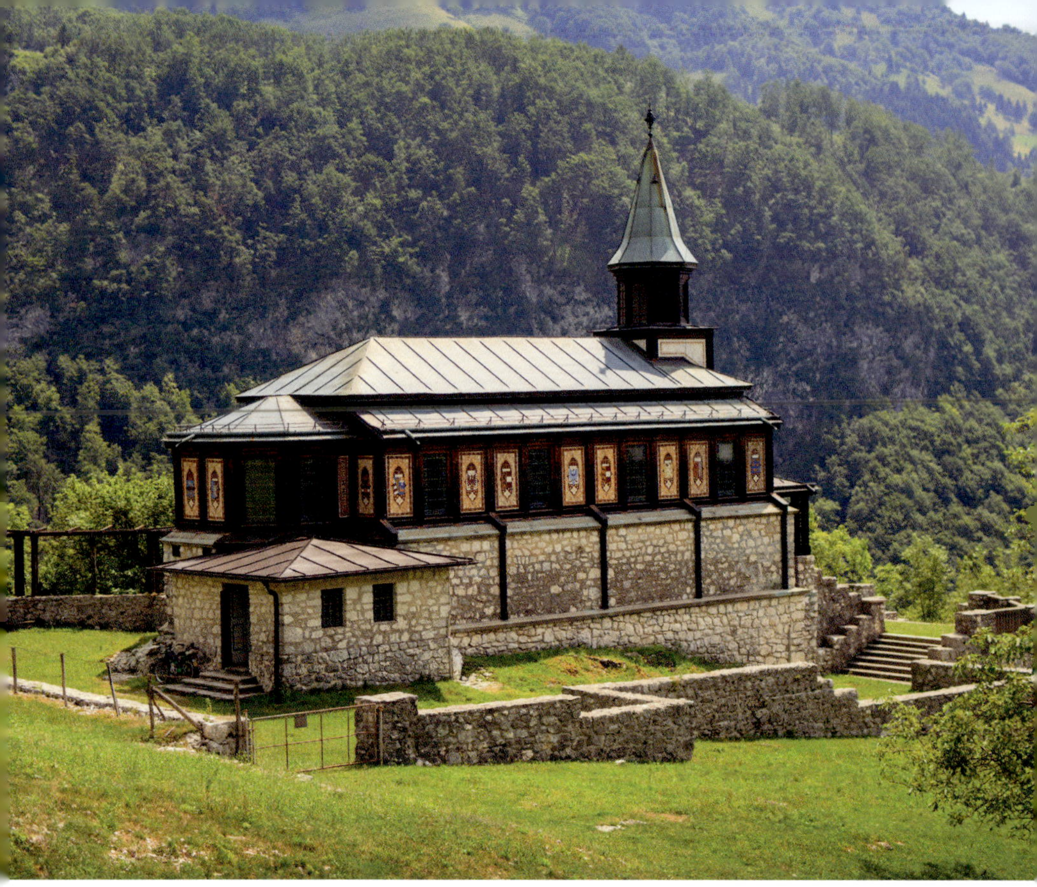

Heiligengeist-Gedenkkirche Javorca

WEGBESCHREIBUNG

Die Tour beginnt am zentralen Platz **Mestni trg** in Tolmin. Mit dem Mountainbike radeln wir auf der Straße *Gregorčičeva ulica* nach Norden, verlassen Tolmin und erreichen nach ca. 500 m den Ortsteil **Zatolmin**. Am Ortseingang biegen wir zuerst rechts, nach 100 m dann links ab (den Hinweis *Tolminka korita* ignorieren wir) und nach weiteren 100 m abermals rechts. Die Straße wird enger und steiler. Zwei Kehren, wenige Häuser noch, dann Wald, und wir erreichen den Nationalpark Triglav, wo der Asphaltbelag bald endet.

Die Straße steigt nur noch sanft an, ist aber kurvenreich – und zum steilen Abgrund hin nicht abgesichert. Tief unter uns fließt die **Tolminka** unsichtbar, aber deutlich vernehmbar durch eine Schlucht. Rund 4 km nach Ende der Asphaltstrecke öffnet sich der Wald zur Lichtung mit dem Gehöft *Zastenar*. Nach weiteren 2 km zweigt links die Auffahrt zur Javorca-Kirche ab. Die

Auffahrt ist teilweise so steil, dass es ratsam ist, das Bike zu schieben. Dann stehen wir vor der **Heiligengeist-Gedenkkirche Javorca**, einem sehr bewegenden Denkmal aus der finsteren Zeit von 1915 bis 1917, weithin sichtbar fast 200 m über dem Talboden der Tolminka. Auch wenn die Kirche gerade nicht geöffnet ist, steigen wir die zahlreichen Stufen hinauf und werfen einen Blick durch die Tür ins Kircheninnere.

Wir kehren zum Talgrund zurück und setzen unsere Fahrt durch Wiesen und Weiden nach Norden fort. Am rechten Hang erstreckt sich eine riesige Kahlfläche, die vom Ufer der Tolminka mehr als 400 Höhenmeter bergauf reicht, entstanden durch einen Hangrutsch, der durch das Erdbeben am Ostermontag 1998 ausgelöst wurde. Wenig später kommen wir zur Alm **Planina Polog** (hier kann man Käse kaufen). Auf einer Höhe von nur 450 m gelegen, gilt sie als die tiefstgelegene Alm der Alpen. Etwa 1 km nördlich der Alm zweigt rechts ein unmarkierter Weg ab. Nicht leicht zu finden, doch wer ihn findet und zu Fuß hinab zur Tolminka geht, trifft dort auf ein technisches Unikum: die Handseilbahn **Kurukula**. Mittels dieser „kurbelt" man sich auf die andere Seite der Tolminka und wieder zurück und wieder hin und wieder zurück.

Auf der Weiterfahrt wird uns abermals bewusst, welche Naturkräfte im Hochgebirge herrschen. Links des Wegs reichen Schuttströme mehrmals bis zum Talboden, das Material wirkt recht frisch. Es gerät immer wieder in Bewegung, vor allem bei Erdbeben (1998, 2004). Auch die Schotterdecke des Wegs wird immer gröber, der Fahrgenuss lässt trotz der Robustheit des Mountainbikes merklich nach. Schließlich fordert ein Schild des Nationalparks dazu auf, die Räder abzustellen und den Weg zu Fuß fortzusetzen. Der Weg steigt zu einem Moränenriegel an und führt dann abwärts zu einem breiten, großteils von Schotter bedeckten Talboden. An dessen westlichem Rand, am Hangfuß der *Osojnica,* tritt die Tolminka an zahlreichen Stellen zutage. Die Zahl der **Quellaustritte der Tolminka** und deren Wasserführung hängen sehr von der Witterung ab. Bei meinem ersten Besuch waren es mehr als zehn Quellen, überall sprudelte und gurgelte es – ein stimmungsvolles Naturschauspiel.

Der Rückweg nach Tolmin erfolgt auf demselben Weg.

Die Heiligengeist-Gedenkkirche Javorca

1915–1917: Tragische Jahre, die fast nur traurige Spuren hinterlassen haben – mit wenigen Ausnahmen. Eine davon ist die Heiligengeist-Gedenkkirche Javorca im Tolminka-Tal, ca. 10 km nördlich von Tolmin. Sie gilt als das schönste Denkmal aus dieser unglückseligen Zeit.

Man muss sich das vorstellen: Gerade einmal 3 km westlich verläuft die Front am Mrzli vrh, eine der am härtesten umkämpften Anhöhen des Frontabschnitts zwischen Krn und Tolmin. Der Talboden und die westlichen Hänge des Tolminka-Tals liegen aber im toten Winkel des italienischen Artilleriefeuers, weshalb die Soldaten der österreichisch-ungarischen Armee sich ungefährdet dorthin zurückziehen können – erschöpft und vielfach traumatisiert. Dennoch finden viele die Kraft, am Bau einer Kirche mitzuwirken, die nicht nur Christen, sondern auch Angehörigen anderer Religionen, zum Beispiel Muslimen, als Ort der Ruhe und inneren Einkehr dienen soll.

Entworfen wurde die Kirche von dem österreichischen Maler und Bühnenbildner Remigius Geyling (1878–1974), der an diesem Frontabschnitt als Oberleutnant eingesetzt war. Nach acht Monaten Bauzeit unter der Leitung des ungarischen Leutnants Géza Jablonszky wurde die Kirche am 1. November 1916 eingeweiht. Während des Krieges wurden darin jeden Sonntag Messen für die Soldaten gleich welcher Konfession oder Religion gehalten.

Eine breite Treppe führt von Süden über ca. 50 Stufen hinauf zum Eingang, über dem sich ein kleiner hölzerner Turm mit dem Wappen der K.-u.-k.-Monarchie erhebt, darüber eine Sonnenuhr mit dem Schriftzug PAX (Frieden). Die Grundmauern sind aus Kalkstein, die Wände aus Lärchenholz gefertigt. Zwischen den Fenstern befinden sich die Wappen von 14 österreichischen Kronländern, der Königreiche Ungarn, Kroatien und Slawonien, der Städte Triest und Rijeka sowie des annektierten Gebiets Bosnien-Herzegowina. Das Kircheninnere wurde im Secessionsstil (Wiener Variante des Jugendstils) gestaltet. Hier fällt das angenehme Blau der oberen Wände, der Decke und der Säulen auf, die den Raum in drei Teile gliedern. Die Seitenwände sind mit Eichentafeln verkleidet, in welche die Namen von mehr als 2500 in den umliegenden Bergen gefallenen Soldaten eingebrannt sind. Eine von den Italienern im Zuge der Renovierung von 1934 angebrachte Platte trägt die Inschrift „Ultra cineres hostium ira non superest" („Vor Gräbern verstummt der Feindeshass").

Nach dem Zweiten Weltkrieg wurde die Javorca-Kirche vernachlässigt und verfiel allmählich. Anfang der 1980er-

Jahre wurde sie renoviert, durch das Erdbeben am Ostermontag 1998 nahm sie jedoch großen Schaden. Im Jahr 2005 und nochmals 2016 – zum hundertsten Jahrestag ihrer Erbauung – wurde sie umfassend renoviert. 2007 erfolgte die Auszeichnung mit dem „Europäischen-Kulturerbe-Siegel" – als Denkmal von europäischer Bedeutung.

Zugänglich ist die Javorca-Kirche von Anfang Juni bis Ende September täglich von 10 bis 17 (19) Uhr, von Anfang April bis Ende Mai und von Anfang Oktober bis Mitte November nur samstags, sonntags und an Feiertagen; Näheres *www.soca-valley.com/de/sehenswurdigkeit/javorca* (mit Öffnungszeiten).

Von Ende Juni bis Anfang September fährt mehrmals täglich ein Shuttlebus vom Busbahnhof am Trg maršala Tita in Tolmin zur Javorca-Kirche, danach bis Anfang Oktober wochentags nur noch einmal täglich, an Wochenenden mehrmals; Näheres *www.soca-valley.com/de/soca-tal/nachhaltige-mobilitat/#Tolmin*

Heiligengeist-Gedenkkirche Javorca, Blick ins Innere

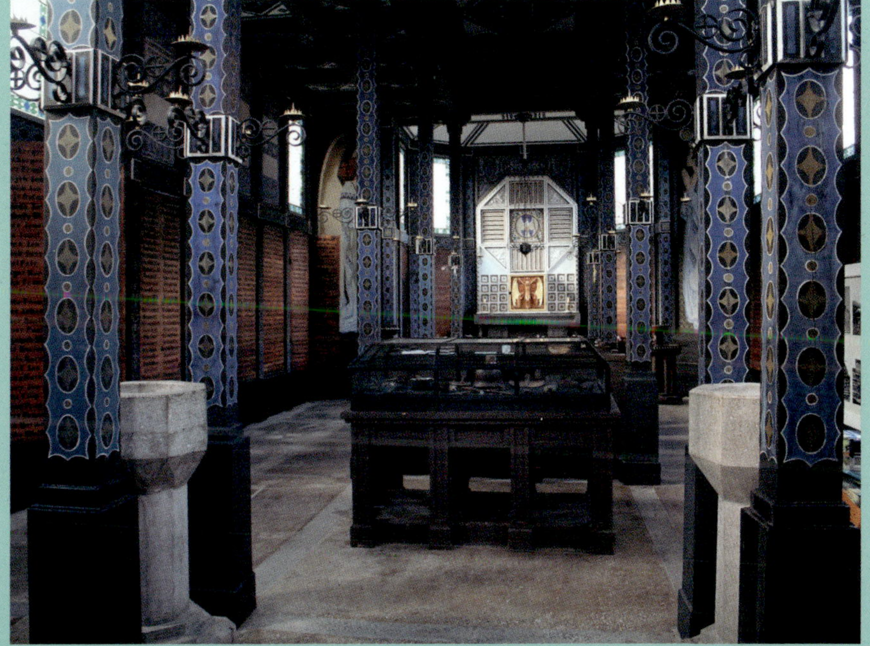

Tolminka- und Zadlaščica-Klamm

ZU DEN EINDRUCKSVOLLSTEN SCHLUCHTEN SLOWENIENS

In Tolmin, nur 180 Meter hoch gelegen, klettert das Thermometer an manchen Sommertagen auf Werte wie an der Adriaküste. Wer Hitze scheut, sollte dann zwei der berühmtesten und eindrucksvollsten Klammbildungen Sloweniens aufsuchen – Abkühlung garantiert, auch ohne Sprung ins stets kalte Wasser. Ein Besuch lohnt sich aber nicht nur im Sommer. Hier, am südlichsten und zugleich tiefsten Punkt des Nationalparks Triglav, zeigt sich die Natur der Julischen Alpen nochmals von ihrer wilden Seite.

WEGBESCHREIBUNG

Ausgangspunkt ist der zentrale Platz **Mestni trg** in Tolmin. Von dort rechts entlang der Hauptstraße in Richtung Most na Soči. Etwa 50 m nach der großen Bushaltestelle links auf die kleine Straße *Basoviška ulica,* die nach knapp 300 m hoch über der Tolminka endet. Dort links, d. h. talaufwärts, vorbei an einem Sägewerk. Blick nach Norden in das tief eingeschnittene Tal der Tolminka, überragt von zum Teil über 2000 m hohen Gipfeln – hier sind es vor allem die großen Höhenunterschiede, die einen starken Eindruck machen.

Nach den letzten Häusern von Tolmin passieren wir den Soldatenfriedhof von **Loče**. Hier sind zahlreiche Soldaten der österreichisch-ungarischen Armee begraben, die bei Kämpfen im Krn-Gebiet getötet wurden. Ihre Namen finden

Karte siehe Tour 18

Nächste Bahnstation, Bushaltestelle, Unterkünfte: s. Tour 18

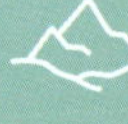

Begehung der beiden Klammen von Tolmin aus in 2–3 Std. möglich. Feste Wanderschuhe erforderlich. Taschen- oder Stirnlampe mitnehmen! Im Sommer und an manchen Wochenenden sehr beliebtes Ausflugsziel.

Ende März bis Anfang November

Hinweis: Vom Busbahnhof am Trg maršala Tita in Tolmin fährt von Ende Juni bis Anfang Oktober täglich ein kostenloser Shuttlebus von 10 bis 16 Uhr nonstop zu den Klammen (Stand 2023)

sich eingebrannt auf den Eichenholztafeln in der Javorca-Kirche. An einer Linkskurve zweigt rechts ein Fußweg ab, auf diesem nach 1 km zu einem Parkplatz. Weiter geht es auf einer kleinen Straße, nach ca. 200 m gehen wir aber rechts auf einen zur Tolminka hinabführenden markierten Waldweg und entrichten an der Kasse das Eintrittsgeld (Erwachsene je nach Monat bis zu 10 €, Stand 2023). An den steilen Hängen dichter Bewuchs von *Hopfenbuche, Linde, Goldregen, Eibe* und anderen. Nach Regen kriechen hier etliche Feuersalamander aus ihren Verstecken.

Schon bald stehen wir auf der Brücke über die Tolminka (ca. 190 m) und genießen den Blick auf das smaragdfarbene Wasser. Nach der Brücke geht es links auf gesichertem Weg in die immer enger werdende **Tolminka-Klamm** – 60 m unter der für Kraftfahrzeuge befahrbaren *Teufelsbrücke/Hudičev most*. Schließlich führt der Weg durch einen künstlichen Stollen (Taschenlampe!) und endet an einer besonders engen, etwas finsteren Stelle der Klamm. Nahebei eine Besonderheit am Ufer der Tolminka: die einzige Thermalquelle der Julischen Alpen, allerdings nicht direkt sichtbar. Das hier austretende Wasser hat eine Temperatur von 22 °C. Zwar gibt es wärmere Thermalquellen, aber die Temperaturdifferenz zur Tolminka ist beträchtlich. Deren Wasser erwärmt sich selten auf mehr als 9 °C.

Hier kehren wir wieder um, gehen aber an der Holzbrücke geradeaus weiter und steigen in Serpentinen aufwärts. Die rechts und links in Richtung Žabče bzw. Zadlaz abzweigenden Wege ignorieren wir. Bald befinden wir uns nicht in, sondern hoch *über* der **Zadlaščica-Klamm**. Von einem kleinen Aussichtspunkt schauen wir in den etwa 50 m tiefen düsteren Abgrund mit moos- und farnbewachsenen Felsen hinab. Links entdecken wir einen Felsblock, der sich zwischen den nahe beieinanderliegenden Wänden verkeilt hat und von den Einheimischen „Bärenkopf“ genannt wird. Dies ist auch der Endpunkt unserer Wanderung.

Auf demselben Weg kehren wir wieder nach Tolmin zurück.

TIPP

KÜNSTLERPFAD

Eine lohnende kleine Wanderung führt von Tolmin zum Zusammenfluss von Soča und Tolminka. Hierfür ist jedoch etwas Orientierungsvermögen erforderlich. Von der besiedelten Hochterrasse hinunter zur Niederterrasse mit den ausgedehnten Wiesenflächen, auf denen bis 2022 alljährlich im Sommer die „Metaldays“ stattfanden (2024 sollen „Tolminator“ und andere Rock-Events folgen). Von hier zum Auwald, dort links und auf schmalem Pfad das Ufer entlang. Nahebei das „Deutsche Beinhaus“. Interessanter jedoch ist der Künstlerpfad mit gut in die Umgebung passenden Holzskulpturen heimischer Künstler.

Kanal – Kanalski Kolovrat – Sabotin – Nova Gorica

DURCH EINE EINSAME LANDSCHAFT DEM SÜDEN ENTGEGEN

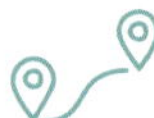

11–12 Std.

Kanal (103 m ①)–Marijano Celje (677 m ②) **2½ Std.**
Marijano Celje (677 m)–Sv. Jakob ③–Korada (812 m ④) **2½–3 Std.** Korada–Vrhovlje ⑤–Sabotin (609 m ⑥) **3–4 Std.**
Sabotin–Hst. Solkan bzw. Bhf. Nova Gorica ⑦ **2 bzw. 2½ Std.**

Wir verlassen nun die hohen Berge und tiefen Täler und wenden uns einer Landschaft zu, die geografisch zwar noch zu den Julischen Alpen zählt, aber von deutlich anderem Charakter ist. Wir genießen zwei Tage lang eine ruhige Mittelgebirgslandschaft mit einsam gelegenen Dörfern und Kirchen (am Ende der Wanderung ist es mit der Einsamkeit vorbei), mit bunten, artenreichen Wiesen, mit verlockenden

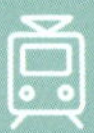

Kanal, Solkan, Nova Gorica

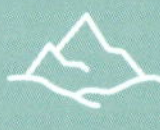

Lange, aber unschwierige Wanderung. Etwas Orientierungsvermögen erforderlich. Im Bereich des Sabotin Trittsicherheit vor allem im Abstieg erforderlich.

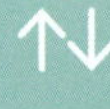

Kanal–Marijano Celje: 580 m ↑
Marijano Celje–Sv. Jakob–Korada: ca. 250 m ↑ (mit Gegenanstiegen)
Korada–Sabotin: ca. 450 m ↓, ca. 250 m ↑
Sabotin–Solkan/Nova Gorica: 520 m ↓

April–Oktober, am schönsten im Mai/Juni (Blumenwiesen).

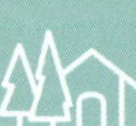

Planinsko zavetišče na Koradi (803 m): 20 L.; ganzj. bew. an Samstagen, Sonn- und Feiertagen. Übernachtung nur von Samstag auf Sonntag
In Kanal: *Soča Guesthouse, Apartma Pod Gradom*
In Solkan: *Hotel Sabotin.*
In Solkan u. Nova Gorica einige Ferienwohnungen
In Nova Gorica *Hotels* der gehobenen Preisklasse mit Casinoanschluss.

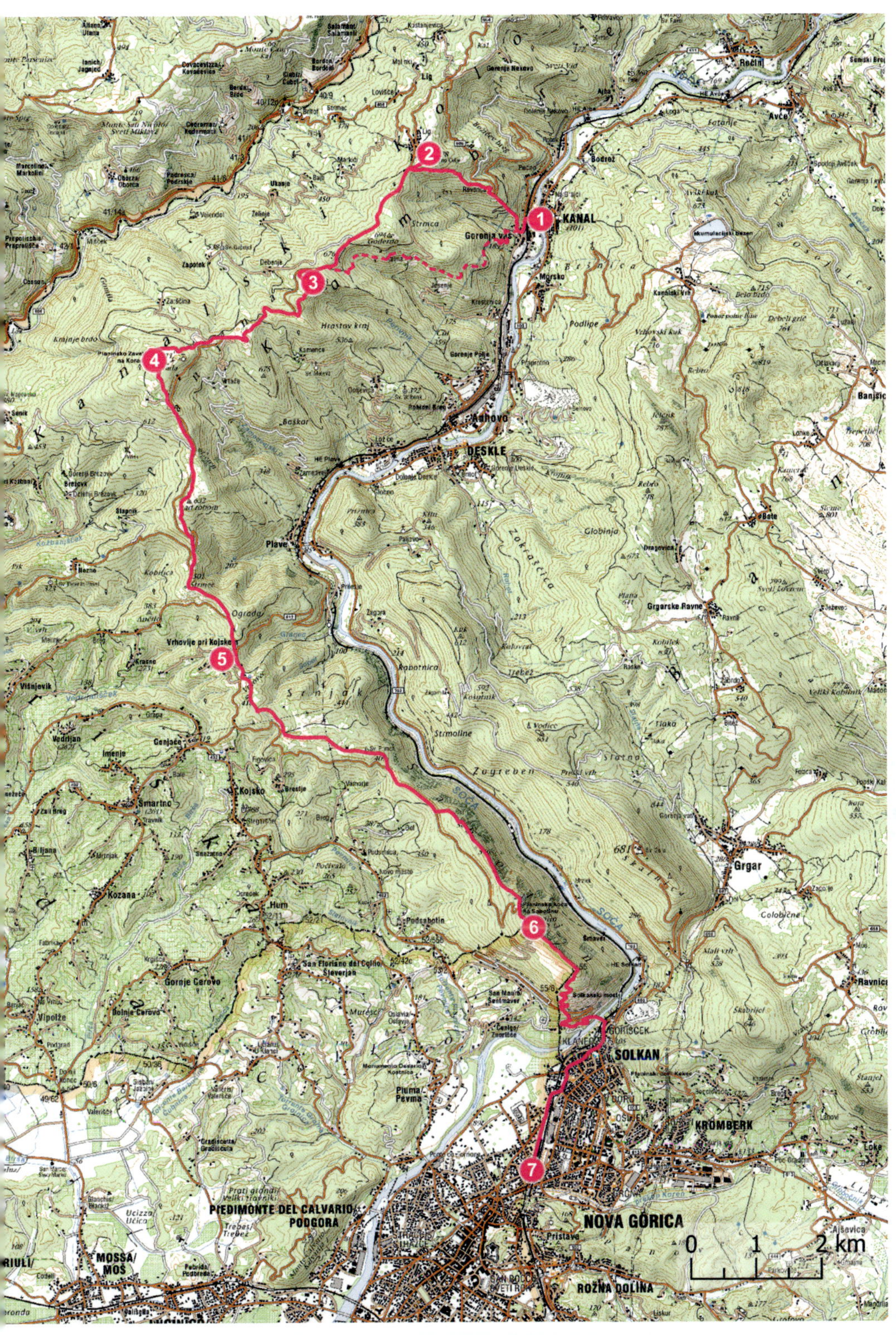

1
2
3
4
5
6
7
KANAL
Gorenja vas
Morsko
Bodrež
Ročinj
Avče
Anhovo
DESKLE
Plave
Zagora
Grgarske Ravne
Grgar
Vrhovlje pri Kojskem
Kojsko
Šmartno
Kozana
Vipolže
Gonjače
Vedrijan
Višnjevik
Hum
San Floriano del Collio
Števerjan
Gorenje Cerovo
Dolnje Cerovo
SOLKAN
KROMBERK
NOVA GORICA
Pristava
ROŽNA DOLINA
PIEDIMONTE DEL CALVARIO
PODGORA
MOSSA/
MOŠ
SOČA
0
1
2 km

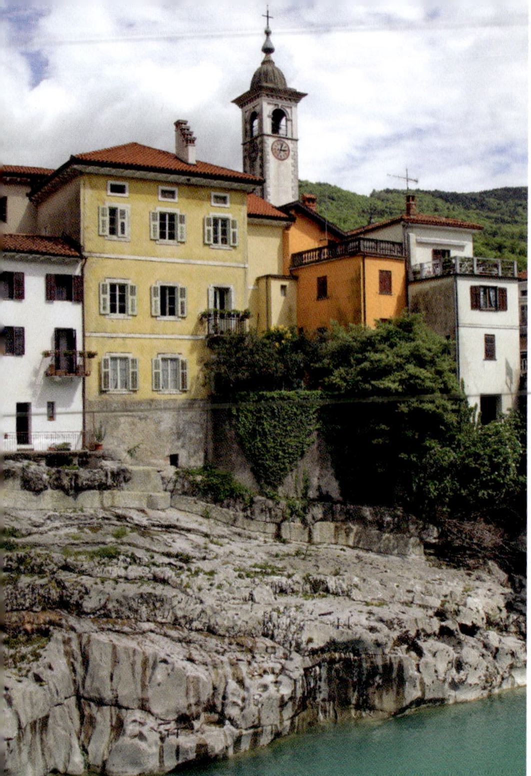

Kanal ob Soči

Fernblicken nach Norden zu den Alpen und nach Süden zur Adria – und mit Prachtblicken hinab zur Soča.

WEGBESCHREIBUNG

Ausgangspunkt ist die Kirche **Marijinega vnebovzetja**/Mariä Himmelfahrt mit dem schlanken Turm in **Kanal** (103 m). Von hier auf der nahe gelegenen **Brücke über die Soča**, das wohl bekannteste Fotomotiv von Kanal. Eine Brücke mit wechselvoller Geschichte: 1580 zum ersten Mal errichtet, wurde sie mehrfach zerstört und wieder aufgebaut, zuletzt 1920. Wir halten einen Moment inne und blicken hinab zur Soča, die sich an dieser Stelle, ähnlich wie in ihrem Oberlauf, noch einmal in helles Kalkgestein „eingefräst" hat. Alljährlich im August findet hier ein Spektakel statt: Wagemutige Männer springen von der Brücke in die dort 10 m tiefe Soča – Fallhöhe 17 m. Für die ganz Wagemutigen wird der Absprung noch erhöht – Fallhöhe 23 m.

Nach der Brücke geradeaus und durch die Bahnunterführung, unmittelbar danach links (Wegweiser *Marijano Celje*) in das Dorf **Gorenja vas**, dort rechts bergauf. Am Ende der geschlossenen Siedlung Wegteilung: Links weist ein Pfeil zur Korada (s. Variante 20a), wir wählen jedoch den Weg rechts Richtung Marijano Celje. Nach 200 m zeigt ein roter Pfeil nach rechts den Weiterweg an. Ab hier steil und steinig durch Wald aufwärts. Auf halber Höhe befindet sich rechts des Weges eine **Edelkastanie** *(pravi kostanj)* mit fast 2 m Stammdurchmesser und einer Höhe von 23 m. Einige Äste sind bereits abgestorben und abgebrochen; Baumhöhlen haben sich gebildet, in denen sogar schon Eulen gebrütet haben. Ansonsten herrschen in diesem Wald *Zerr- und Flaumeichen* vor.

Nach einer kurzen Straßenberührung öffnet sich auf ca. 400 m Höhe der Wald. Vom Haus **Ravenca** wandern wir teils über Wiesen, teils durch Wald weiter aufwärts bis zu der Straße, die sich über den Höhenzug *Kanalski Kolovrat* nach Südwesten zum Berg *Korada* und weiter bis zur Brda windet. Nahebei das Dorf **Lig**. Rechts erblicken wir die Wallfahrtskirche **Marijino Celje** (Mariazell, 677 m), zu der wir auf einem

Fahrweg hinaufwandern. Sie ist allerdings nur sporadisch geöffnet. Ihre Ursprünge gehen auf das 14. Jahrhundert zurück, ihr heutiges Aussehen mit den beiden Türmen bekam sie gegen Ende des 18. Jahrhunderts. Die Kirche liegt auf dem Pilgerweg, der die Klosteranlage *Castelmonte* bei *Cividale* mit der Wallfahrtskirche *Sveta Gora* bei *Solkan* (Nova Gorica) verbindet. Sowohl Castelmonte als auch Sveta Gora sind von hier aus zu sehen.

Wir kehren wieder um, gelangen zu der erwähnten „Höhenstraße" und wandern auf ihr nach Südwesten – die Straße ist nur wenig befahren. Nach 3 km weist links ein Pfeil zum Kirchlein **Sveti Jakob** (745 m). Durch Buchenwald geht es auf gewundenem Weg hinauf zu diesem Sakralbau mit dem Glockentürmchen, das etwas an Westernfilme erinnert. Freie Sicht in die weitere Umgebung. Danach geht es auf markiertem Weg teils durch Wald und über Wiesen, teils an der wenig befahrenen Straße weiter nach Südwesten (gut auf die Markierung achten!). Im Mai blüht hier an manchen Stellen der *Affodil*. Die Abzweigung links nach Plave ignorieren wir und auch 100 m weiter halten wir uns rechts (Richtungsweiser *Žarščina, Korada*). Nun wandern wir aufwärts zum Kirchlein **Sveta Genderca** (St. Gertrud). Über zeitweise von Rindern beweidetem Grünland gelangen wir zum höchsten Punkt der **Korada** (812 m). Nahebei die Hütte **Planinsko zavetišče na Koradi**. Trotz ihrer einfachen Ausstattung empfehle ich dort eine Übernachtung. Da dies aber nur von Samstag auf Sonntag möglich ist, sollte jene Tour entsprechend geplant werden. Sehr ansprechende Umgebung mit reichhaltiger Flora *(Illyrische Gladiole, Feuerlilie, Kugelorchis u. v. m.)* und Fauna (Schmetterlinge) – und weiter Aussicht.

TIPP

NEUE RADWEGE

Während eines längeren Aufenthalts in Solkan bzw. Nova Gorica empfiehlt es sich, per Fahrrad die nähere Umgebung zu erkunden, z. B. an der Soča. Hierfür überquert man die Soča nahe der italienischen Grenze auf einer neuen Brücke für Fußgänger und Radfahrer (Foto S. 27) und biegt dann rechts auf einen ebenfalls neuen Radweg. Bald sind wir auf dem Betriebsweg der Wocheiner Bahn, der inzwischen auch Radfahrern zur Verfügung steht. Links die felsigen Südhänge des Sabotin mit Vorkommen der Steineiche, rechts die Staumauer mit dem Elektrizitätswerk. Entlang der aufgestauten, intensiv türkisfarbenen Soča immer weiter flussaufwärts ... so weit, wie es beliebt.

Von der Hütte geht es auf markiertem Weg durch Wald nach Süden hinab zur „Höhenstraße", dort rechts in Richtung Strmec, Vrholje. Nach kurzer Straßenbegehung der Markierung links folgen wir einem Waldweg, dann abwechselnd an der Straße und über Wiesen. Ab Strmec 2 km Straßenwanderung bis **Vrhovlje**. An einer Rechtskurve (im Frühsommer eventuell Verkauf von Kirschen) zweigt ein undeutlich markierter Weg links nach Südosten ab, der nach 1½ km auf einen Schotterweg trifft. Auf diesem links und ca. 1½ km bis zu einer Jagdhütte. Auf immer schmaler werdendem Pfad überschreiten wir den lang gezogenen, leicht ansteigenden Kamm zum *Sabotin* oberhalb des felsig zur Soča abfallenden Steilhangs. Nach ca. 3½ km „Gratwanderung" kommen wir zur Hütte **Planinska koča na Sabotinu** (560 m), die auch ein kleines Museum mit allerlei Gerät und Fotos aus dem Ersten Weltkrieg beherbergt (keine Übernachtung möglich, Einkehr nur samstags, sonntags und an Feiertagen, im August geschlossen). Nahebei können Kavernen und Schützengräben besichtigt werden. Neben dem Škabrijel und dem Karstplateau war der Sabotin/Monte Sabotino eines der schlimmsten Kampfgebiete an der Isonzofront. In den 2000er-Jahren wurde hier der grenzüberschreitende **Friedenspark Sabotin (Sabotin park miru)** ausgewiesen.

Von der Hütte ist es nicht mehr weit zum höchsten Punkt des **Sabotin** (609 m). Darüber und über den nach Süden bis zur Ruine Sveti Valentin sich fortsetzenden Kamm verläuft die Grenze zu Italien. Packender Blick hinab zur aufgestauten Soča, beeindruckend aber auch die Aussicht nach Nordosten zu dem auf einem Berg thronenden **Kloster Sveta Gora** und nach Südwesten auf **Gorizia**. Noch beeindruckender ist hier die Flora, vor allem im April und im Mai. Besonders ins Auge fallen der *Diptam* und *die Illyrische Schwertlilie.*

Am südöstlichsten Punkt des Sabotin-Kamms befindet sich die Ruine der einstigen Kirche **Sveti Valentin** (530 m). Von hier führt ein steiniger serpentinenreicher Weg steil abwärts zur Straße, die von der Brda nach Solkan führt. Auf ihr gehen wir links abwärts und überqueren auf der 1985 erbauten Straßenbrücke die Soča – 55 m über der Wasseroberfläche, die dort nicht mehr so transparent ist wie im Oberlauf, aber immer noch türkisfarben schimmert. Von Mitte Mai bis Mitte Oktober wird hier Bungeejumping angeboten (*bungee.si/en/*). Beeindruckender Blick flussaufwärts zur berühmten Steinbogenbrücke der Wocheiner Bahn. Am Ende der Brücke halten wir uns rechts.

Wer am selben Tag noch mit der Bahn nach Norden zurückfahren möchte, kann sich zur nahe gelegenen Haltestelle *(postaja)* Solkan begeben – oder zum **Bahnhof Nova Gorica**. Hierfür bleiben wir in **Solkan** auf der Hauptstraße (Soška cesta, später Cesta IX korpusa), folgen aber nach 1½ km nicht dem Wegweiser links zum Bahnhof, sondern gehen rechts und erst unmittelbar nach der Bahnunterführung links. Auf dem Gehweg ca. 400 m

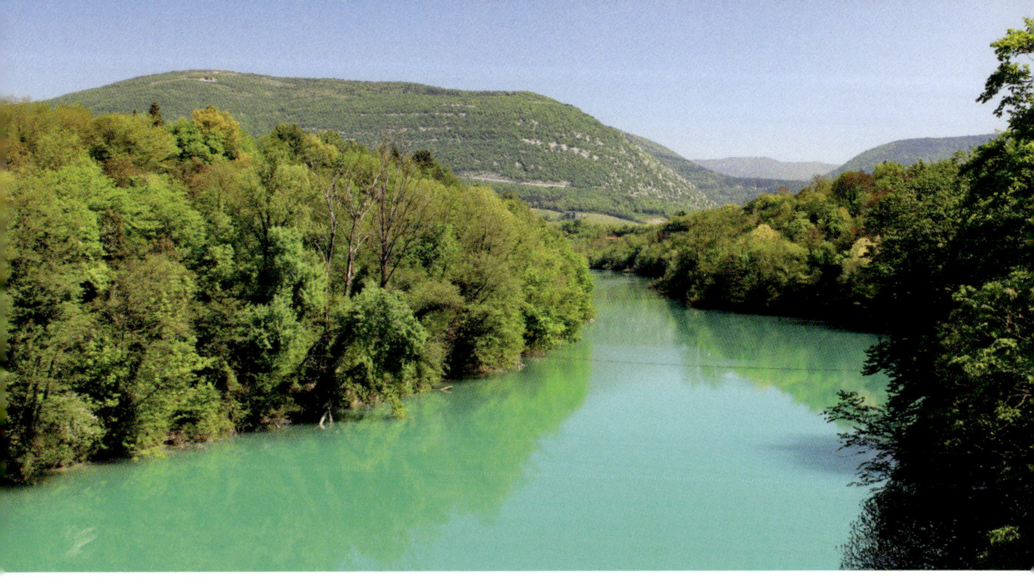

Der Berg Sabotin/Monte Sabotino, gesehen von einer Sočabrücke bei Gorizia

entlang der **Cesta IX korpusa**, sodann entlang des Grenzzauns auf einem breiten Grünstreifen mit Fitnesspfad noch 1 km bis zum Bahnhof. Entlang des Wegs erinnern Maulbeerbäume an die in dieser Gegend einstmals bedeutende Rolle der Seidenraupenzucht. Der 1906 erbaute Bahnhof hingegen, eines der wenigen historisch wertvollen Gebäude von Nova Gorica, erinnert an die „Goldene Ära“ des Eisenbahnbaus am Ende der K.-u.-k.-Zeit. Das Bahnhofsgebäude steht unter Denkmalschutz und wird zurzeit (Stand 2023) renoviert, nicht zuletzt im Hinblick auf **GO! 2025 – Nova Gorica-Gorizia**, Kulturhauptstadt Europas im Jahr 2025. Es soll auch langfristig verstärkt für kulturelle Zwecke genutzt werden.

VARIANTE 20A:

Für einen direkten Aufstieg zur Korada empfiehlt sich folgende Alternative: Von **Kanal** (103 m) wie beschrieben nach **Gorenja vas**, dort rechts aufwärts bis zum Ende der geschlossenen Siedlung und an der Wegteilung links (Pfeil *Korada*). Durch Wald ca. 2½ km bergauf (Markierung beachten). Zwischen den Bäumen erblickt man im Soča-Tal im Süden das große Zementwerk *Salonit Anhovo.* Mit seinen monströsen Anlagen trägt es nicht gerade zur Talverschönerung bei. Doch die Luftqualität hat sich sehr gebessert. Ende der 1970er-Jahre, als ich zum ersten Mal hier durchfuhr, lag in kilometerweitem Umkreis heller Staub auf den Häusern, auf den Bäumen, überall. Bis 1996 wurde dort auch Asbest produziert. Mittlerweile sind die Bäume dort grün. Nahe dem einsamen Gehöft **Ravna** (500 m) wandern wir durch bunte Wiesen, durchsetzt mit einzelnen Rebzeilen und Gebüschen – eine Augenweide und ein Dorado für Insekten. Nahe dem Kirchlein **Sveti Jakob** treffen wir auf die Höhenstraße, auf der wir wie beschrieben den Weg zur Korada fortsetzen.

Der Berg Sabotin/Monte Sabotino

Zu den interessantesten Erscheinungen im slowenisch-italienischen Grenzgebiet gehört der Berg Sabotin/Monte Sabotino. Geologisch gesehen stellt er den einzigen „Vorposten" des Karsts westlich der Soča dar. Aufgrund seiner reichhaltigen Flora und Fauna – hier treffen sich alpine mit mediterranen Arten – zählt er zu den wertvollsten Natura-2000-Gebieten der Primorska außerhalb der Alpen. Eher unerfreulich verlief hier aber die jüngere Geschichte.

Bereits im Mittelalter wurde am südöstlichen Eckpunkt des Bergzugs ein Kloster gegründet, Sveti Valentin, das aber im 18. Jahrhundert wieder aufgegeben und im Ersten Weltkrieg dann gänzlich zerstört wurde. Der Erste Weltkrieg hat nachhaltige Spuren auf diesem Berg hinterlassen. Im Zuge der sechsten Isonzoschlacht im Sommer 1916 gelang es den Italienern unter sehr hohen Verlusten, jenen Berg zu erobern. Danach wurde er, der 1919 Italien zugesprochen wurde, zur Zona Sacra, zur „Heiligen Zone" erklärt. Nach dem Zweiten Weltkrieg wurden die Grenzen in Europa neu gezogen. Italien musste einen Großteil des Soča-Isonzo-Einzugsgebiets an Jugoslawien abgeben und auch der Monte Sabotino sollte ab 1947 vollumfänglich an Jugoslawien fallen. Auf inständiges Bitten von italienischer Seite, wenigstens einen Teil der Zona Sacra behalten zu dürfen, wurde die Grenze jedoch über den Gipfelgrat des Sabotin gezogen mit der Folge, dass das nunmehr zu Jugoslawien gehörende Weinbaugebiet Goriška Brda wirtschaftlich und verkehrsmäßig weitgehend isoliert war.

Das sollte sich erst Jahrzehnte später ändern. 1985 wurde auf Grundlage des Vertrags von Osimo eine Straße von Solkan in die Brda gebaut – durch italienisches Staatsgebiet am Südwesthang des Berges Sabotin, beidseitig gesäumt von mehrere Meter hohen Drahtzäunen. Diese stehen noch und Schilder warnen bis heute vor einem Verlassen dieses Korridors und weisen auf ein Fotografierverbot hin – kuriose Relikte einer Zeit, da dieses Gebiet noch gespalten war.

In der Nachkriegszeit bemühten sich beide Seiten, Italien und Jugoslawien, am Berg Sabotin auch optisch Präsenz zu zeigen. 1978 wurde unweit der Ruine Sveti Valentin mit Steinen – die gibt es dort reichlich – ein weithin und v. a. nach Italien hin sichtbarer Schriftzug geschaffen: NAŠ TITO (Unser Tito), 25 Meter hoch und 100 Meter lang. Dieser wurde bis über das Jahr 2000 hinaus gepflegt und von störendem Gehölzaufwuchs befreit. Doch dann entstand ein regelrechter Wettkampf zwischen Anhängern und Nichtanhängern Titos. Über Nacht wurde mehrfach der Schriftzug geändert. NAŠ TIGR, NAŠ MIR (Frieden), NAŠ SLO hießen dann die Parolen, immer wieder aber auch NAŠ TITO. Ein paar Jahre lang kehrte nächtliche Ruhe am Sabotin ein und Büsche machten sich breit, bis 2013 wieder ein Schriftzug erschien: VRSTAJA (Aufstand). Das ließ die Tito-Anhänger wieder aktiv werden. Als Hommage an ihr Idol erneuerten sie im Oktober 2014 ihre Parole – größer als je zuvor und stets gepflegt. Die Hoheit über ihre Parole konnten sie bis jetzt behaupten. Jedes Jahr am 9. Mai feiern sie dort den „Tag des Sieges“ und illuminieren die Parole nachts mit Fackeln.

Etwas bescheidener sind die italienischen Aktivitäten. Nahe dem Grenzkamm befindet sich ein Wachhäuschen, das mittlerweile verlassen ist. Doch wer nachts bei klarer Sicht von Nova Gorica dort hinaufschaut, entdeckt drei Lichtlein: grün-weiß-rot – Italia.

Es scheint, als wäre die Zeit am Sabotin/Monte Sabotino etwas stehen geblieben. Einen Besuch dieses Bergs kann ich trotzdem sehr empfehlen: wegen der Flora, wegen der umfassenden Weitsicht – und wegen des grandiosen Tiefblicks auf die Soča.

Blick von Sveta Gora auf den Sabotin, aufgenommen im Winter

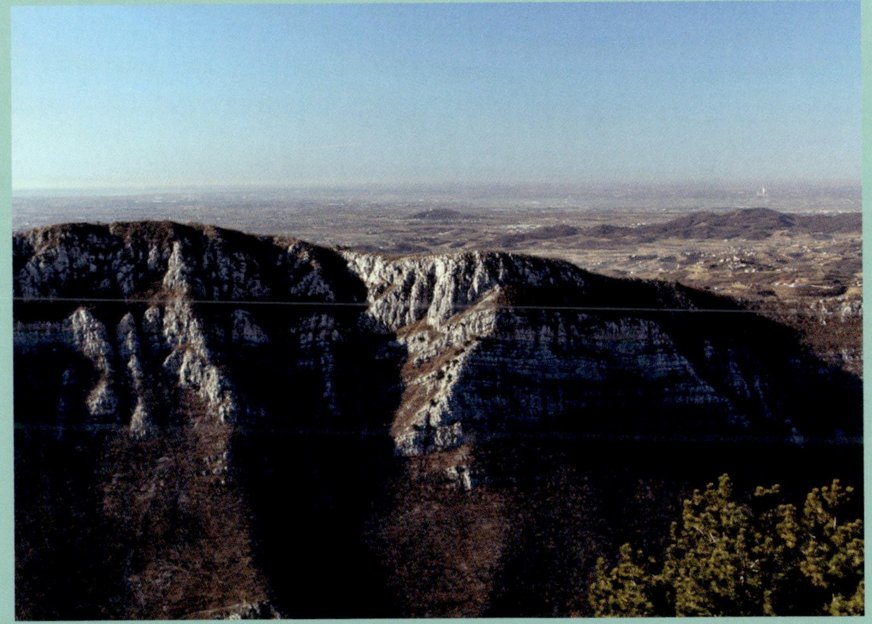

Solkan – Skalnica/Sveta Gora

ZUM BEKANNTESTEN WALLFAHRTSORT SLOWENIENS

Es gibt wohl kein Land in Europa, in dem so viele Kirchen und Klöster auf exponierten Standorten errichtet wurden wie in Slowenien. Erinnert sei nur an Marijano Celje und an das bescheidene Kirchlein Sveti Jakob auf dem Kanalski Kolovrat (Tour 20). Stolz und weithin sichtbar präsentieren sich dagegen die Wallfahrtskirche und das Kloster Sveta Gora („Heiliger Berg") auf der Skalnica nördlich von Nova Gorica, fast 600 m über der Soča. Vielleicht ist es auch diese Lage, die jenen Berg zum bedeutendsten Wallfahrtsort Sloweniens werden ließ – und die gute Erreichbarkeit, schließlich kann man mit dem Auto ganz hinauffahren. Ein ehrlicher *Wallfahrer* (!) sollte solch einen Berg zwar nicht auf Knien, doch wenigstens zu Fuß erklimmen. Dies soll nachfolgend beschrieben werden – für Wanderer, die mit öffentlichen Verkehrsmitteln angereist sind, aber auch für die anderen.

Solkan ① –Sveta Gora ②: knapp 600 m/**2–2½ Std.** ↑↓

WEGBESCHREIBUNG

Startpunkt ist der **Parkplatz** am östlichen Ende der 1985 erbauten Straßenbrücke über die *Soča* bei *Solkan*. Hierher entweder mit dem Bus von Nova Gorica oder zu Fuß vom Bahnhof Solkan. Von dort auf der Soška

Solkan, Nova Gorica

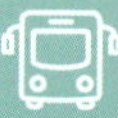

Parkplatz an der Soča-Brücke bei Solkan (Endstation einer Stadtbuslinie von Nova Gorica)

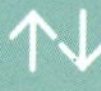

Solkan–Sveta Gora: knapp 600 m/2–2½ Std. ↑↓.

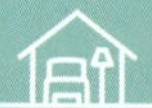

s. Tour 20 und im Prenočišča Sveta Gora in der Klosteranlage

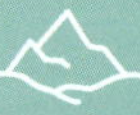

Als Halbtagestour möglich. Unschwierige Wanderung, z. T. an Straßen; im Auf- und Abstieg durch die Südwestflanke der Skalnica Trittsicherheit erforderlich. Im Sommer heiß, Aufstieg nur morgens zu empfehlen. Begehung des 260 m langen Kriegsstollens nur mit Stirnlampe möglich!

Prinzipiell ganzjährig. An Sonn- und Feiertagen viel Verkehr.

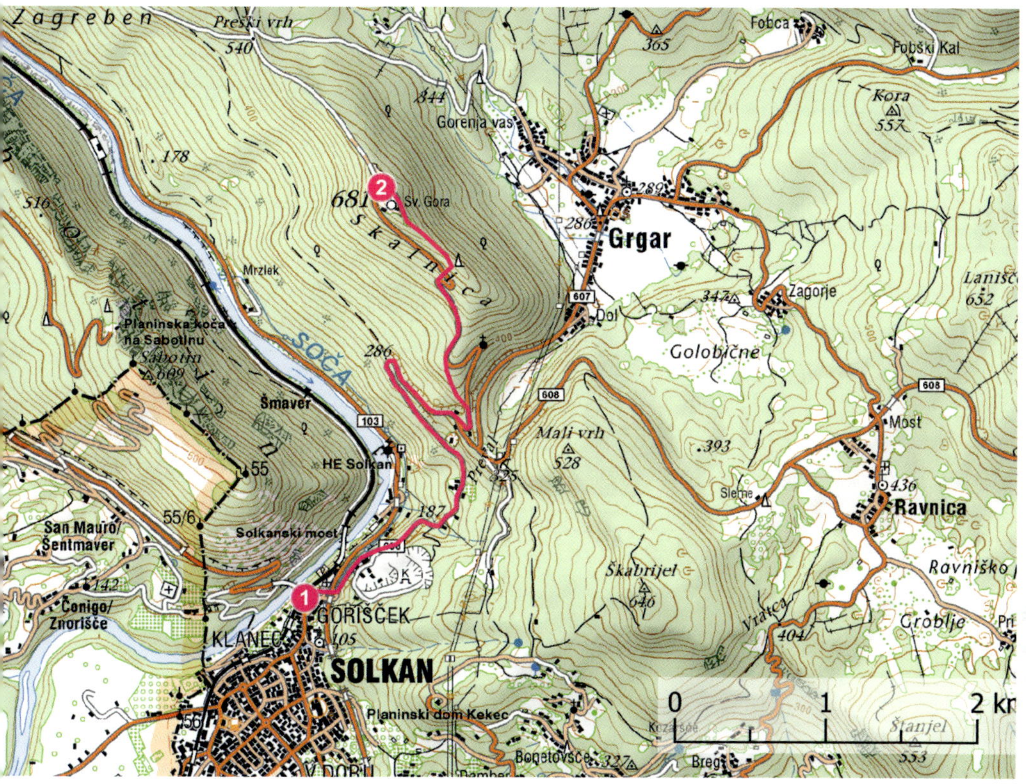

cesta ca. 100 m zur großen Kreuzung, die Hauptstraße Nova Gorica–Bovec überqueren und links auf der Straße aufwärts (Wegweiser *Čepovan* und *Sveta Gora*), vorbei am Kalksteinbruch, wo es manchmal etwas staubt. Nach einigen Hundert Metern rechts das **Gostišče Oddih**, gut 1 km weiter eine Rechtskehre. Ab hier ca. 750 m bis zu einer Parkbucht mit guter Aussicht auf den dicht besiedelten Talbereich von Nova Gorica und Gorizia und zur Adria in der Ferne. Blickfang sind jedoch die beiden Soča-Brücken am Fuß des steilen Südhangs des Sabotin, die Straßenbrücke, die Solkan mit der Brda verbindet, und die berühmte Steinbogenbrücke der Wocheiner Bahn.

Am Ende der Parkbucht die Straße überqueren und auf der Einbahnstraße (Gegenverkehr) ungefähr 100 m aufwärts, dann scharf links auf die Auffahrt nach Sveta Gora. Auf dieser aufwärts, nach 200 m links auf einen markierten Pfad, nach wenigen Metern rechts halten und aufwärts zu einer weiteren Stelle mit guter Aussicht. Ab hier ungefähr 600 m bis zu einer Rechtskehre der Auffahrt zum Kloster; Schützengräben und Stacheldrähte zeugen vom Kampfgeschehen während des Ersten Weltkriegs. Wer unerschrocken ist, begibt sich jetzt in einen 260 m langen **Stollen**. An einem Fixseil hangeln wir uns über den feuchten Boden steil aufwärts. Dafür benötigen wir

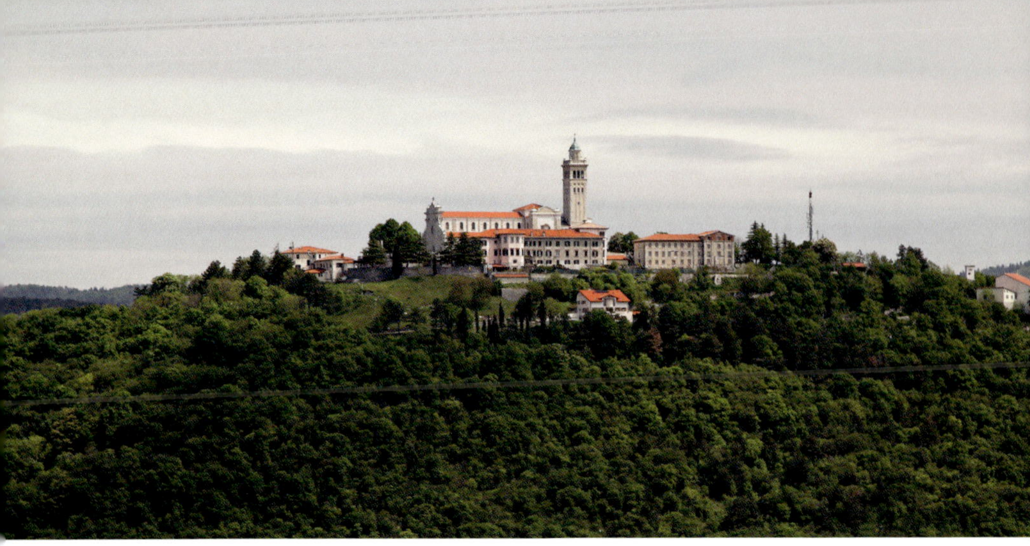

Kloster und Wallfahrtskirche Sveta Gora, gesehen vom Sabotin

eine Stirnlampe. Das andere Ende dieses Stollens befindet sich auf der Nordostseite der *Skalnica*. Hier waren die österreichisch-ungarischen Soldaten bis zur zehnten Isonzoschlacht noch auf der sicheren Seite. Ängstlichen Gemütern rate ich von einer Begehung des Stollens ab; sie sollten geradeaus weiter oder auf der Auffahrt nach oben gehen. Vom Ausgang des Stollens rechts hinauf zur Statue des heiligen Franz von Assisi. Von dort gibt es den vielleicht besten Ausblick auf Nova Gorica und Gorizia, zum bewaldeten Trnovski gozd, auf die Hochfläche Banjšice und zu den Julischen Alpen. Über den Kamm gehen wir wenige Hundert Meter zum **Franziskanerkloster und Wallfahrtszentrum**. Die Anlage ist insgesamt 70 m lang und mehr als 20 m breit, der Kirchturm 50 m hoch. Die Kirchturmglocken sind weithin zu hören.

Bereits im Mittelalter hatte dieser Ort auf dem Berg **Skalnica** (681 m) eine hohe sakrale Bedeutung. Anfang des 16. Jahrhunderts wurde hier nach einer Marienerscheinung eine Kirche erbaut, die Elemente der Spätgotik und der Renaissance vereinte. Die Kirche wurde jedoch im Verlauf des Ersten Weltkriegs fast völlig zerstört und in den 1920er-Jahren im Stil der Neorenaissance wieder aufgebaut. Eines der ältesten Relikte aus der Zeit vor der Zerstörung ist eine hölzerne Marienfigur mit Kind aus dem 16. Jahrhundert. Unmittelbar nördlich der Kirche gibt es eine Übernachtungsmöglichkeit (s. S. 168) und eine Gaststätte („Restavracija Peregrin") – von dort auch einen packenden Blick nach Westen zum felsigen Kamm des Sabotin, in die Friauler Ebene und zu den Karnischen Alpen.

Der Rückweg erfolgt nicht mehr durch den Stollen, vielmehr kann man auf mehreren Wegen die Südwestflanke hinabsteigen bis zu einem markierten Querweg, dort links und zurück zur Abfahrt vom Kloster. Ab hier auf beschriebenem Weg nach Solkan.

Die Wocheiner Bahn

Eine der schönsten Eisenbahnstrecken, die ich kenne, führt von Jesenice im Norden über Bled, Bohinjska Bistrica, Most na Soči und Kanal ob Soči nach Nova Gorica im Süden. Bekannt ist die 89 km lange eingleisige Strecke unter dem Namen „Wocheiner Bahn", slowenisch „Bohinjska proga". Es ist zum einen der Szenenwechsel, der den Reiz dieser Strecke ausmacht: Erinnert die Landschaft von Bled bis Bohinjska Bistrica mit ihren Mischwäldern, Heuharfen und vertraut wirkenden Kirchen eher an (Alt)Österreich, fühlt man sich nach Durchqueren des Wocheiner Tunnels dem Süden schon näher; erst recht ab Kanal ob Soči mit seinen mediterran wirkenden Steinhäusern am Soča-Ufer. Und gegen Ende der Fahrt künden Zedern und Zypressen von der nur 40 km entfernten Adriaküste.

Zum andern sind es die Bahnhöfe, die einen gewissen Reiz ausüben. Abgesehen vom Bahnhof Jesenice, der zu Beginn der Tito-Ära erbaut wurde und einen entsprechenden Charme verströmt, stammen alle aus der K.-u.-k.-Zeit. Manche befinden sich nicht in toprenoviertem Zustand; Wartehallen und Fahrkartenschalter einiger kleiner Bahnhöfe sind schon lange verwaist. Wer an einer solchen Station zusteigt, bekommt und zahlt die Fahrkarte dann beim Schaffner bzw. bei der Schaffnerin im Zug. Die Bahnhöfe Bohinjska Bistrica und Most na Soči sollen aber in naher Zukunft unter Bewahrung ihres architektonischen Kulturerbes zu zeitgemäßen Mobilitätszentren umgebaut werden.

Die Wocheiner Bahn war um die Jahrhundertwende ein wichtiges Teilprojekt des staatlichen österreichischen Alpenbahnprogramms mit dem Ziel, den innerösterreichischen, westböhmischen und bayerischen Raum besser an den Hafen von Triest anzubinden, der seit Eröffnung des Suezkanals stark an Bedeutung gewonnen hatte. Der ursprüngliche Plan, eine Bahn von Villach über Tarvis und Flitsch (Bovec) bis Tolmin zu bauen (mit einem Tunnel unter dem Predil-Pass), wurde jedoch wegen der Nähe zur italienischen Grenze verworfen. Stattdessen wurde eine Streckenführung weiter östlich ins Auge gefasst – eine aus militärischer Sicht sinnvolle Entscheidung, wie sich bald herausstellen sollte.

Im Rahmen des Alpenbahnprogramms kam der geplanten Strecke Salzburg–Triest eine wesentliche Bedeutung zu. Einige Streckenabschnitte stellten besondere Herausforderungen an die Erbauer, so auch der Bau der Wocheiner Bahn wegen des sehr unruhigen Reliefs – und wegen der Vorgaben durch das Militär. So sollten die Kurvenradien mindestens 300 m und die Steigungen nicht mehr als 1 % betragen, was allerdings in dem Streckenabschnitt zwischen dem Wocheiner Tunnel und Most na Soči nicht durchwegs zu realisieren war. Hier gibt es

Abschnitte mit bis zu 2,5 % Steigung. Im Verlauf der 89 km langen Strecke mussten 28 Tunnel, darunter der mehr als 6 km lange Wocheiner Tunnel, sowie fünf Galerien und 21 Brücken gebaut werden.

Begonnen wurde mit dem Bau der Eisenbahnstrecke im Jahr 1901. Fünf Jahre später, am 19. Juli 1906 wurde die Bahnstrecke durch den Thronfolger Erzherzog Franz Ferdinand feierlich eröffnet – jenem Franz Ferdinand, dessen Ermordung acht Jahre später den bis dato schrecklichsten Krieg in der Geschichte der Menschheit auslösen und den weiteren Verlauf des Weltgeschehens nachhaltig beeinflussen sollte.

Auch aus heutiger Sicht stellt die Bahnstrecke mit ihren Bauwerken eine Meisterleistung dar. Besonders hervorzuheben sind der Wocheiner Tunnel und die Brücke bei Solkan, aber auch der Bahnhof von Görz, heute Nova Gorica, aufgrund seiner repräsentativen Architektur (s. Tour 22).

Der 6327 m lange Wocheiner Tunnel, slowenisch „Bohinjski predor“, wurde zwischen 1900 und 1905 errichtet. Der Tunnelbau wurde gleichzeitig von Süden und von Norden her vorangetrieben, ab 1903 mithilfe elektrischer Bohrgeräte. Beim Durchschlag im Jahr 1904 „verfehlten“ sich die Bautrupps nur um 5 cm in der Horizontalen und ebenfalls nur 5 cm in der Vertikalen – eine auch aus heutiger Sicht höchst bewundernswerte Leistung.

Die im Jahr 1905 ganz aus Stein erbaute Eisenbahnbrücke von Solkan kann bis heute mit einem Rekord aufwarten: Mit 85 m Spannweite gilt ihr Steinbogen als weltweit größter seiner Art. Nach Entfernen der zum Bau erforderlichen Stützkonstruktion aus Holz sank der aus harten Kalksteinquadern errichtete Bogen lediglich um 6 mm! Gut zehn Jahre später allerdings, Anfang August 1916 – es tobte die sechste Isonzoschlacht – wurde der Steinbogen von den Österreichern nach ihrem Rückzug auf das östliche Soča-Ufer gesprengt, um dem Gegner das Nachrücken zu erschweren. 1925 – das Gebiet gehörte nun zu Italien – wurde der Bogen wieder originalgetreu aus Kalksteinquadern hergestellt.

Auf eine wechselvolle Geschichte kann auch die ganze Bahnlinie zurückblicken. Nachdem die Nord-Süd-Verbindung nach Triest komplett fertiggestellt war, erfuhr das Gütertransportvolumen von und nach Triest mit seinem ohnehin schon bedeutenden Hafen einen weiteren Aufschwung.

Doch diese Entwicklung wurde bald unsanft unterbrochen. In den Kriegsjahren 1915 bis Ende 1917 diente die Bahnlinie nur noch militärischen Zwecken. Während der südliche Teilabschnitt zwischen Most na Soči und Görz durch Artilleriebeschuss nicht mehr befahrbar war, wurde der nördliche Teilabschnitt zur wichtigsten Nachschublinie für die Front am Isonzo und in den Julischen Alpen. Vom Bahnhof Wocheiner Feistritz/Bohinjska Bistrica wurde eine Schmalspurbahn nach Ukanc westlich des Wocheiner Sees gebaut. Von dort beförderte man Mensch und Kriegsmaterial per

Seilbahn an die Gebirgsfront im Bereich des Krn. Während der Vorbereitungen zur Offensive der Mittelmächte im Oktober 1917 war die Wocheiner Bahn die am stärksten beanspruchte Bahnlinie der gesamten K.-u.-k.-Monarchie.

Die Offensive verlief aus Sicht der Mittelmächte erfolgreich, und so konnte die gesamte Bahnlinie, da sie keinen direkten Kriegseinwirkungen mehr ausgesetzt war, bald wieder instand gesetzt werden. Doch ein Jahr später wurde die politische Landkarte Europas neu geschrieben und die Wocheiner Bahn wurde geteilt. Der Höhenzug über dem Wocheiner Tunnel war jetzt nicht nur Wasserscheide, sondern auch Staatsgrenze zwischen Italien im Süden und dem neu gegründeten Königreich SHS bzw. Jugoslawien im Norden. Triest gehörte von da an zu Italien und sein Hafen verlor aufgrund der Konkurrenz zu anderen italienischen Häfen und wegen des Verlusts seines österreichischen Hinterlands stark an Bedeutung. Dementsprechend unbedeutend wurde auch die Wocheiner Bahn für den Güterverkehr. Auch der Personenverkehr litt durch die Grenzziehung.

Während des Zweiten Weltkriegs verübten Partisanen wiederholt Anschläge auf die Bahnanlagen. Ab Juni 1944 war bis Kriegsende kein normaler Bahnbetrieb auf dieser Strecke mehr möglich.

Nach Kriegsende war die Bahnlinie nicht mehr geteilt; sie verlief jetzt vollständig auf jugoslawischem Territorium. Doch die periphere Lage ließ keine signifikante Belebung des Schienenverkehrs zu. Geteilt wurde allerdings der große Vorplatz des Bahnhofs von Gorizia durch eine Staatsgrenze, die bis auf Weiteres keinen Übertritt zuließ. Die Einwohner von Gorizia waren somit von dieser Bahnlinie abgeschnitten. Der Bahnhof war zunächst isoliert. Der Bahnverkehr gewann erst durch die Errichtung der Stadt Nova Gorica ab 1948 wieder an Bedeutung. Dank der Bahn konnte eine stärkere Abwanderung aus den Orten entlang der Strecke verhindert werden. Bis heute hat die Wocheiner Bahn noch immer eine hohe Bedeutung für Berufspendler und für Schüler, die höhere Schulen in Jesenice und Nova Gorica besuchen.

Nach dem Erdbeben in Friaul diente die Strecke 1976 kurzzeitig als Ausweichstrecke für die Schnellzüge von Wien nach Triest. Da aber die Linienführung keine hohen Geschwindigkeiten zulässt, wird dies eine Ausnahme bleiben, und weil eine grundlegende „Modernisierung" der Trasse nicht lohnend wäre (auch eine Elektrifizierung ist nicht vorgesehen), wird der Wocheiner Bahn auch künftig keine überregionale Bedeutung zukommen.

Dem Charme dieser Bahn schadet es nicht. Zwar sind die jahrelang durchgeführten Nostalgiefahrten mit originalen Dampflokomotiven und Waggons zurzeit ausgesetzt, doch auch eine Fahrt mit den vor Kurzem eingeführten modernen Triebwägen ist ein Genuss.

Nova Gorica (Erkundungen per Fahrrad oder zu Fuß)

EINE STADT MIT JUNGER GESCHICHTE

Eine Stadt, kurz nach dem Krieg auf dem Reißbrett entworfen und von freiwilligen Jugendbrigaden aus ganz Jugoslawien in weniger als zwei Jahren „aus dem Boden gestampft" – Nova Gorica, ein Vorzeigeprojekt der Leistungsfähigkeit des Sozialismus in Sichtweite des kapitalistischen Westens. Besonders schön war und ist die Stadt nicht und wird sie wohl nie sein. Hochhäuser bestimmen das Bild des wirtschaftlichen Zentrums der Primorska, das eine Zeit lang seinem italienischen Nachbarn mächtig Konkurrenz gemacht und von dort schon viel Kaufkraft abgezogen hat. Doch aufgrund des auch in Slowenien gestiegenen allgemeinen Preisniveaus verläuft der „Einkaufstourismus" nicht mehr so einseitig wie bisher. Ein bedeutender, in der Tendenz

Blick vom Sabotin auf die Soča, Solkan und das „moderne" Nova Gorica

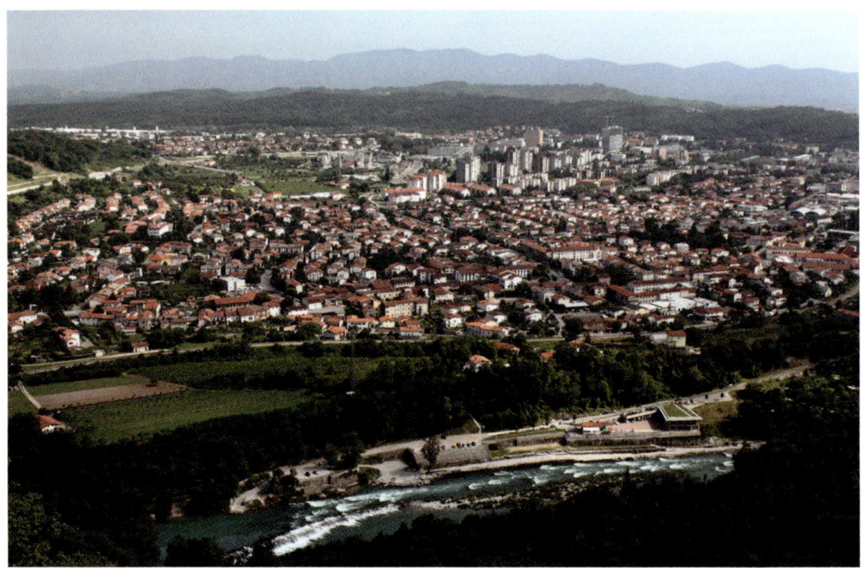

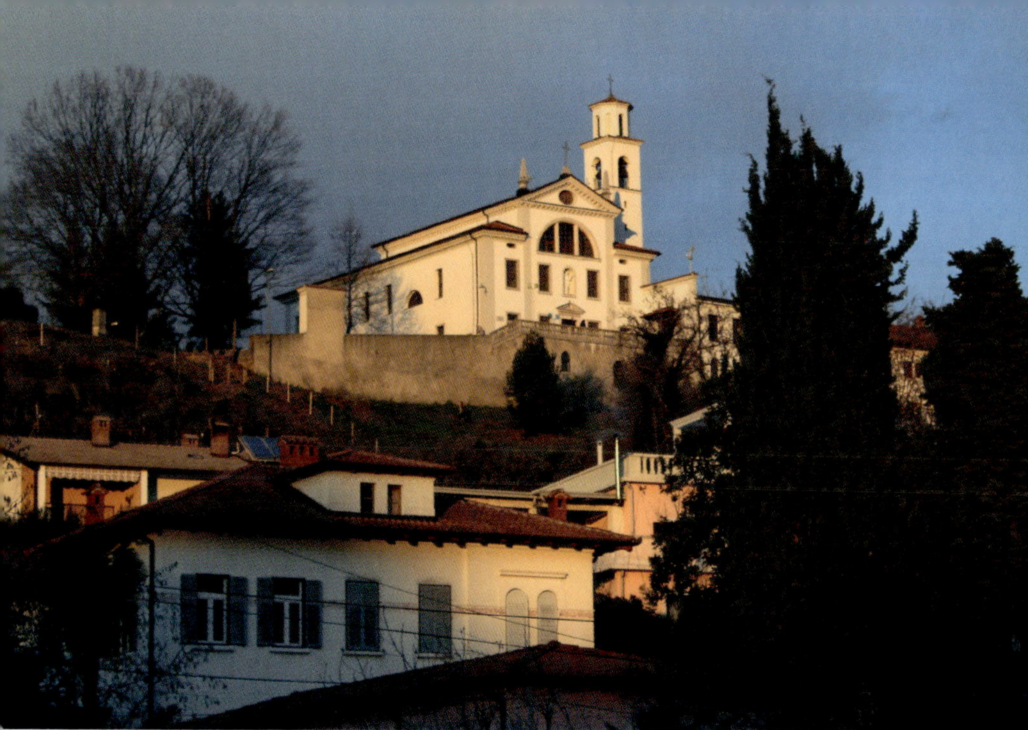

Kloster Kostanjevica

jedoch abnehmender Wirtschaftsfaktor sind die großen Hotelcasinos. Aufgrund der hohen Einnahmen aus dieser Sparte kann Nova Gorica Einheimischen und Gästen bis heute eine kostenlose Benutzung der städtischen Busse anbieten.

Einige Unterschiede zum historisch gewachsenen Gorizia machen sich angenehm bemerkbar: großzügige Freiflächen, keine engen Gassen, zahlreiche Radwege entlang der Straßen sowie breite Gehwege. Trotz Konkurrenz und historisch bedingter großer Unterschiede setzt man hier auf gute Nachbarschaft. Gemeinsam haben sich beide Städte bei der Europäischen Union um den Titel „Kulturhauptstadt Europas" für das Jahr 2025 beworben – und sich gegen sehr ernst zu nehmende Mitbewerber, z. B. Ljubljana und Piran, durchgesetzt.

Bleiben wir erst mal auf der slowenischen Seite und erkunden per Fahrrad oder zu Fuß zwei historisch wertvolle bauliche Anlagen.

Das **Franziskanerkloster Kostanjevica** mit der Kirche Maria Verkündigung, auf einem lang gestreckten Hügel ca. 50 m über der Stadt gelegen. Die Anfänge des Klosters gehen in das 17. Jahrhundert zurück. Bis Ende des 18. Jahrhunderts Ausbau auf seine heutige Größe – der ganze Komplex ist ungefähr 100 m lang. Seit 200 Jahren von Franziskanern betreut. Während des Ersten Weltkriegs zerstört, Ende der 1920er-Jahre von den Italienern wieder aufgebaut. Bemerkenswert ist die Bibliothek des Klosters mit über 10.000 Büchern, darunter Drucke aus dem 16. Jahrhundert. Berühmt ist das Kloster aber hauptsächlich wegen seiner Bourbonengruft. Sechs Vertreter dieses Geschlechts sind hier begraben. Der berühmteste ist Karl X., König von Frankreich, der 1830 im Zuge der Julirevolution abdanken musste, nach Schottland floh, später nach Prag und 1836 schließlich nach Görz, wo er vom Grafen Coronini gnädig aufgenommen wurde. Hier war ihm aber nur ein kurzer Aufenthalt vergönnt. 17 Tage nach seiner Ankunft starb er an Cholera. Die Gruft kann werktags von 9–12 und von 15–17 Uhr, sonntags nur von 15–17 Uhr besucht werden.

Der **Bahnhof**: Mit seiner repräsentativen Fassade im Jugendstil war und ist der Bahnhof ein Prunkstück der Wocheiner Bahn. Zwar schwand seine Bedeutung schon kurz nach Eröffnung dieser Strecke und auch nach dem Zweiten Weltkrieg brach keine glorreiche Zeit an, doch blieb er bis heute in seiner Substanz weitgehend erhalten – und seine Fassade erstrahlt nach wiederholten Renovierungen in altem Glanz.

Westfassade des Bahnhofs von Nova Gorica

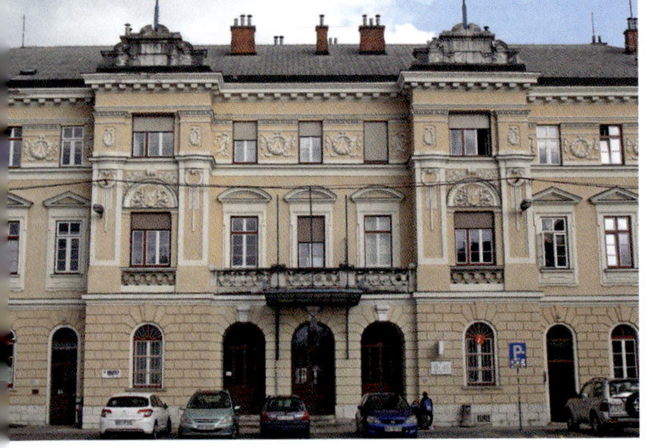

Bemerkenswert ist die Geschichte des Bahnhofsvorplatzes, der heute „Trg Evrope“ (Europaplatz) heißt. 1947: Die neue Grenze zwischen Italien und Jugoslawien teilt ihn über Nacht in zwei Hälften, den Einwohnern von Gorizia wird der Zugang zum Bahnhof Nova Gorica (bis dato „Montesanto“) verwehrt. Ein von jugoslawischen Grenzsoldaten streng bewachter Zaun mit Stacheldraht durchzieht den Platz und setzt sich beiderseits am östlichen Stadtrand von Gorizia fort. Familien und Freunde sind auseinandergerissen, dürfen sich nicht mehr treffen. Sie können sich nur am Zaun gegenüberstehen, dürfen jedoch keine Worte wechseln.

Ab Mitte der 1950er-Jahre gibt es Erleichterungen für die Grenzbewohner. Menschen, die innerhalb eines Korridors von jeweils 10 km beiderseits der Grenze wohnen, dürfen einmal im Monat für maximal 24 Stunden die andere Seite besuchen. In der Folgezeit werden die Bestimmungen weiter gelockert. Am 1. Mai 2004 dann der große Tag: Slowenien wird in die EU aufgenommen und mit hoher politischer Prominenz feiert man dieses Ereignis auf dem Bahnhofsvorplatz. Der ohnehin schon löchrige Grenzzaun wird

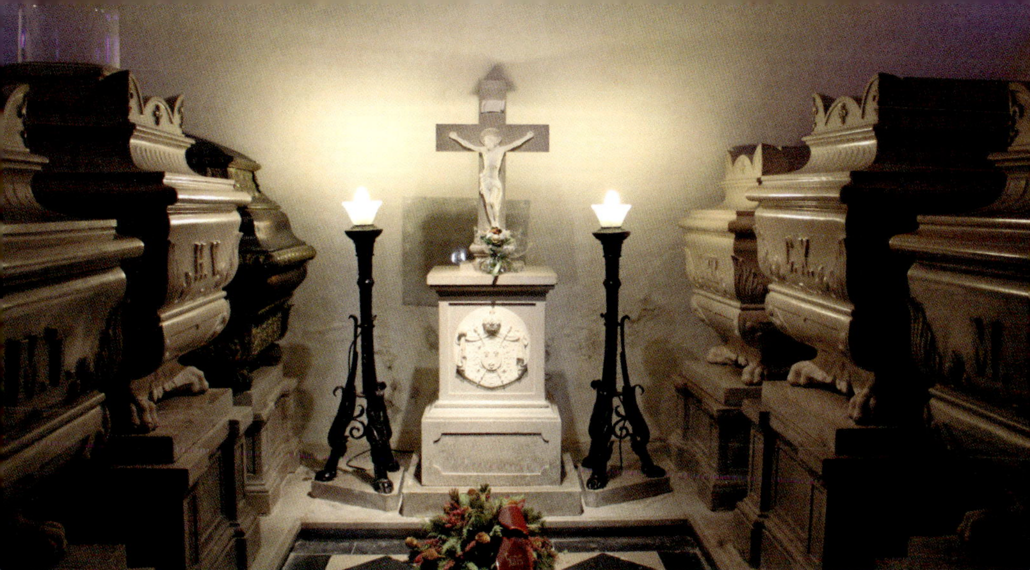

Die Bourbonengruft im Kloster Kostanjevica

beseitigt und durch Rosenbüsche ersetzt. Und seit dem Wegfall der Grenzkontrollen im Jahr 2007 kann sich jeder, egal ob von nah oder fern, zwanglos hin- und herbewegen. Eine runde Metallplatte in der Mitte des Platzes erinnert an die einstige Teilung – und an die Öffnung.

Wer sich für die Geschehnisse in der Zeit nach 1945 interessiert, sollte unbedingt die **Museumssammlung Kolodvor** besuchen. Sie befindet sich, vom Bahnhofsvorplatz betrachtet, im Bahnhofsgebäude links außen im Erdgeschoß. **Muzejska zbirka Kolodvor,** Öffnungszeiten: Montag bis Freitag 13–17 Uhr; Samstag/Sonntag im Winter 12–17 Uhr, im Sommer 12–19 Uhr. Wer sich für weitere Museen zu diesem Thema in der näheren Umgebung interessiert: *https://goriskimuzej.si/en/permanent-exhibitions/museum-on-the-border*

GO! BORDERLESS

„Kulturhauptstadt Europas" ist ein Titel, der seit 1985 jedes Jahr von der Europäischen Union an Städte nach bestimmten Kriterien vergeben wird (seit 2001 meist an jeweils zwei bis drei Städte). Wichtige Kriterien sind nachhaltige Pflege und Förderung der Völkerverständigung, der kulturellen Vielfalt und der Gemeinsamkeiten des kulturellen Erbes in Europa. Die Idee hierzu hatte die bekannte griechische Schauspielerin, Sängerin und spätere Kulturministerin Melina Mercouri. Die Kulturhauptstadt Europas **Nova Gorica-Gorizia GO! 2025,** Motto **GO! BORDERLESS** umfasst auch deren weiteres Umland *(www.go2025.eu/en)*.

Gorizia (Erkundungen)

EINE STADT MIT 1000-JÄHRIGER GESCHICHTE

Nova Gorica und Gorizia, welch ein Kontrast, sichtbar auch von verschiedenen „Belvederes", beispielsweise vom Sabotin/Monte Sabotino: hier eine moderne Stadt mit entsprechenden Begleiterscheinungen, dort eine gewachsene Stadt mit eng bebautem Kern und einer über 1000-jährigen Geschichte. Nachdem Anfang des 10. Jahrhunderts mehrmals Ungarn plündernd und mordend ins Friaul eingefallen waren, warben die einflussreichen Patriarchen von Aquileia slawische Bauern zur Wiederbesiedlung entvölkerter Gebiete an. Viele Ortsnamen im östlichen Friaul haben deshalb slawische Wurzeln, so auch Gorizia bzw. Gorica, was so viel wie „Hügelchen" bedeutet. Erstmals urkundlich erwähnt wird „Goritia" im Jahr 1001, als der Patriarch von Aquileia hier weltliche Besitztümer erwarb. Später waren es die Grafen von Görz, die jenes Gebiet beherrschten und die Burg errichteten. Ab 1500 waren es jedoch die Habsburger, die über vier Jahrhunderte die Geschicke dieser Stadt – sie hieß dann Görz – bestimmten, was Spuren im Stadtbild hinterlassen hat. Um 1900 wurde Görz von Österreichern wegen seiner Paläste und Villen auch „Nizza der Adria" genannt.

Gorizia, gesehen von der Burg, unten links die Kirche Sant'Ignazio

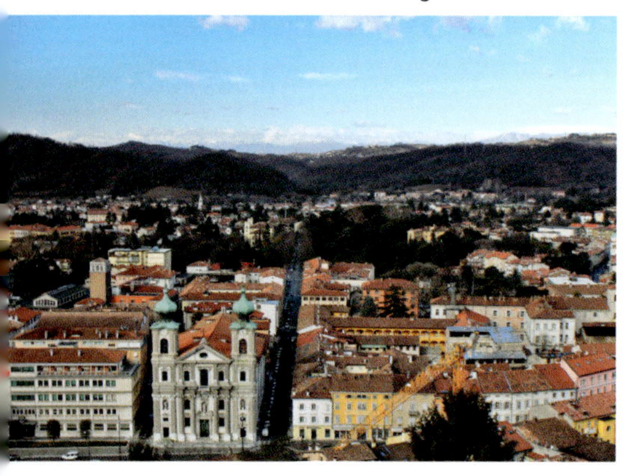

Durchaus unerfreulich waren einige Ereignisse im 20. Jahrhundert. Durch den Ersten Weltkrieg schon stark in Mitleidenschaft gezogen, wurde die Stadt nach dem Zweiten Weltkrieg, im Schatten von Triest, zum Streitfall zwischen Ost und West wegen der ungeklärten Grenzfrage. Das Ergebnis war eine Grenzziehung, die einen Großteil des Hinterlands vom engeren Stadtgebiet abschnitt, und der Verlust des für den Nord-Süd-Verkehr wichtigen Bahnhofs „Montesanto" (heute Nova Gorica). Nach einer Schockphase erholte sich Gorizia aber wieder und die Grenze zum sozialistischen Nachbarn avancierte gerade hier zur lockersten Grenze zwischen Ost und West überhaupt. Das hatte aber auch zur Folge, dass der wirtschaftliche Konkurrenzdruck durch den direkten Nachbarn zunahm und immer mehr Menschen zum Einkaufen nach drüben, also nach Slowenien, gingen, was Geschäfte mit Tradition, etwa in der Via Rastello, zu spüren bekamen. Dieser Konkurrenzdruck hat inzwischen jedoch nachgelassen (s. Tour 22).

Bis heute ist Gorizia, im Gegensatz zu Nova Gorica, mehrsprachig. Der überwiegende Teil der Bevölkerung spricht italienisch, 10 % sprechen slowenisch und auch das Furlanische ist noch vertreten. Nur Deutsch ist fast völlig verschwunden.

Von den zahlreichen Sehenswürdigkeiten sollen nachfolgend nur drei herausgestellt werden, die zu Fuß oder per Rad leicht zu erreichen sind – auch von Nova Gorica aus.

Die **Burg** (Castello), ca. 50 m auf einem Hügel über dem Stadtgebiet sich erhebend, ist das Wahrzeichen von Gorizia. Ihre Baugeschichte reicht ins 11. Jahrhundert zurück. Aus dieser Zeit sind jedoch nur die Grundmauern eines viereckigen Turms übrig geblieben. Die Burg besteht aus mehreren miteinander verbundenen Gebäuden. Das eindrucksvollste Gebäude, der **Palazzo dei Conti** (Grafenpalast [von Görz]) mit rundbogigen Fenstern im romanischen Stil, wurde im 13. Jahrhundert errichtet. Gegenüber befindet sich der **Palazzo degli Stati Provinciali** (Palast der Landstände) aus dem 15. Jahrhundert. Umgeben ist die Anlage von einer starken Festungsmauer, deren Bau sich bis ins 17. Jahrhundert hinzog. Den einzigen Zugang bildet die **Porta Leopoldina** (Leopold-Tor), eingeweiht 1660 von Kaiser Leopold. Während des Ersten Weltkriegs wurde die Burg stark beschädigt. Der sorgfältig geplante Wiederaufbau erfolgte von 1934 bis 1937. Ein im historischen Zusammenhang etwas kurioses Detail: Über dem Leopold-Tor fällt ein großer Markuslöwe auf. Dieser wurde am 25. April 1919, dem Tag des heiligen Markus, dort angebracht als Zeichen der Verbundenheit mit Venedig, in dessen Besitz sich Görz im Jahr 1509 lediglich für wenige Monate befand.

Die Räume der Burg dienen heute hauptsächlich Ausstellungszwecken. Zu den permanenten Ausstellungen gehören unter anderem mittelalterliche Waffen und alte Musikinstrumente, während im ehemaligen Getreidespeicher die Geschichte der einstigen Burgherren, der Grafen von Görz, ausführlich dargestellt wird.

Die Burg ist zurzeit (2023) von Mittwoch bis Sonntag geöffnet, Näheres s. unter *www.comune.gorizia.it/it/castello-di-gorizia-201595*.

Unweit unterhalb der Burg, an der **Piazza della Vittoria**, fällt die Barockkirche **Sant'Ignazio** mit ihren beiden Zwiebeltürmen besonders ins Auge. Begonnen wurde der Bau bereits 1654, abgeschlossen mit dem Bau der Türme im Jahr 1727 und geweiht erst 1767 durch den Bischof Karl Michael Attems. Im Gegensatz zu vielen Barockkirchen wirkt diese weder außen noch innen allzu verschnörkelt, und auch der schon

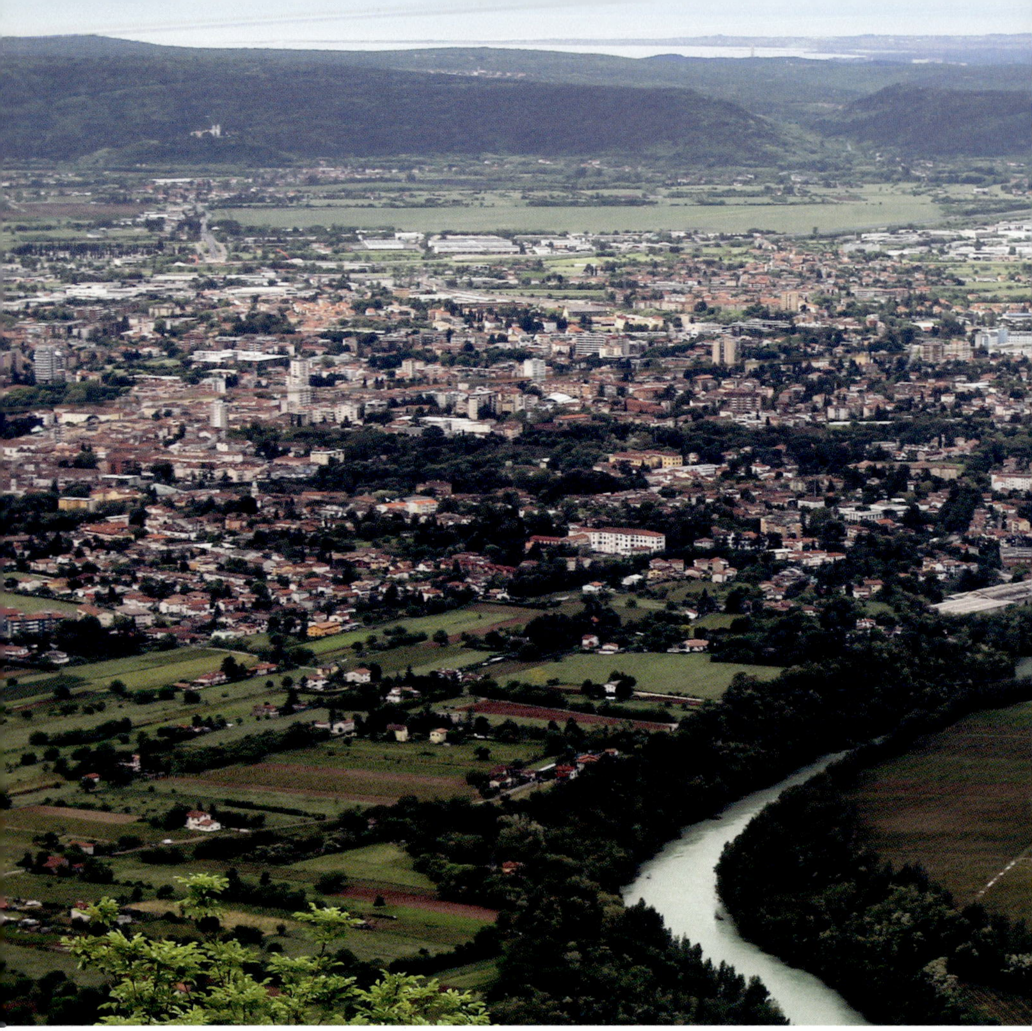

Der Isonzo und Gorizia, gesehen vom Sabotin, im Hintergrund die Adria

dem Rokoko zuzuordnende Hauptaltar von 1716 wirkt mit dem weißen und roten Marmor mit wenig Gold durchaus harmonisch. Sehenswert sind auch die Kapellen beiderseits des Kirchenschiffs mit mehrfarbigem Marmor.

Begibt man sich, von der Piazza della Vittoria betrachtet, unmittelbar rechts der Kirche auf die *Via Goffredo Mameli* und geht immer geradeaus, kommt man nach ungefähr 1200 m, an der Viale XX Settembre, zum Eingang des **Parks Coronini Cronberg**. Ein Besuch lohnt sich ganzjährig – auch im Winter. Das viele Immergrün und die an einen Tropenwald erinnernden Fächerpalmen im Nordwesten des Parks machen den Winter fast vergessen.

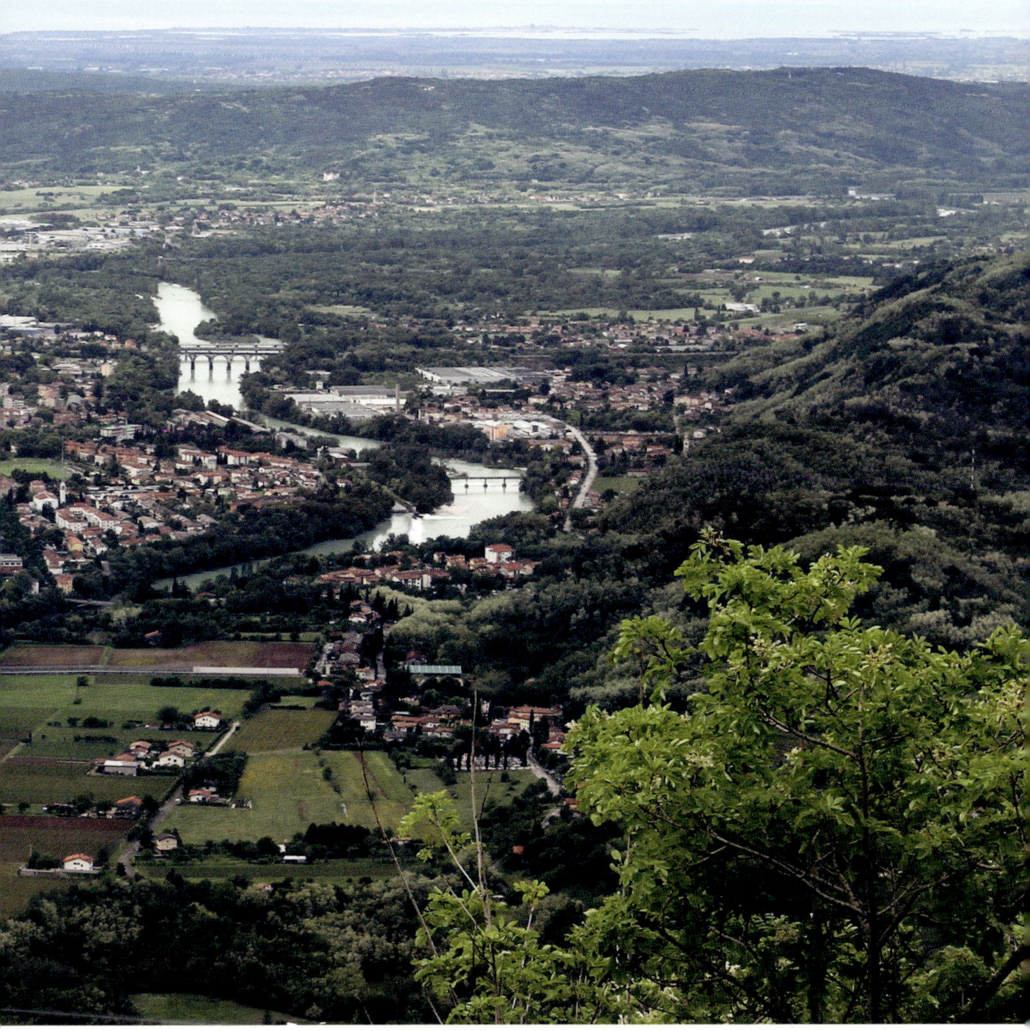

Stattliche Pinien und Schwarzkiefern, eine 130 Jahre alte Korkeiche, Steineichen, eine riesige Zeder ... Etwa 80 Baum- und Straucharten und die hier herrschende Ruhe machen den künstlerisch gestalteten, knapp 5 ha großen Park zu einer wahren Oase. Im Norden des Parks befindet sich der **Palazzo Coronini Cronberg** mit einer reichhaltigen Sammlung an Gemälden, Porzellan oder Einrichtungsgegenständen aus mehreren Jahrhunderten. Betreut wird die Anlage von der „Fondazione Palazzo Coronini Cronberg". Innerhalb der Anlage befindet sich auch das **Geburtshaus** von **Julius Kugy**.

Aktuelle Öffnungszeiten s. unter *www.coronini.it/info/orari-e-tariffe*

Isola Cona und die Mündung des Isonzo

EIN NATURPARADIES AN DER NÖRDLICHEN ADRIA

Alles hat ein Ende, auch der „schönste Fluss Europas". Doch bevor er sich endgültig in die Adria verabschiedet, zeigt er sich von einer völlig unerwarteten Seite. Ein amphibischer Lebensraum mit einer Vielzahl an Pflanzen- und Tierarten, die sich noch dazu erstaunlich leicht beobachten lassen. Das war nicht immer so. Im Zuge der Urbarmachung von Sumpfgebieten an der nördlichen Adria, insbesondere zu Zeiten des Faschismus, wurden auch im Bereich oberhalb der Isonzo-Mündung Flächen entwässert, Dämme gegen Hochwasser gebaut und Sperren, um Flussarme abzuschneiden. Doch manchmal gelingt es Menschen, der Natur wieder Raum zurückzugeben. Ein Paradebeispiel hierfür ist das Naturschutzgebiet „Riserva Naturale Regionale Foce dell'Isonzo", vor allem dessen Herzstück, die **Isola Cona**. Hier wurde ab Ende der 1980er-Jahre die intensive Weide- und Ackernutzung auf- →

Kreisverkehr SP 19 (1) Isola Cona, Besucherzentrum (2)

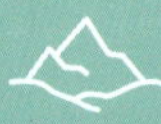

Durchwegs ebene Pfade. Rundgang „Didattica" einfach. Fußmarsch zur Punta Spigolo ziemlich lang (Besucherzentrum–Punta Barene: 1½ Std.). Nach ergiebigem Regen sind die aufgeweichten Erdwege dorthin kaum begehbar.

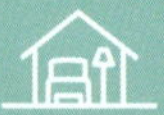

Erreichbarkeit am besten von Grado, dort zahlreiche Hotels, Ferienwohnungen etc.

Prinzipiell ganzjährig, besonders interessant während des Vogelzugs März/April und September/Oktober.

Besonders zu empfehlen: Antimückenspray – und ein Fernglas oder Fotoapparat mit Teleobjektiv (mind. 300 mm Brennweite für SR-Digitalkameras).

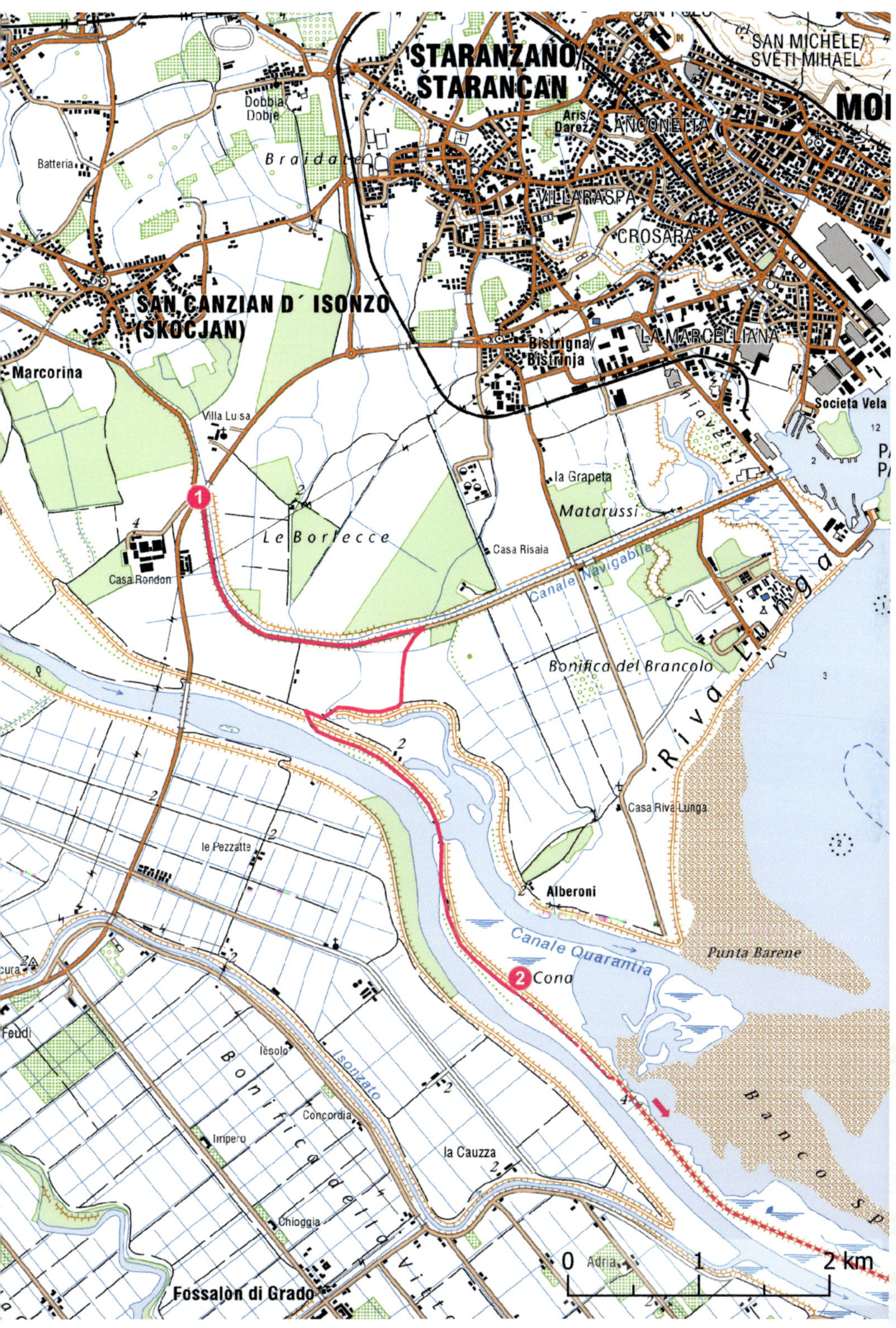

STARANZANO/
ŠTARANCAN
SAN MICHELE/
SVETI MIHAEL
Dobbia/
Dobje
Batteria
Braidate
Aris/
Darez
ANCONETTA
VILLARASPA
CROSARA
SAN CANZIAN D´ ISONZO
(ŠKOCJAN)
Bistrigna/
Bistrinja
LA MARCELLIANA
Marcorina
Villa Luisa
Societa Vela
la Grapeta
Matarussi
Le Borlecce
Casa Risaia
Casa Rondon
Canale Navigabile
Riva Lunga
Bonifica del Brancolo
Casa Riva Lunga
le Pezzatte
Alberoni
Canale Quarantia
Punta Barene
Cona
Feudi
Isonzato
Iesolo
Banco
Concordia
Impero
la Cauzza
Bonifica della Vittoria
Chioggia
Adria
Fossalòn di Grado
0
1
2 km

gegeben und die Bodenoberfläche umgestaltet, woraus sich inzwischen ein einzigartiger Lebensraum für natürlich vorkommende Pflanzen- und Tierarten entwickelt hat. Über 300 Vogelarten wurden schon gezählt – das entspricht fast 60 % aller in Europa nachgewiesenen Vogelarten! –, davon fast 100 Brutvogelarten, Tendenz steigend, nicht zuletzt auch wegen des Jagdverbots. Die Soča nimmt ihren Anfang in einem der schönsten Nationalparks der Alpen und beendet ihren Lauf, als Isonzo, in einem nicht weniger schönen und schon mehrfach ausgezeichneten Naturschutzgebiet – wenige Kilometer vom nördlichsten Punkt des Mittelmeers entfernt.

Die Anfahrt mit dem **Auto** erfolgt auf der Strada Provinciale **SP 19** von **Grado** in Richtung Monfalcone durch eine ebene, typisch norditalienische Landschaft zu einem Kreisverkehr, 1½ km nördlich der Straßenbrücke über den Isonzo, hier die erste Ausfahrt nehmen (Wegweiser „Marina Julia, Isola Cona"). Entlang eines baumgesäumten Kanals auf einer kleinen Straße ca. 2½ km nach Süden, dann rechts (Wegweiser), nach ca. 700 m wieder rechts, vorbei an einem Parkplatz und über den Hochwasserdamm. Unmittelbar danach links und entlang des Damms in Ufernähe des Isonzo auf zunächst asphaltiertem, ab dem Sperrwerk nur mäßig befestigtem Weg noch 2 km bis zum Besucherzentrum des Naturschutzgebiets mit Parkplatz jenseits des Damms.

Löffler

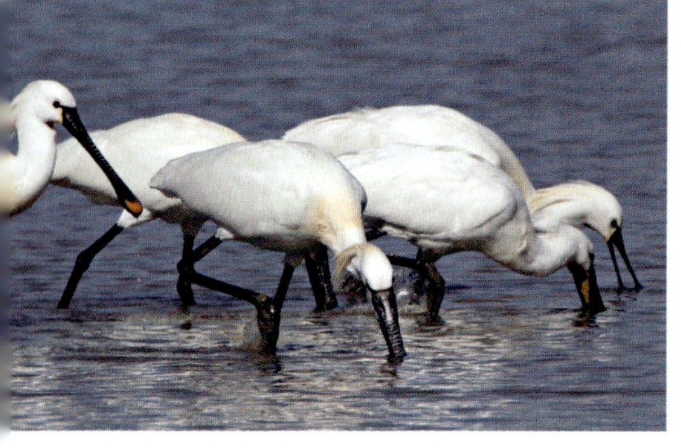

Unsere ersten Schritte führen in das **Besucherzentrum**, wo wir das Eintrittsgeld entrichten (auch im Jahr 2023 nur 5 €).

Nun gibt es zwei Möglichkeiten, das Naturschutzgebiet zu erkunden:

- den **Vogelbeobachtungspfad „Didattica"** und
- eine **Wanderung zur Punta Spigolo**

Vogelbeobachtungspfad „Didattica": Dieser als Ringweg angelegte Pfad ermöglicht in vorbildlicher Weise eine Beobachtung von seltenen Vogelarten, ohne sie zu stören. Er umschließt ein nur 20 ha großes Areal, auf dem sich aber ein Großteil des „Inventars" des Naturschutzgebiets erfassen lässt. Ich empfehle eine Begehung gegen den Uhrzeigersinn. Vom Besucherzentrum gehen wir rechts zum nahe gelegenen **Café.** Vom zweiten Stock mit seiner großen Fensterfront bietet sich ein fantastischer Blick auf die amphibische Landschaft mit ihrem reichen Tier-

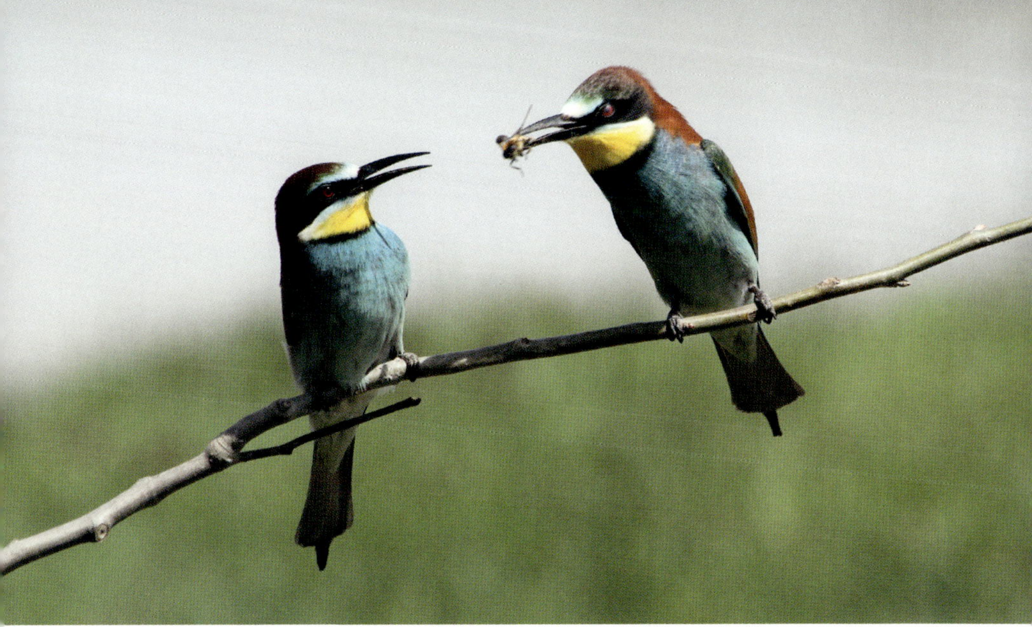
Bienenfresser

leben – und auf die Alpen. Bei klarem Wetter sind Triglav, Krn und Kanin gut auszumachen. Hier beginnt der eigentliche Rundweg zunächst mit kleinen Tümpeln, an und in denen unter anderem *Sumpfschildkröten, Ringelnattern, Grünfrösche* und verschiedene *Libellenarten* leben. Auf dem weiteren Weg kommen wir zu einigen Beobachtungspunkten – Holzwänden mit Sehschlitzen, durch die wir viele an Feuchtgebiete gebundene Vogelarten beobachten können, manchmal aus nächster Nähe. So lässt sich z. B. am zweiten dieser Punkte ab Mitte Mai das muntere Treiben der farbenfrohen Bienenfresser hervorragend beobachten. Für sein „Birdwatching-Konzept", aber auch für seine Renaturierungsmaßnahmen wurde dieses Schutzgebiet schon mehrfach ausgezeichnet.

Die wichtigste Zwischenstation ist **Marinetta**, ein dreistöckiges Gebäude mit schilfgedecktem Dach im Stil der *casoni* (Häuschen der einstigen Lagunenfischer), das sich harmonisch in die Landschaft einfügt. Die oberen Stockwerke bieten einen wunderbaren Blick auf die ausgedehnten, von Schilf gesäumten Wasserflächen im Süden. Von hier führt der Weg kurz in den Gezeitenbereich des **Canale Quarantia**, in dem unter anderem *Queller* und der violett blühende *Strandflieder* vorkommen, dann wieder über einen Damm zurück zum Süßwasserbereich mit weiteren Beobachtungspunkten. Die vorherrschenden Vogelarten sind (neben den unvermeidlichen Lach- und Silbermöwen, Stockenten und Höckerschwänen) *Grau-, Silber-* und *Seidenreiher, Graugänse* und *Stelzenläufer.* Immer wieder zu Gesicht bekommt man

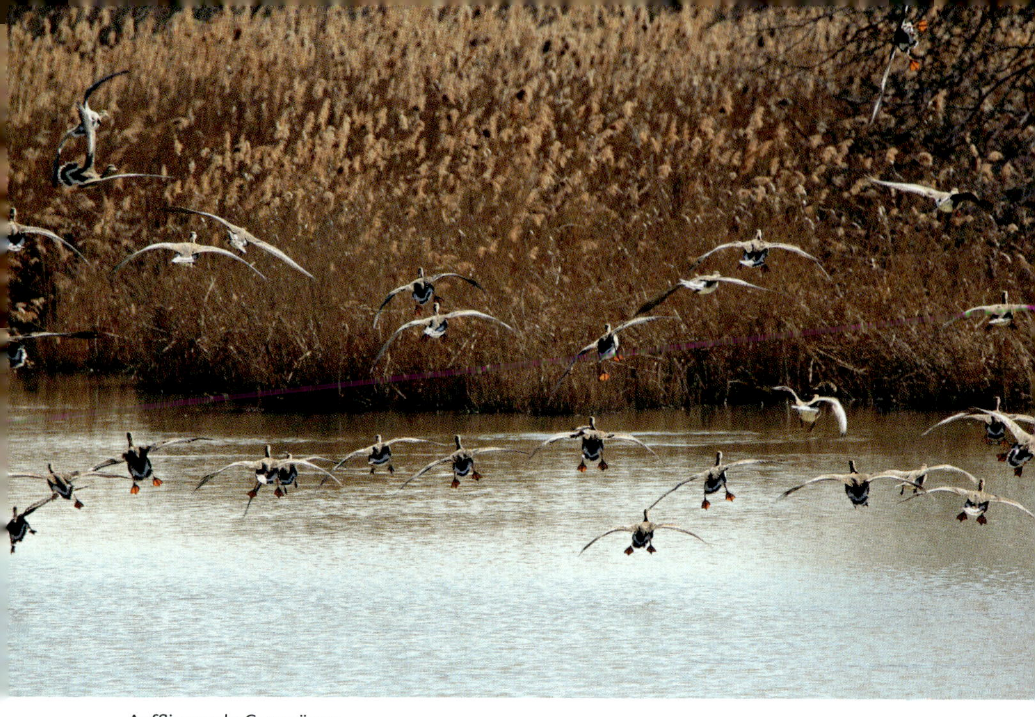

Auffliegende Graugänse

Bekassinen, Kiebitze, Löffler, Löffelenten, Brandgänse, Uferschnepfen und *Flussregenpfeifer,* um nur einige zu nennen. Die größten und auffallendsten Tiere sind jedoch die zur Beweidung hier eingeführten *Camargue-Pferde,* die häufig von *Kuhreihern* begleitet werden. Durch Schilf, teilweise durch Riesenschilf, führt der Rundweg zurück zum Besucherzentrum.

Wanderung zur Punta Spigolo („Sentiero verso la foce"): Eine Wanderung, die die Geduld mancher Menschen vielleicht überstrapaziert, da insgesamt fast 6 km lang, wobei die letzten 3½ km auf einem Damm stur geradeaus führen. Doch wer Aus- und Fernblicke schätzt und einen Blick für die Kleinigkeiten am Wegrand übrig hat, wird diese Wanderung nicht bereuen.

TIPP

CANEO

Gegenüber der Punta Spigolo erstreckt sich Caneo, ein Schilfgebiet, das ebenfalls zum Naturschutzgebiet gehört. Es ist zwar nicht so abwechslungsreich wie die Isola Cona, aber einen Besuch wert – und von Grado aus sehr gut mit dem Fahrrad zu erreichen.

Wir gehen vom Besucherzentrum zunächst auf dem Ringweg zum Café, vorbei an den Tümpeln, begeben uns aber am Linksknick des Ringwegs rechts über Stufen auf die andere Seite des Damms (Wegweiser *Punta Spigolo*) und setzen unseren Weg durch einen stellenweise unter Wasser stehenden Auwald fort. Bei Regen steht auch der Weg teilweise unter Wasser. Nach 500 m gelangen wir durch eine Drehtür auf eine Weidefläche (neben Camargue-Pferden weiden hier auch Rinder). Auf dem Damm links befindet sich die Beobachtungsstation „Biancospino" (Weißdorn), die einen hervorragenden Blick auf den amphibischen Bereich jenseits des Damms und auf die „Marinetta" bietet.

Auf der Südwestseite des Damms setzen wir den Weg fort, der uns nach ca. 250 m rechts durch lockeres Gebüsch zum Ufer des Isonzo führt. Entlang des Ufers wandern wir flussabwärts. Der nur noch träge fließende, fast 150 m breite Isonzo lädt zur Rast ein. Hier blühen im Mai u. a. *Helmknabenkraut, Lockerblütiges Knabenkraut* und die *Spitzorchis.*

Nach ca. 600 m biegt der Weg links ab und führt auf einen Damm. Auf diesem sind es jetzt 3½ km bis zum Ende, und das teilweise schnurgerade. Links die gezeitenbeeinflussten *barene,* die lagunentypischen Salzmarschen, oft garniert mit Zivilisationsunrat, rechts Binsen und etwas Schilf sowie das Ufer des Isonzo. Links in der Ferne die steil ins Meer abfallende Küste vom Schloss Duino bis zum Schloss Miramare und

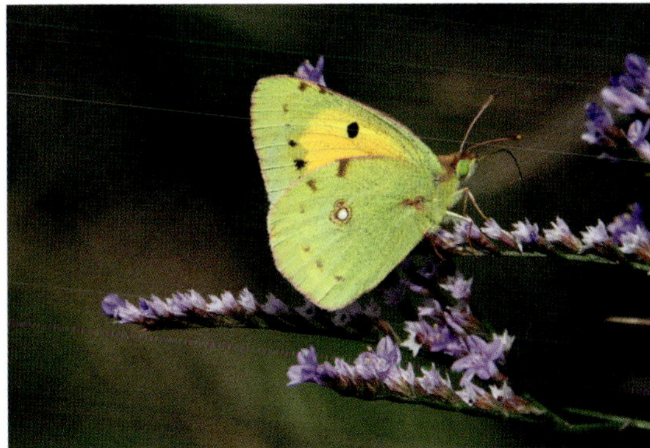

Wandergelbling auf Strandflieder

weiter bis Triest, im Norden die Werftanlagen von Monfalcone, wo vielleicht gerade ein Kreuzfahrtschiff der Megaklasse gebaut wird. Der Weg wird gesäumt von Weißdorn und Brombeeren – und *Osterluzei.* Mit etwas Glück entdecken wir einen *Osterluzeifalter.* Kurz vor Ende des Wegs passieren wir ein vor zehn Jahren noch bewohntes Haus, das jetzt dem Verfall preisgegeben ist.

Noch 200 m bis zur **Punta Spigolo** und es geht nicht mehr weiter. Pause, die Schuhe ausziehen, ein paar Schritte ins seichte Wasser, ein Blick rechts auf die andere Seite, wo das Land ebenfalls bald endet – Ende des 140 km langen Flusses Soča/Isonzo durch wunderbare Landschaften, vor über 100 Jahren von einem grauenhaften Krieg heimgesucht, doch heute, und hoffentlich noch sehr lange, ein Symbol für Frieden und gute Nachbarschaft.

Das Naturschutzgebiet „Riserva Naturale Regionale Foce dell'Isonzo"

Die Landschaft im Mündungsgebiet des Isonzo war insbesondere im Bereich der Isola Cona immer wieder starken Veränderungen unterworfen. 1895 durchbrach der Isonzo 500 m nördlich des heutigen Besucherzentrums einen Deich und floss durch den Canale Quarantia ins Meer. „La Cona" wurde zu einer Insel innerhalb eines Mündungsdeltas, bis 1938 dieser Durchbruch durch einen Damm und eine Mauer wieder geschlossen wurde. Seither mündet der Isonzo ausschließlich, wie vor 1895, bei Sdobba in die Adria. Geblieben ist der Name „Isola Cona".

Dort wurden ostseitig Deiche gebaut, um ein Eindringen von Salzwasser zu verhindern, die Landwirtschaft wurde intensiviert. Nach einem längeren Tauziehen zwischen verschiedenen Interessengruppen konnten jedoch ab 1989 umfangreiche Renaturierungsmaßnahmen durchgeführt werden. Ungefähr 200 ha Acker- und Grünland, vormals überwiegend in Privatbesitz, wurden in der Folgezeit aus der Nutzung genommen und dem Naturschutz zur Verfügung gestellt. Bestehende Entwässerungsgräben wurden abgeriegelt, an anderen Stellen regulieren jetzt neu geschaffene Zu- und Abflüsse den Wasserstand wechselnasser Flächen, während das Aushubmaterial nahebei zu flachen Hügeln aufgeschüttet wurde. So entstand ein abwechslungsreiches Relief. 1996 wurde das Gebiet formell als Riserva Naturale Regionale Foce dell'Isonzo unter Schutz gestellt. Es erstreckt sich über ein Areal von 2350 ha (davon sind zwei Drittel Wasserflächen und Gezeitenbereiche) und umfasst neben der Isola Cona das Schilfgebiet Caneo auf der rechten Seite der Isonzomündung sowie einen schmalen Uferstreifen beiderseits des Isonzo flussaufwärts bis Turriaco.

Die Isola Cona besteht aus einem vielfältigen Mosaik aus kleinen Wäldern, welche die einstigen Tieflandwälder Oberitaliens repräsentieren, Schilfröhricht, extensiv beweidetem Feuchtgrünland, „Barene" (Salzmarschen im Gezeitenbereich) u. v. m. Über 600 Pflanzenarten wurden im gesamten Naturschutzgebiet festgestellt, darunter solche, deren Bestand in Italien gefährdet ist, z. B. das Lockerblütige Knabenkraut und die Sumpfgladiole.

Für den Besucher am meisten auffallend sind weite, von Süßwassertümpeln durchsetzte Grünlandbereiche, die durch Beweidung mit Camargue-Pferden offen gehalten werden und vielen Vogelarten, die auf offene Feuchtflächen angewiesen sind, als Lebensraum dienen. Gezielt angesiedelt wurden hier auch Graugänse, die als „Grasfresser" ebenfalls eine große Rolle für die Offenhaltung von Feuchtflächen spielen und außerdem andere (Zug)Vogelarten

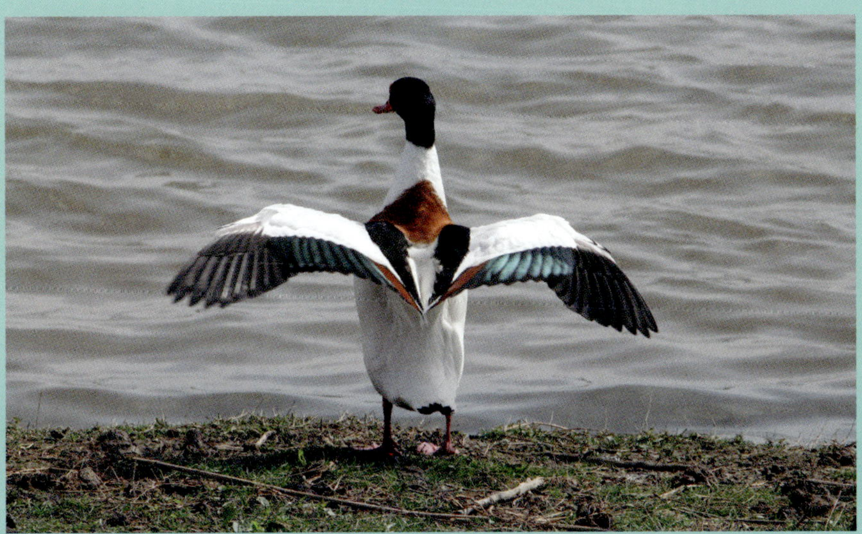

Brandgans

anlocken. Neben den überaus zahlreichen Vogelarten sind auch weitere Tiergruppen artenreich vertreten u. a. durch elf Reptilien- und zahlreiche Libellenarten. Unter den Tagfaltern ist der Osterluzeifalter einer der auffallendsten Vertreter. Schon etwas zu gut integriert haben sich die aus Südamerika stammenden Nutrias, biberähnliche Nagetiere, die sich v. a. nahe dem Café aufhalten.

Neben Naturschutzmaßnahmen im engeren Sinn und wissenschaftlicher Forschung zählen Besucherinformation und Umweltbildung zu den wichtigen Aufgaben des Naturschutzgebiets – und das Ermöglichen intensiver Naturerlebnisse, ohne die Natur zu beeinträchtigen. Zu den wichtigsten baulichen Einrichtungen gehören das Besucherinformationszentrum, ein nahe gelegenes Café mit Beobachtungsstation sowie die Beobachtungsstation „Marinetta".

Das Besucherinformationszentrum mit einem vielfältigen Angebot (Broschüren, Bücher, Dioramen etc.) ist täglich außer donnerstags von neun Uhr bis Sonnenuntergang geöffnet. Es bietet auch einen größeren Raum für Seminare und Workshops sowie ein „Klassenzimmer" für Schüler und Lehrer. Einige Zimmer mit insgesamt 20 Lagern nebst Küche und zwei Badezimmern bieten Übernachtungsmöglichkeiten. Siehe http://riservafoceisonzo.it, sowie eine Broschüre auf Italienisch: *http://riservafoceisonzo.it/wp-content/uploads/2018/06/BROCHURE-Isola-della-Cona.pdf*

Grado und Aquileia

SANDSTRAND UND MEHR ALS 2000 JAHRE GESCHICHTE

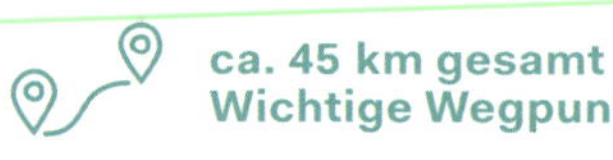

ca. 45 km gesamt
Wichtige Wegpunkte:

Grado ① Belvedere ②
Patriarchalbasilika Aquileia ③
San Lorenzo ④ Bosco Averto ⑤
Valle Cavanata ⑥ Grado Pineta ⑦

Grado und Aquileia sind die Orte mit der ältesten Geschichte im Nahbereich des Isonzo, weshalb ihnen eine Extratour gewidmet wird. Doch neben viel Kulturgeschichte bietet diese Tour nochmal eine Überraschung, was die Natur betrifft.

Grado gehört seit Jahrzehnten zu den meistbesuchten Urlaubszielen an der nördlichen Adria. Im Sommer ist es hier nicht immer gemütlich. Angenehm ist es aber im Frühjahr, und auch bis spät in den Herbst. Ein Spaziergang im weichen Sand zwischen Grado und Grado Pineta ist vor allem außerhalb der Badesaison erholsam. Entspannung am Strand von Grado und Erkundung von Aquileia per Bike – eine ideale Kombination. Allzu anstrengend sind Radtouren hier nicht, die Höhenunterschiede tendieren gegen null.

WEGBESCHREIBUNG

Start ist am **Kreisverkehr** in Grado, auf den jeder mit dem Auto über die Lagune anreisende Grado-Tourist trifft. Von hier auf der Strada Regionale **SR 352** nach Norden stadtauswärts, über eine Brücke und 150 m nach einer Linkskurve auf den separaten Radweg rechts der Straße. Es folgen 4 km genussvolles Radeln mit herrlichem Blick nach rechts in die Lagune und zur Insel Barbana mit der auffallenden Kirche *Santa Maria di Barbana* – bei klarem Wetter mit Alpenkulisse. Ihre Entstehung verdankt die Lagune nicht zuletzt dem Isonzo. Dessen Sedimentfracht

→

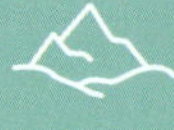

Leichte Radtour auf befestigten Wegen und Straßen, lediglich im Bereich des Bosco Averto auf etwas holprigem Erdweg

Frühjahr und Herbst

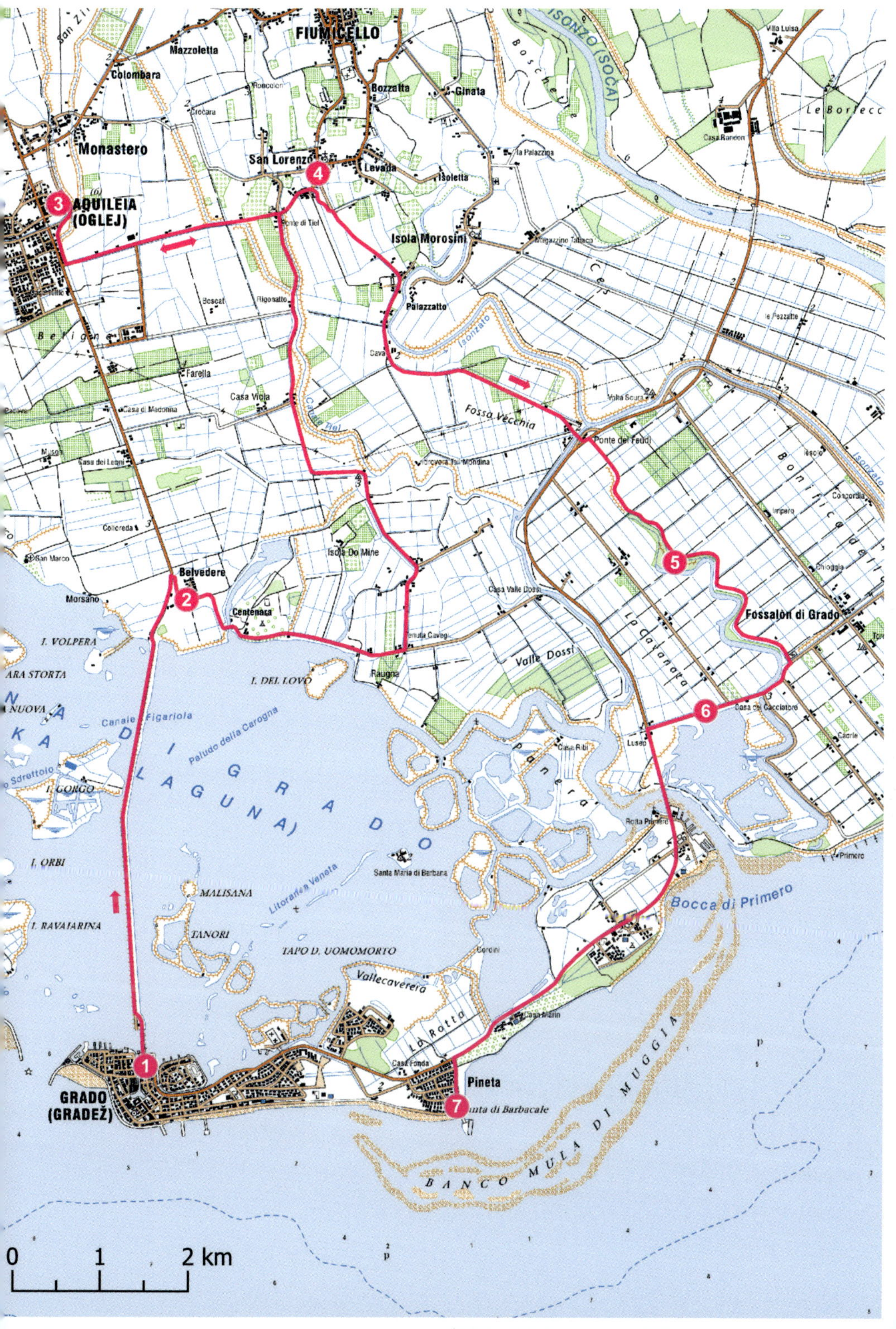
FIUMICELLO
Mazzoletta
Colombara
Monastero
San Lorenzo
Levada
Bozzalta
Ginata
AQUILEIA
(OGLEJ)
ISONZO (SOČA)
Isola Morosini
Palazzatto
Isonzato
Fossa Vecchia
Ponte dei Feudi
Belvedere
Isola Do Mine
Centenara
Fossalòn di Grado
Valle Dossi
I. VOLPERA
I. DEL LOVO
Raugna
Canale Figariola
Paludo della Carogna
LAGUNA DI GRADO
I. GORGO
I. ORBI
MALISANA
TANORI
TAPO D. UOMOMORTO
Santa Maria di Barbana
Bocca di Primero
Vallecaverera
La Rotta
Pineta
GRADO
(GRADEŽ)
BANCO MULA DI MUGGIA
0
1
2 km

driftet mit einer Meeresströmung von der Mündung nach Westen und baut die Landzunge auf, auf der sich Grado befindet.

Am Ende der Lagune radeln wir zunächst weiter entlang der SR 352 und passieren den verfallenden Bahnhof „Grado Fermata", Endstation der einstigen Bahnlinie Cervignano-Grado, erbaut um 1910, als Grado zum beliebtesten Bade- und Kurort der österreichisch-ungarischen Oberschicht avancierte. Nach ca. 750 m biegen wir rechts ab, folgen der von Pinien gesäumten *Strada Provinciale SP 119*, vorbei an einem Gut und am Campingplatz **Belvedere**, danach noch 1½ km, bis wir links abbiegen (Wegweiser „Fiumicello"). Auf wenig befahrener Straße 2 km durch intensiv genutztes Agrarland bis zu einem alten Pumpwerk, dort links und nach gut 600 m rechts.

Römischer Flusshafen, Detail

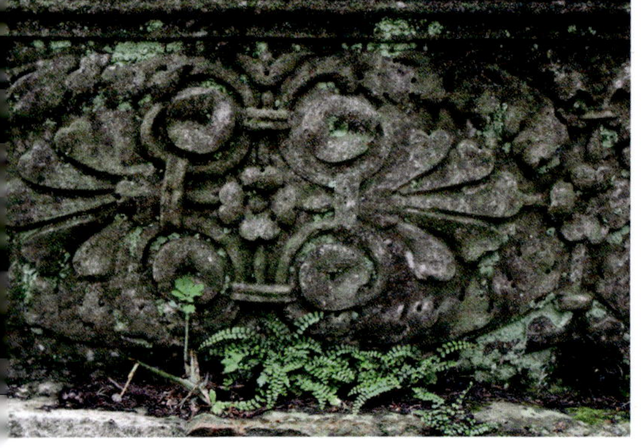

Entlang des *Canale Tiel* radeln wir 3 km bis zu den ersten Häusern von San Lorenzo. Dort biegen wir links auf den Radweg entlang der SP 91 und erreichen nach 2½ km **Aquileia** – vor 2000 Jahren mit 100.000 Einwohnern die viertgrößte Stadt im Römischen Reich, heute eine Kleinstadt mit 3000 Bewohnern.

Am östlichen Ortseingang biegen wir unmittelbar nach einem Entwässerungskanal rechts auf einen Radweg ab. Schon bald erblicken wir die große **Patriarchalbasilika** („Basilica patriarcale di Santa Maria Assunta"), zu der wir über einen kleinen Umweg auf der Via Sacra entlang des Friedhofs gelangen. Der Besuch dieser Basilika ist ein Muss für jeden, der nach Aquileia kommt – ihre Ursprünge reichen zurück ins 4. Jahrhundert, als Bischof Theodorus hier residierte. Aus dieser Zeit stammen die Bodenmosaike im Kirchenschiff und unter dem großen Glockenturm, die ohne Übertreibung zum wertvollsten Kulturerbe des Christentums gehören, und so gehört die Basilika auch zum UNESCO-Weltkulturerbe. Nach wiederholten Zerstörungen wurde die Kirche viermal wieder aufgebaut, bis ins 15. Jahrhundert. Der heutige Bau ist im Wesentlichen romanisch und gotisch geprägt.

Wir begeben uns wieder auf die Via Sacra. Zu Fuß geht es auf dem von Zypressen gesäumten Weg nach Norden zum **römischen Flusshafen**. Dieser wurde um 50 n. Chr. unter Kaiser Claudius gebaut und mit einer 400 m langen Kaimauer versehen, die großteils noch

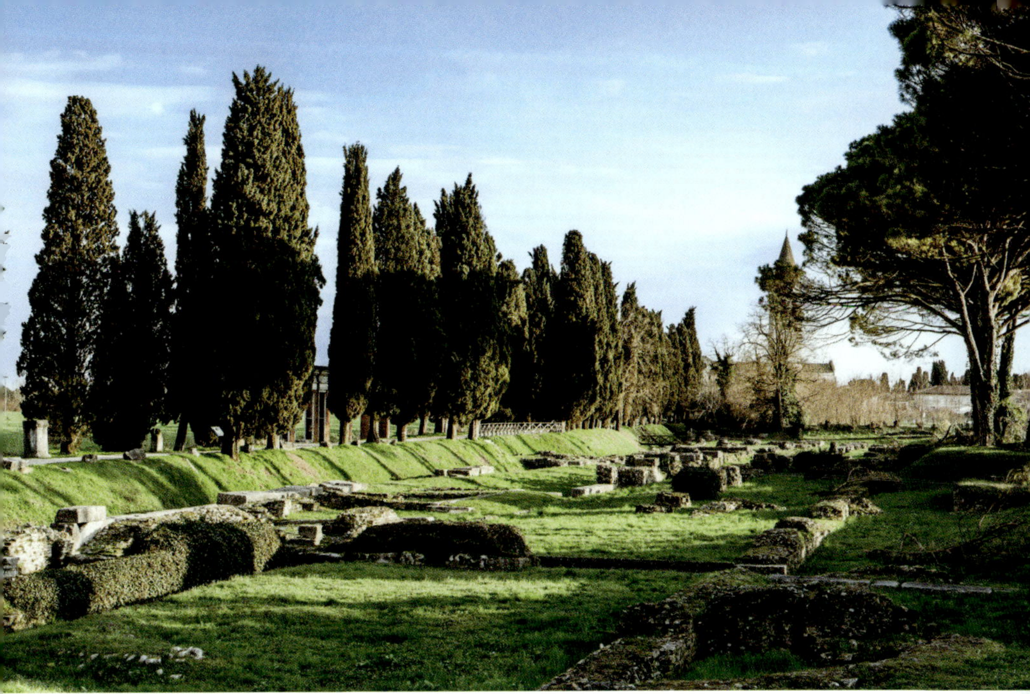

Römischer Flusshafen

existiert. Von dem bis zu 48 m breiten Hafenbecken sind nur ein paar wasserführende Gräben übrig geblieben, in denen sich Frösche recht wohlfühlen. Die **Natissa** rechts des Weges, einstmals ein schiffbarer Fluss, ist nurmehr ein träge fließender Bach. Danach besuchen wir das **Forum Romanum** mit gut erhaltenen Säulen, dann das Frühchristliche Museum, das Archäologische Nationalmuseum ... Aquileia muss man mehrmals besuchen.

Zurück auf der **SP 91** fahren wir wieder nach Osten. An den Entwässerungsgräben zeugen *Wasserschwertlilien, Sommerknotenblumen* und stellenweise *Schilf* von der einstigen Sumpflandschaft. In **San Lorenzo** biegen wir 100 m vor der Einmündung in die SP 68 rechts auf einen Radweg ab, der uns jedoch nach einigen Hundert Metern auf die nur mäßig befahrene **SP 68** bringt. Auf dieser radeln wir 5 km bis zur Einmündung in die Strada Regionale **SR 19**. Unterwegs erblicken wir den **Isonzato**, einen schmalen Seitenarm des Isonzo, mittlerweile ein stehendes Gewässer, da von oben kein direkter Zufluss mehr erfolgt. An der SR 19 links und schon nach wenigen Metern rechts auf einen Feldweg hinter einer Baumhecke. Dieser etwas holprige Feldweg ist nicht als Radweg ausgewiesen, durch seinen gewundenen Verlauf entlang des Waldes **Bosco Averto** gehört er aber zu den interessanteren Wegen in dieser doch sehr übersichtlichen Landschaft. Der nur wenige Dutzend bis maximal 200 m breite Waldstreifen Bosco Averto ist

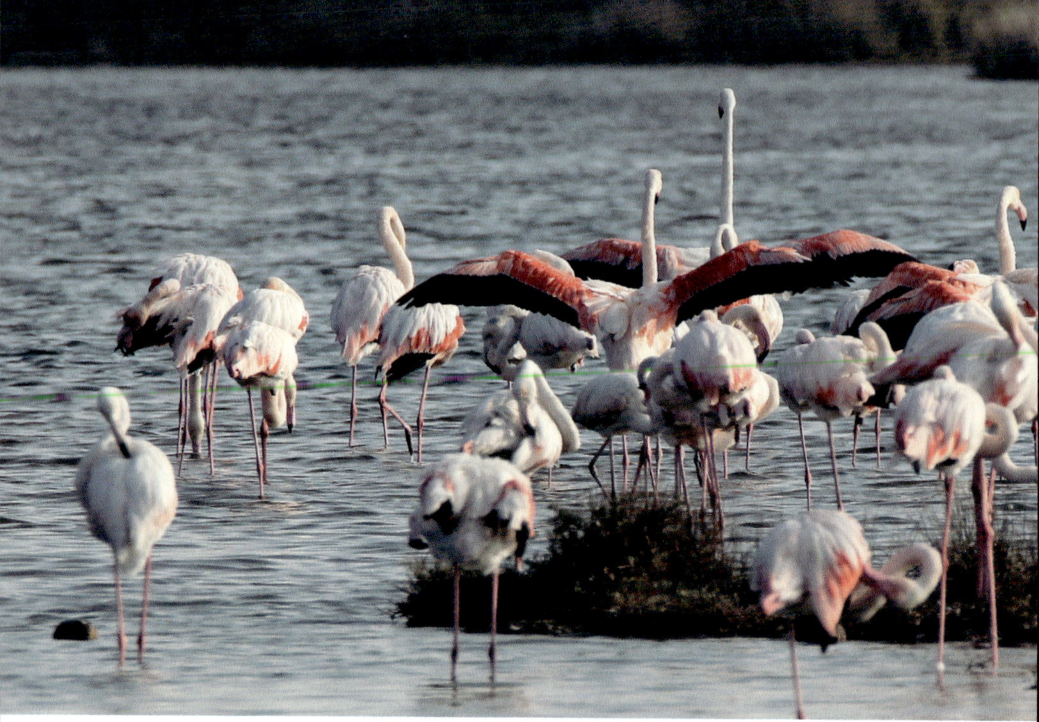

Rosaflamingos im Schutzgebiet Valle Cavanata

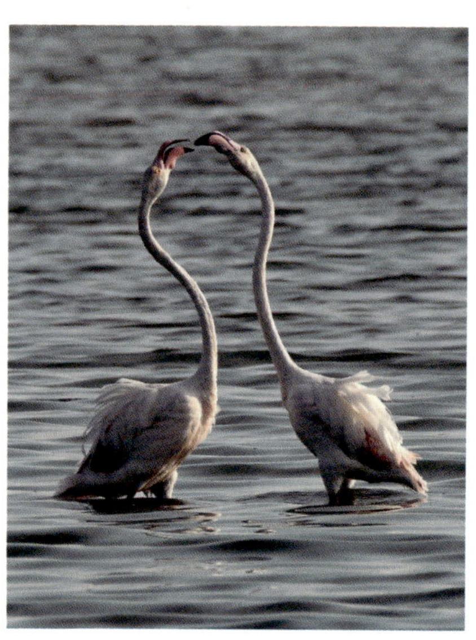

mit dem Schutzgebiet Riserva Naturale Regionale della Valle Cavanata verbunden. Für Spechte und viele andere Vogelarten stellt der Wald ein wichtiges Refugium in dieser sonst waldarmen Gegend dar.

Nach ca. 5 km kommen wir an eine asphaltierte Straße, in die wir rechts einbiegen und nach Südwesten radeln. Wir erreichen nach 500 m das Besucherzentrum des Naturschutzgebiets **Riserva Naturale Regionale della Valle Cavanata**, fahren nach einem Besuch weiter, bleiben aber bald stehen und schauen staunend auf eine große Wasserfläche, dem Kernbereich des über 320 ha großen Schutzgebiets. Es handelt sich um ein ehemaliges Fisch-

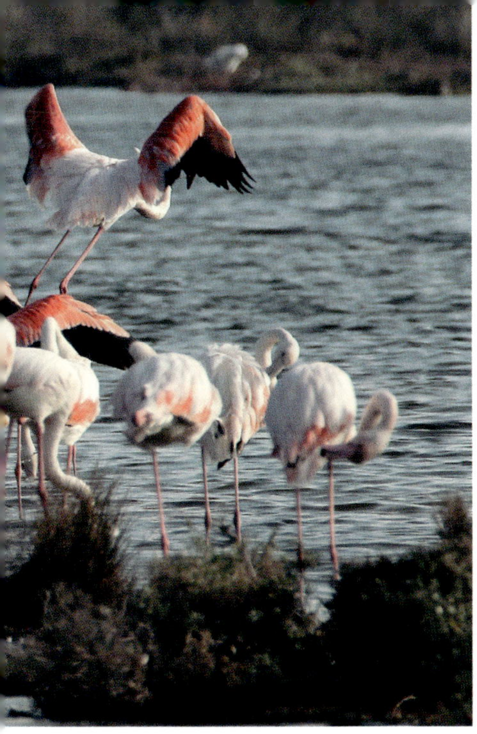

Nach ausgiebigem ornithologischem Studium fahren wir auf dem Fuß- und Radweg weiter nach Südwesten und biegen nach 500 m links auf den Radweg entlang der **SP 19**. Auf ihm dann noch gut 5 km bis **Grado Pineta**. Ich empfehle, gleich an der ersten Einfahrt links zum Strand abzubiegen und auf der Strandpromenade bis Grado zu radeln – oder eine ausgiebige Strandpause einzulegen.

TIPP

GRADO

Das Stadtbild Grados ist geprägt durch die Architektur der 1950er- und 1960er-Jahre. Die Altstadt nimmt nur noch einen Bruchteil der Stadtfläche ein. Doch gerade hier sind die Sehenswürdigkeiten, allen voran die **Basilica Sant'Eufemia,** geweiht im Jahr 579 und somit zu den ältesten Sakralbauten an der nördlichen Adria zählend. Lohnend ist auch eine Fahrt mit einem Ausflugsschiff in die Lagune, sei es zur Insel Barbana mit der Wallfahrtskirche Santa Maria di Barbana, oder – landschaftlich reizvoller – in den westlichen Teil der Lagune mit ihren zahlreichen Inselchen, auf denen noch casoni stehen, schilfgedeckte Fischerhütten, die heute vielfach nur mehr als Wochenendhaus oder touristischen Zwecken dienen.

zuchtgebiet, dessen Nutzung in den 1990er-Jahren aufgegeben wurde und das sich wie die Isola Cona zu einem überregional bedeutsamen Vogelparadies entwickelt hat. Mehr als 250 Vogelarten wurden hier schon gezählt. Eine besondere Attraktion sind seit einigen Jahren die *Rosaflamingos,* die sich immer häufiger hier aufhalten. Diese und die anderen Vogelarten lassen sich schon von dem Fuß- und Radweg entlang der Straße aus beobachten. Noch bessere Möglichkeiten bietet eine **Vogelbeobachtungsstation** auf einem kleinen Hügel ca. 700 m südwestlich des Besucherzentrums (Näheres s. *https://vallecavanata.it/de*).

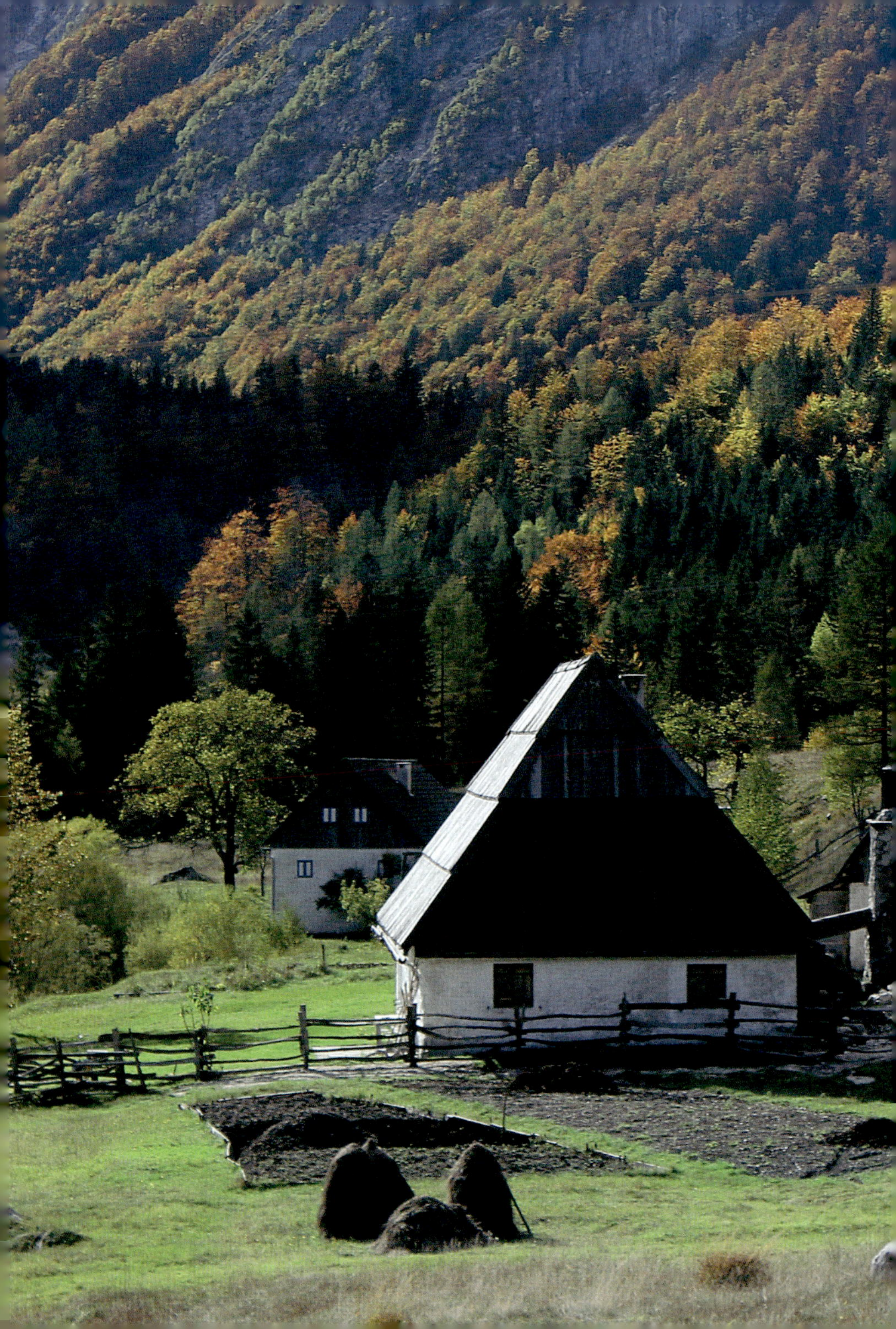

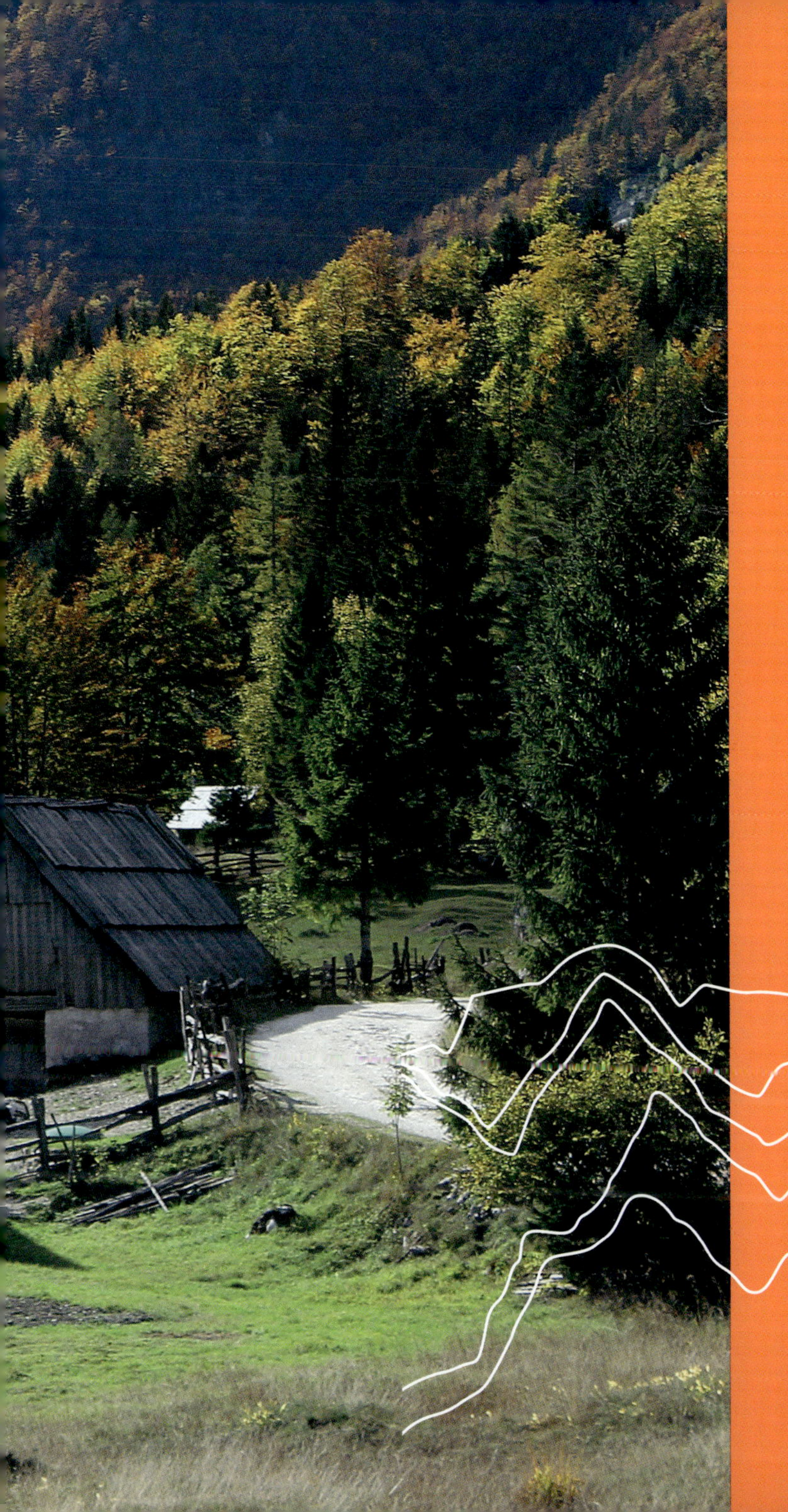

GESCHICHTE

Die Julischen Alpen und das Soča-Isonzo-Gebiet seit 1900

Die Julischen Alpen und das Soča-Isonzo-Gebiet waren von der Antike bis in die jüngste Vergangenheit häufig Schauplatz großer historischer Ereignisse – im Positiven wie im Negativen. Erinnert sei vor allem an die Rolle Aquileias bei der Ausbreitung des Christentums nördlich der Adria, aber auch an die grausamen Kämpfe entlang des Isonzo während des Ersten Weltkriegs. Die ansässige Bevölkerung hatte häufig das Nachsehen. Außerdem war und ist diese Region ein wichtiges Übergangs- und Durchzugsgebiet. So führte einst über den Predil-Pass ein bedeutender Handelsweg, zeitweise diente er jedoch Truppenbewegungen ungeheuren Ausmaßes, insbesondere während der Napoleonischen Kriege.

Besonders turbulent verlief hier das 20. Jahrhundert. Wer in Bovec oder in Kobarid vor 1914 geboren wurde, seine Heimat nicht für längere Zeit verließ und im Jahr 1991 noch die Gründung Sloweniens als selbstständiger Staat miterleben durfte, musste sich im Laufe seines Lebens sechs verschiedenen Hoheiten und Besatzern unterordnen: Bis 1919 gehörten diese Orte zu Österreich-Ungarn, von 1919 bis 1943 zu Italien, 1943 bis 1945 waren sie von Nazideutschland besetzt, 1945 bis 1947 standen sie unter angloamerikanischer Verwaltung (Zone A), 1947 kamen sie zu Jugoslawien und seit 1991 gehören sie zum neu gegründeten Staat Slowenien. Der nachfolgende Geschichtsabriss beschränkt sich auf den Zeitraum von Beginn des 20. Jahrhunderts bis heute.

1900: Das gesamte hier betrachtete Gebiet gehört zur österreichisch-ungarischen Monarchie (K.-u.-k.-Doppelmonarchie); der Bereich nördlich und östlich der Wasserscheide Mittelmeer/Schwarzes Meer – Einzugsgebiet der Save – ist Teil des *Kronlands Krain*, der Bereich südlich davon gehört zum Kronland *Görz und Gradisca*.

Im insgesamt fast 10.000 km^2 großen Kronland Krain, das noch den östlichen und nördlichen Teil der Julischen Alpen abdeckt, leben 520.000 Einwohner; mehr als 90 % sind slowenischsprachig, der Rest ist deutschsprachig und bildet in den größeren Städten die Oberschicht.

Im 2918 km^2 umfassenden Kronland Görz und Gradisca, das im Wesentlichen das Einzugsgebiet von Soča/Isonzo umfasst, leben 233.000 Menschen: ca. 60 % Slowenen, ca. 35 % Italiener und Friauler, 1,5 % Deutschsprachige. Die Slowenen leben hauptsächlich im gebirgigen Norden sowie im Karst, die Italiener überwiegend in den Städten und an der Küste. Die meisten Deutschsprachigen leben in der Stadt Görz. Görz (Gorizia, Gorica) hat 25.400 Einwohner; fast zwei Drittel sind Italiener, ein Fünftel Slowenen und gut 10 % sind Deutschsprachige.

19. Juli 1906: Feierliche Eröffnung der **Wocheiner Bahn** von Aßling (Jesenice) nach Görz durch Erzherzog Franz Ferdinand. Im selben Jahr wird die „Karstbahn" von Görz nach Triest fertiggestellt. Triest mit dem wichtigsten Seehafen Österreich-Ungarns, das mittlere Isonzogebiet sowie der nördliche und östliche Teil der Julischen Alpen sind somit an das europäische Schienennetz angeschlossen.

1914: Ermordung des designierten Thronfolgers Franz Ferdinand in Sarajewo am 28. Juni durch einen bosnisch-serbischen Attentäter. Kriegserklärung Österreich-Ungarns an Serbien am 28. Juli. Eine verhängnisvolle Bündnispolitik und ein militaristischer Zeitgeist führen zum Ausbruch des **Ersten Weltkriegs**, der bald zum bis dato grausamsten Krieg der Menschheitsgeschichte eskaliert. Italien, mit Österreich-Ungarn und Deutschland noch formell im „Dreibund" vereint, erklärt seine Neutralität.

1915: Im **Londoner (Geheim)Vertrag** zwischen Italien und den Entente-Mächten vom 26. April werden Italien Gebietsgewinne versprochen für den Fall, dass es aufseiten der Entente in den Krieg gegen Österreich-Ungarn und das Deutsche Reich eintritt. Versprochen werden Gebiete, auf die Italien schon seit Längerem Anspruch erhebt, vor allem auf solche, die zu Österreich gehören: Tirol südlich des Brenners, das kärntnerische Kanaltal (einschließlich Tarvis und Raibl), Istrien, Triest – und das gesamte Einzugsgebiet des Isonzo. Nach Kündigung des Dreibunds **erklärt Italien am 23. Mai 1915 Österreich-Ungarn den Krieg**.

1915–1917: Schon bald nach der Kriegserklärung entsteht eine 600 km lange Frontlinie, die sogenannte Südfront, die sich als Hochgebirgsfront von der Grenze zur Schweiz über den Ortler zu den Dolomiten und über den Karnischen Hauptkamm bis zu den Julischen Alpen hinzieht. Hauptkriegsschauplatz ist jedoch der von den Julischen Alpen entlang des Isonzo und über den Karst bis zur Adria verlaufende Frontabschnitt. Hier finden von Juni 1915 bis Oktober 1917 **zwölf Isonzoschlachten** statt. Elf Mal greifen die Italiener an, denen es nicht gelingt, die österreichisch-ungarischen Verteidigungslinien entscheidend zu durchbrechen. Die zwölfte Isonzoschlacht („Schlacht von Karfreit"), die am 24. Oktober 1917 beginnt, sieht Österreich-Ungarn als Angreifer, massiv unterstützt von deutschen Truppen. Innerhalb weniger Tage bricht die italienische Front zusammen. Der italienischen Armeeführung gelingt es durch Unterstützung englischer und französischer Truppen, ab Mitte November am Piave wieder eine Front aufzubauen. Der militärische Erfolg Österreich-Ungarns erweist sich aber bald als Pyrrhussieg, die Ressourcen sind erschöpft.

1918–1919: Mit der Unterzeichnung des Waffenstillstands durch Österreich (ohne Ungarn) und Italien in der Villa Giusti bei Padua endet am 3. November der Erste Weltkrieg. Das multiethnische Habsburgerreich zerfällt. **Ende der habsburgischen Monarchie**. Auf ehemals österreichisch-ungarischem Territorium entstehen neue Staaten, u. a. am 29. Oktober das „Königreich der Serben, Kroaten und

Slowenen" (SHS, 1929 umbenannt in „Königreich Jugoslawien"). Schon am 3. November 1918, dem Tag des Waffenstillstands, besetzt Italien Triest und das Kronland Görz-Gradisca.

12. November 1920: Im **Grenzvertrag von Rapallo**, abgeschlossen zwischen dem Königreich Italien und dem Königreich der Serben, Kroaten und Slowenen, wird die Grenze im Wesentlichen entlang der Wasserscheide Mittelmeer/Schwarzes Meer festgelegt („Rapallo-Grenze"). Das gesamte Soča-Isonzo-Gebiet, welches im Norden fast ausschließlich von Slowenen besiedelt ist, ist nun italienisches Staatgebiet. Das ehemalige Kronland Krain gehört fortan zum Königreich SHS bzw. Jugoslawien.

Ab 1922 leidet die slowenischsprachige Bevölkerung des Soča-Gebiets stark unter der von Benito Mussolini schrittweise errichteten **faschistischen Diktatur**. Viele Menschen wandern aus. Slowenische Beamte, Lehrer und Eisenbahner werden entlassen und durch Italiener ersetzt. In Schulen und in Ämtern, ab 1926 sogar in Kirchen, Gasthäusern und im gesamten öffentlichen Raum, darf nur noch Italienisch gesprochen werden. Orts- und Familiennamen werden italianisiert: aus Flitsch/Bovec wird Plezzo, aus Karfreit/Kobarid wird Caporetto. Slowenische Parteien, Vereine und Zeitungen werden verboten. Ende der 1920er-Jahre formiert sich die antifaschistische Untergrundbewegung TIGR („Trst-Istra-Gorica-Rijeka"), die für den Anschluss der von Slowenen und Kroaten bewohnten Gebiete Italiens – hauptsächlich das Soča-Gebiet und Istrien – an Jugoslawien kämpft.

1941–1943: Am 6. April 1941 – der Zweite Weltkrieg dauert bereits eineinhalb Jahre – überfallen die deutsche Wehrmacht und ihre italienischen Verbündeten Jugoslawien. In Slowenien bildet sich aus verschiedenen Gruppierungen die antifaschistische Widerstandsbewegung „Osvobodilna Fronta" (OF/Befreiungsfront). Schon bald nach ihrer Entstehung wird die OF von Kommunisten beherrscht und schließt sich Titos „Partisaneneinheiten Jugoslawiens" an. Ein Schwerpunkt des Widerstands ist Jesenice, wo sich Arbeiter des Stahlwerks, das nun für die Rüstung der Wehrmacht produziert, den Partisanen anschließen. Aber auch in dem unter italienischer Zwangsherrschaft stehenden Soča-Gebiet findet die Widerstandsbewegung viele Anhänger. Im April 1943 werden über 40 Partisanen auf dem Berg Golobar bei Bovec von italienischen Soldaten umzingelt und niedergeschossen. Keiner der Partisanen überlebt.

1943–1945: Mussolini wird im Juli 1943 abgesetzt und verhaftet. Im Kampf gegen die demotivierten italienischen Streitkräfte erzielen die Partisanen im Soča-Gebiet und im Karst bedeutende Gebietsgewinne. Ein ca. 2500 km^2 großes Gebiet, das von der Trenta bis zur Brda reicht, wird von den Partisanen zur **Kobarider Republik** (Kobariška republika) erklärt. Am 10. September 1943, zwei Tage nach dem Waffenstillstand zwischen dem Königreich Italien und den in Süditalien gelandeten Alliierten, besetzt die deutsche Wehrmacht Mittel- und Norditalien; der Nordosten Italiens einschließlich des Soča-Isonzo-Gebiets wird zur **Operationszone „Adriatisches Küstenland"**. Bis Anfang November 1943 besetzen Wehrmacht und SS die Kobarider Republik. Sowohl die Wehrmacht als auch die „Karstwehr", eine SS-Einheit, führen einen brutalen Kampf gegen die Widerstandsbewegungen. Als Vergeltungsmaßnahmen für Angriffe von Partisanen auf deutsche Besatzer werden mehrfach Dörfer zerstört und zahlreiche Zivilisten ermordet oder zwangsdeportiert. Aber auch von den Partisanen droht Zivilisten Gewalt, wenn sie Unterstützung verweigern oder sich der Kollaboration mit den Besatzern verdächtig machen.

Nahe dem Predil-Pass nördlich von Bovec überfallen Partisanen am 10. Oktober 1943 einige Angehörige der Karstwehr. Nach Darstellung der SS werden drei ihrer Männer getötet. Zur gleichen Zeit wurden die E-Loks der Grubenbahn zum Raibler Bergwerk durch Sabotageakte unbrauchbar gemacht. Als Vergeltungsmaßnahme nimmt die SS im Dorf Strmec 16 Männer gefangen, ermordet sie, brennen das Dorf nieder und vertreiben die Frauen und Kinder.

Anfang 1944 nehmen Partisanen zwölf italienische Soldaten von Mussolinis „Republik von Salò", die den Eingang zum Raibler Stollen in Log pod Mangartom bewachen, gefangen und töten sie. Bis Kriegsende verstärken die Partisanen ihre Aktivitäten, zumal sie von den Alliierten, nicht zuletzt von Großbritannien, politisch anerkannt und materiell unterstützt werden.

Ende April und Mai 1945, Kriegsende: Eine Kolonne von über 2000 deutschen Soldaten befindet sich auf dem Rückzug vom Friaul über Bovec in Richtung Predil-Pass. Am 30. April werden sie an der Brücke bei Kluže von amerikanischen Soldaten gefangen genommen. Am 1. Mai kommt es in Log pod Mangartom unterhalb des Predil-Passes zu einem Streit zwischen Partisanen und alliierten Soldaten wegen der ungeklärten Machtverhältnisse in den von den Nazis befreiten Gebieten, die sich bald zu einem internationalen Problem entwickeln (s. u.). In Bovec rücken 600 amerikanische Soldaten ein.

Am 1. Mai besetzen Einheiten der aus den Tito-Partisanen hervorgegangenen „Jugoslawischen Volksarmee" Triest und die Stadt Gorizia. Der Küstenabschnitt wird Ende April von neuseeländischen Verbänden befreit. Diese erreichen am 2. Mai ebenfalls Triest.

Die Volksarmee des unter kommunistischer Führung wiederentstandenen Staates Jugoslawien führt in Triest und in Gorizia einen Rachefeldzug gegen Italiener, die des Mordes oder der Misshandlung von Slowenen verdächtig sind, und gegen Personen, die sie der Kollaboration mit Faschisten und den deutschen Besatzern beschuldigen. Innerhalb kurzer Zeit verschwinden in Triest, Gorizia und im Karst zahlreiche Menschen. Auf die Androhung Großbritanniens und der USA, die Vor-Kurzem-noch-Verbündeten notfalls mit Gewalt zu vertreiben, zieht sich die Volksarmee am 24. Mai aus diesen Gebieten zurück, zumal die Sowjetunion Jugoslawien keine militärische Unterstützung in Aussicht stellt. In diesem Konflikt zeichnet sich erstmals der „Kalte Krieg" zwischen dem kommunistisch geprägten „Ostblock" und dem „kapitalistischen Westen" ab.

10. Juni 1945–15. September 1947: Der Streit um den künftigen Grenzverlauf zwischen Italien und Jugoslawien wird zu einer Angelegenheit der alliierten Mächte. Jugoslawien wünscht sich, politisch unterstützt von der Sowjetunion, eine weit im Westen verlaufende Grenze, wonach die gesamte „Beneška Slovenija" einschließlich Cividale, das gesamte Collio sowie die Städte Gorizia, Gradisca d'Isonzo, Monfalcone und Triest mit mehrheitlich italienischsprachiger Bevölkerung Jugoslawien bzw. Slowenien zufallen würden. Nach angloamerikanischen Vorstellungen soll die Grenze aber deutlich weiter im Osten verlaufen. Jugoslawien und die westlichen Alliierten einigen sich am 10. Juni 1945 zunächst auf die Errichtung von zwei Zonen, A und B, getrennt durch die sogenannte **Morgan-Linie**. Diese Linie nimmt ihren Anfang bei Triest und verläuft ab Solkan bei Gorizia entlang der Soča bis Bovec und weiter durch das Koritnica-Tal hinauf zum Mangart. Die Zone A erstreckt sich westlich dieser Linie bis zum Tagliamento. Sie umfasst unter anderem das untere Isonzogebiet und im Norden den Gebietsstreifen zwischen der Soča und der späteren jugoslawisch-italienischen Grenze. Die Zone B umfasst die slowenischen Gebiete östlich dieser Linie, die 1920 Italien zugeschlagen wurden. Die Zone B wird von der jugoslawischen Volksarmee verwaltet, die Zone A von der angloamerikanischen Militäradministration mit Sitz in Triest. An der oberen Soča befinden sich Kobarid und Bovec in der Zone A, während Tolmin in der Zone B liegt.

29. November 1945: Formelle Gründung der „Demokratischen Föderativen Volksrepublik Jugoslawien" mit sechs Republiken, die nördlichste ist Slowenien (ab 1963 „Sozialistische Republik Slowenien"). Die Kommunistische Partei (ab 1952 „Bund der Kommunisten") wird alleinherrschende Kraft. Landwirtschaftlicher Grundbesitz bleibt bis zu einer bestimmten Größe – in Slowenien 10 ha – unangetastet. In den kleinbäuerlich geprägten Julischen Alpen ändert sich nur wenig an den landwirtschaftlichen Strukturen.

15. September 1947: Im **Friedensvertrag von Paris** wird die Grenzziehung zwischen Italien, seit 1946 Republik, und Jugoslawien auf Grundlage eines französischen Vorschlags vorläufig festgelegt. Der zwei Jahre zur Zone A gehörende Gebietsstreifen an der Soča oberhalb von Gorizia mit den

Gemeinden Kobarid und Bovec wird Jugoslawien zugesprochen. Die „Beneška Slovenija“ verbleibt größtenteils bei Italien, ebenso die Stadt Gorizia (nicht jedoch der Bahnhof „Montesanto“, Endstation der Wocheiner Bahn) sowie das überwiegend italienischsprachige Gebiet am Unterlauf des Isonzo.

1948: Errichtung der „Reißbrettstadt“ **Nova Gorica** in unmittelbarer Grenznähe. Die Grenze zu Italien wird abgeriegelt und streng bewacht. Erst ab Mitte der 1950er-Jahre werden die Grenzbestimmungen gelockert.

25. Juni – 4. Juli 1991: Slowenien tritt de facto aus der jugoslawischen Föderation aus. Am 27. Juni besetzt die jugoslawische Volksarmee auf Befehl der Zentralregierung in Belgrad Slowenien, um einen Verbleib des Landes in der Föderation zu erzwingen. Es kommt vor allem an den Grenzübergängen zu gewaltsamen Auseinandersetzungen zwischen Volksarmee und der slowenischen Territorialverteidigung. Es gibt Tote und Verletzte, unter anderem am Grenzübergang Rožna Dolina bei Nova Gorica. Am 4. Juli werden die Kampfhandlungen eingestellt. Bis 15. Oktober verlässt die „Volksarmee“ Slowenien.

1992: Am 15. Januar Anerkennung Sloweniens als souveräner Staat durch die Europäische Gemeinschaft, durch die USA am 7. April. Bis Jahresende Anerkennung durch 90 Staaten.

29. April und 1. Mai 2004: Slowenien wird Mitglied der NATO und der Europäischen Union. Auf dem Bahnhofsvorplatz in Nova Gorica, jahrzehntelang durch einen Grenzzaun geteilt, findet im Beisein des slowenischen Ministerpräsidenten Anton Rop und des EU-Kommissionspräsidenten Romano Prodi eine große Feier statt.

2007: Am 1. Januar Einführung des Euro als alleiniges gesetzliches Zahlungsmittel in Slowenien. Slowenien wird zum sogenannten Schengen-Vollanwenderstaat: Ab 21. Dezember Aufhebung der obligatorischen Grenzkontrollen zu den Nachbarstaaten Italien, Österreich, Ungarn.

INTERNETADRESSEN

lokaler und regionaler Tourismusverbände mit Unterkunftsverzeichnissen

https://kranjska-gora.si/de (berücksichtigt alle Orte von Rateče bis Mojstrana)
www.bohinj.si/en (berücksichtigt alle Orte von Ukanc bis Bohinjska Bistrica)
www.bled.si/de
www.soca-valley.com/de (berücksichtigt die Gemeinden Bovec, Kobarid, Tolmin)
www.soca-trenta.si/en
www.logpodmangartom.si (nur in Slowenisch)
www.dreznica.si/de
www.tic-kanal.si/eng (berücksichtigt den Bereich zwischen Tolmin und Nova Gorica)
www.vipavskadolina.si/de (umfasst u. a. Nova Gorica und Solkan)
www.turismofvg.it/de/gorz (gemeint ist natürlich Gorizia)
www.turismofvg.it/ort/monfalcone
www.turismofvg.it/de/aquileia
www.turismofvg.it/de/grado
https://grado.it/de

TELEFONIEREN

Internationale Notruf-Nr.: 112
Internationale Vorwahl für Slowenien: 00386
(die anschließende 0 der Ortsvorwahl wird weggelassen)
Internationale Vorwahl für Italien: 0039
(die anschließende 0 der Ortsvorwahl wird beibehalten!)

LITERATURNACHWEIS

Geschichte

Marko Simič: Auf den Spuren der Isonzofront. Hermagoras, 2004.
Vasja Klavora: Monte San Gabriele – Die Isonzofront 1917. Hermagoras, 1998.
Vasja Klavora: Blaukreuz – Die Isonzofront Flitsch/Bovec 1915–1917. Hermagoras, 2003.
Tomaž Budkovič: Wochein/Bohinj – Das Aufmarschgebiet der Isonzofront. Hermagoras, 2001
Andreas Moritsch (Hrsg.): Alpen-Adria – Zur Geschichte einer Region. Hermagoras, 2001.
Joachim Hösler: Slowenien. Von den Anfängen bis zur Gegenwart. F. Pustet, 2006.
M. M. Dan, A. Delneri: Das Görzer Schloß und sein Dorf. Edizione della Laguna, 1993.
Luigi Marcuzzi: Aquileia – Kunst und Geschichte. Edizione Ghedina, Cortina
Ezio Marocco: Grado – Ein kunsthistorischer Reiseführer. Bruno Fachin Editore, Trieste

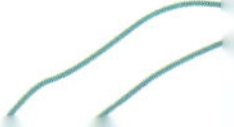

Natur- und Reiseführer

G. Pilgram, W. Berger, G. Maurer: Das Weite suchen – Zu Fuß von Kärnten nach Triest. Carinthia 2006.

Borut Korun: Die Soča – Sloweniens Smaragd. Kajak- und Urlaubsführer. Pollner, 2005.

Tea Lukan Klavžer: Triglav National Park and Cultural Heritage. Ljubljana: Institute for the Protection of Cultural Heritage in Slovenia, 2011.

Slovenian Museum of Natural History: Nature of Slovenia – The Alps. Ljubljana 2004.

Ingrid Pilz: Julische Alpen. Carinthia 2008.

Wolfram Guhl: Nationalpark Triglav – Ein Bergparadies in Slowenien. Styria Regional 2019.

Wolfram Guhl: Soča Isonzo – Juwel zwischen Alpen, Karst und Adria. Styria Verlag, 2020

Matthias Kapeller: Kraftquellen zwischen Alpen und Adria – Unterwegs zu den schönsten Orten des Christentums in Kärnten, Slowenien, Friaul. Carinthia, 2008.

I. Drozdowski, A. Mrkvicka: Naturführer Obere Adria. Naturhistorisches Museum Wien 2008.

Claudia Lux: Grado – Lieblingsziel im nahen Süden. Styria Verlag 2022

DANK

Bei meinen Recherchen habe ich in zahlreichen Gesprächen vor Ort sowie über schriftliche Kontakte viele wertvolle Tipps und Informationen bekommen. Ganz besonders danken möchte ich in diesem Zusammenhang Boštjan Podgornik, Aleš Zdešar vom Nationalpark Triglav, Janez Bizjak, Bled, Stanka u. Marko Pretner, Trenta, Neda Kovačič, Kranjska Gora, Irena u. Domen Černuta, Log pod Mangartom, Vasja Klavora, Bovec, Dušan Jesenšek, Tolmin, Katja Sivec von der Stiftung „Pot miru“, Evelin Bizjak, Nova Gorica, Matjaž Marušič, Šempeter.

BILD- UND KARTENNACHWEIS

Alle Fotos Wolfram Guhl, außer: S. 10/11 Gettyimages/mbbirdy, S. 27 Matjaž Marušič, S.154 Gettyimages/Bepsimage, S. 193 Gettyimages/mauro_grigollo; Umschlag: Coverbild Gettyimages/merc67; Buchrückseite im Uhrzeigersinn von rechts unten: Gettyimages/Bepsimage; Gettyimages/Oliver Hlavaty; Gettyimages/Uwe Moser; Gettyimages/mbbirdy

Basiskarten: Geodetska uprava Republike Slovenije (Surveying and Mapping Authority of the Republic of Slovenia), Nationale Topographische Karte (DTK50) und Generalkarte (DPK250), Datum der Revision 31.12.2021.

IMPRESSUM

Liebe Leserin, lieber Leser,
haben Ihnen diese Touren durch den Nationalpark Triglav gefallen? Dann freuen wir uns über Ihre Weiterempfehlung. Möchten Sie mit dem Autor in Kontakt treten? Wir freuen uns auf Austausch und Anregung unter post@styriabooks.at

Inspiration, Geschenkideen und gute Geschichten finden Sie auf www.styriabooks.at

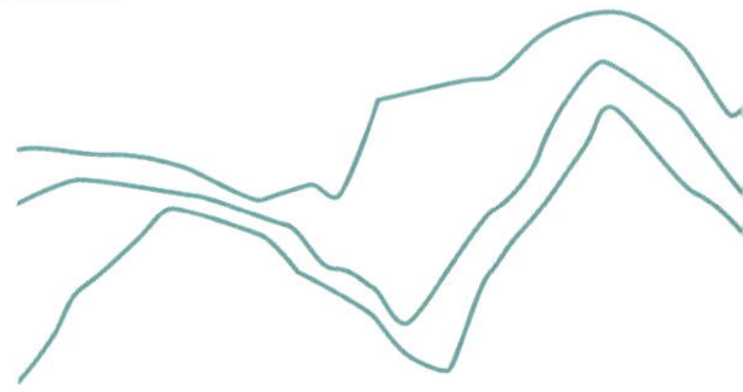

STYRIA
BUCHVERLAGE

© 2024 by Styria Verlag
in der Verlagsgruppe Styria GmbH & Co KG
Wien – Graz
Alle Rechte vorbehalten.
ISBN 978-3-222-13731-0

Bücher aus der Verlagsgruppe Styria gibt es in jeder Buchhandlung und im Online-Shop www.styriabooks.at

Buch- & Covergestaltung: Christine Pleyl
Kartengestaltung: Gernot Hollinger
Lektorat: Arnold Klaffenböck
Projektleitung: Sophie Wolf
Projektassistenz: Amelia Bodner
Korrektorat: Dorrit Korger

Druck und Bindung: Florjancic
Printed in the EU
7 6 5 4 3 2 1